칼 포퍼

역사법칙주의의 빈곤

칼 포퍼

역사법칙주의의 빈곤

이한구 · 정연교 · 이창환 옮김

철학과현실사

Karl Popper

The Poverty of Historicism

냉혹한 법칙이 역사의 운명을 결정한다고 믿는 파시스트와 공산주의자에 의해 종교, 국가, 인종에 상관없이 무고하게 희생된 수많은 사람들을 추모하며…

출간 연혁

내가 처음 이 책의 주제를 구상한 것은 1919-20년 겨울이었다. 그때 이후 나는 역사가 숙명이라는 생각은 미신이며, 인류의 역사는, 과학은 물론이고 그 외의 어떤 합리적 방법으로도, 그 향방을 예측할 수 없다고 생각하게 되었다. 1935년에 이르러서는 이 책의 줄거리를 잡을 수 있었고, 1936년 1월 혹은 2월에 브뤼셀의 친구, 알프레드 브론달(Alfred Braunthal)의 집에서 개최한 연구 모임에서 동명의 글을 논문의 형식을 갖추어 처음 발표하였다. 이 모임에서 나의 제자 칼 힐퍼딩 박사(Dr. Karl Hilferding)는 우리의 논의에 의미 있는 기여를 많이 했으나 얼마 지나지 않아 게슈타포와 제3제국 역사법칙주의 맹신도의 희생양이 되고 말았다. 이 모임에는 다른 철학자도 몇 사람 있었다. 그 후 곧이어 나는 런던 정경대학교 하이에크 교수의 세미나에서 비슷한 글을 발표했다. 이 글은 예정보다 몇 년 늦게 책으로 출간되었는데, 내가 처음 기고했던 철학 학술지에서 게재를 거부했기 때문이다. 내 원고는 1944년 *Economica*, N.S., 11권 42호와 43호에 그리고 1945년 12권 46호에 세 부분으로 나뉘어 처음 게재되었다. 그 후 이탈리아어 번역본(1954년 밀라노)과 프랑스어 번역본(1956년 파리)이 책의 형태로 발간되었다. 지금 이 판본은 약간의 수정과 보완을 거친 증보판이다.

K. R. P

1957

머리말

내가 『역사법칙주의의 빈곤』에서 보여주고자 했던 것은 역사법칙주의의 탐구 방법이 빈곤하다는 것, 다시 말해 어떤 결실도 거두지 못하는 탐구 방법이라는 사실이다. 하지만 엄밀한 의미에서 볼 때, 이 책에서 실재로 역사법칙주의를 반박한(repute) 것은 아니다.

그러나 이후 나는 역사법칙주의를 반박하는 데 성공했다. 즉 **나는, 전적으로 논리적인 근거에 입각하여, 역사의 미래 행로를 예측하는 것이 가능하지 않다는 것을 입증했다.**

이 논증은 내가 1950년에 발표한 「고전 물리학과 양자 물리학에서의 비결정론(Indeterminism in Classical Physics and in Quantum Physics)」이라는 논문에 포함되어 있다. 그렇지만 좀 더 만족스러운 논증은 『과학적 발견의 논리 후편: 20년 후(*Postscript to Logic of Scientific Discovery: After Twenty Years*)』[1] 중 비결정론에 관한 장에 전개되어 있다.

독자들이 이 같은 최근의 연구 성과를 이해할 수 있도록, **역사법칙주의 반박 논증**의 개요를 몇 마디로 간략하게 제시하고자 한다. 이 논증은 다음과 같은 다섯 개의 진술로 요약할 수 있다.

(1) 인류 역사의 행로는 인간 지식의 성장에 심대한 영향을 받는다. (우리의 생각이, 과학적 아이디어까지 포함해서, 단지 **유물론적** 전개의 부산물에 불과하다고 보는 사람들조차 이 전제는 받아들일 수밖에 없을 것이다.)

(2) 우리는 합리적이거나 과학적인 방법에 따라 우리의 과학 지식이 미래에 어떻게 성장할 것인지 예측할 수 없다. (이 주장은 아래에서 약술한 논거에 의해 논리적으로 입증할 수 있다.)

(3) 그러므로 우리는 인류 역사의 미래 행로를 예측할 수 없다.

(4) 따라서 우리는 **이론 역사학**, 즉 **이론 물리학**에 상응하는 역사적 사회과학의 가능성을 부인해야 한다. 역사적 예측의 근거가 될 수 있는 역사적 발전에 관한 과학적 이론이 있을 수 없기 때문이다.

(5) 결국 역사법칙주의자의 탐구 방법은 근본적인 목표(이 책 11절에서 16절 참조) 설정부터 잘못되었으며, 그 결과 실패할 수밖에 없다.

---

[1] 역주.『과학적 발견의 논리 후편』은 칼 포퍼가『과학적 발견의 논리(*Logic of Scientific Discovery*)』출간 이후 작성한 노트와 부록을 모아 발간하려고 한 책의 가제이다. 그러나 출간이 늦어지면서 이 책은 1982년과 1983년 세 권의 연작으로 발간된다.『실재론과 과학의 목표(*Realism and the Aim of Science*)』,『열린 우주: 비결정론 논증(*The Open Universe: An Argument for Indeterminism*)』,『양자론과 물리학에서의 분열(*Quantum theory and the Schism in Physics*)』이 그것이다.

물론 이 논증이 모든 유형의 사회적 예측 가능성을 반박하는 것은 아니다. 오히려 이 논증은 사회적 이론을 우리가 시험할 수 있다는 주장과 아무 문제없이 양립할 수 있다. 예를 들어, 우리는 어떤 조건 아래에서 무엇이 펼쳐질 것인지 예측하는 경제학 이론을 시험할 수 있다. 이 논증은 단지 우리의 지식 성장이 사회적 이론에 영향을 미칠 수 있는 정도에서 역사적 발전을 예측할 수 있다는 것을 논박할 뿐이다.

이 논증에서 결정적인 것은 진술 (2)이다. 나는 (2)가 그 자체로 설득력이 있다고 생각한다. **만약 인간의 지식이 성장하는 어떤 것이라면, 내일이 되어야 비로소 알 수 있는 것을 오늘 미리 예상할 수는 없다.** 나는 이것이 건전한 추리라고 생각한다. 그러나 이것이 (2)의 **논리적 증명**은 아니다. 앞에서 언급했던 저작에서 (2)를 입증하기 위해 내가 개진했던 논증은 복잡하다. 물론 더 단순한 증명 방법도 있을 수 있을 것이다. 나의 증명의 목적은 **어떤 과학적 예지자도**— 인간이든 기계이든— 결코 **과학적 방법에 의해 미래 과학의 결과를 예측할 수 없다**는 것을 보여주는 데 있다. 과학적 예측은 오직 사후에만 그 결과를 얻을 수 있는데, 그때는 이미 예측을 하기에는 늦을 수밖에 없기 때문이다. 과학적 예측은 그 예측이 과거에 대한 현재의 추측(retrodiction)이 된 이후에야 비로소 그 결과에 이를 수 있다.

이 논증은 전적으로 논리적이므로 아무리 복잡한 과학적 예측이라도 그것에 상관없이 적용 가능하다. 설사 예측하는 자가 상호작용하는 '집단'인 경우에도 마찬가지이다. 따라서 어떤 사회도 과학적으로 그 자신의 미래 지식 상태를 예측할 수 없다.

나의 논증은 다소 형식적이다. 따라서 논리적으로는 타당할지 몰라도, 실제로는 별다른 의미가 없을지도 모른다고 의심할 수 있다.

그러나 나는 다음 두 저작에서 문제의 심각성을 보여주려고 노력했다. 좀 더 나중에 발간된 『열린사회와 그 적들(*The Open Society and its Enemies*)』에서, 나는 역사법칙주의 사상사에서 몇몇 사건을 선별하여, 헤라클레이토스와 플라톤으로부터 헤겔과 마르크스에 이르기까지 역사법칙주의자들이 사회와 정치철학에 얼마나 지속적으로 유해한 영향을 끼쳤는지 보여주고자 했다. 또한 이제야 런던에서 최초로 영문본이 발간되었지만 사실은 두 권 중 전작인 『역사법칙주의의 빈곤(*The Poverty of Historicism*)』에서, 나는 역사법칙주의의 구조를 드러냄으로써 그것이 얼마나 사람을 지적으로 현혹하고 또 그것이 얼마나 위험한지 밝히고자 했다. 나는 — 때로는 매우 미묘하며, 때로는 매우 설득력 있지만 때로는 매우 기만적인 — 역사법칙주의의 논리를 분석함으로써 역사법칙주의는 치유할 수 없는 내재적 약점을 갖고 있다는 것을 입증하려고 했다.

K. R. P

버킹엄셔, 펜(Penn), 1957년 7월

이 책을 논평한 사람 중 일부가 책 제목에 대해 의문을 제기했다. 이 책의 제목은 마르크스의 저서 『철학의 빈곤(*The Poverty of Philosophy*)』을 암시하기 위해 붙인 것이다. 마르크스 또한 그 책의 제목을 프루동(Proudhon)의 저서 『빈곤의 철학(*Philosophy of Poverty*)』을 암시하고자 선택하였다.

K. R. P

버킹엄셔, 펜(Penn), 1959년 7월

차 례

서 론

사회 정치적인 문제에 대한 과학적 관심은 우주론과 물리학에 대한 과학적 관심만큼 오래된 것이다. 고대에는 사회에 관한 과학이 (예를 들어 플라톤의 정치 이론이나 폴리스의 정치체제에 대해 아리스토텔레스가 남긴 자료와 같은 것이) 자연에 대한 과학보다 더 발전한 것처럼 보이는 때도 있었다. 그러나 갈릴레오와 뉴턴 덕택에 물리학은 여타 학문을 압도하는 기대 이상의 성공을 거두게 되었고, 생물학의 갈릴레오라 할 수 있는 파스퇴르 이후 생명과학 역시 그에 못지않은 성공을 거두었다. 하지만 사회과학 분야에서는 아직 갈릴레오에 버금가는 선각자가 등장하지 않은 것 같다.

상황이 이렇기에, 사회과학의 여러 분야에서 학자라면 누구나 방법론에 큰 관심을 갖고 있다. 그리고 이 문제에 대한 그들의 논의 상당수는 앞서 나가고 있는 과학, 특히 물리학적 탐구 방법을 염두에 두고 일어난다. 예를 들어 분트(Wundt)의 시대에 심리학에서 혁신을 이끈 것은 물리학적 실험 방법을 의식적으로 모방하려는 시도였다. 또한 밀(J. S. Mill) 이래 사회과학의 탐구 방법을 이와 어느 정도 유사한 노선을 좇아 개혁하려는 시도가 거듭되었다. 심리학 분야에서의 방법론적 혁신은 수많은 좌절에도 불구하고, 일정 정도 성공했다고 볼 수 있다. 그러나 이론적인 사회과학에서 이러한 시도는 경제학을 제외하고 모두 실패했다. 그 결과 과연 물리학의 탐구 방법을 사회과학에 실제로 적용할 수 있는가라는 의문이 제기되었다. 혹시 사회과학이 그토록 참담한 상태에 처하게 된 원인이, 물리학적 탐구 방법을 사회과학에 적용할 수 있다고 과신했기 때문이 아닌가 하는 의문이 들었던 것이다.

이 의문에 착안해서 사회과학의 탐구 방법에 관심이 있는 학파를 간단하게 구분하는 기준을 마련할 수 있다. 즉, 물리학적 탐구 방법의 적용 가능성에 대한 입장에 따라, **친자연주의적**(pro-naturalistic) 학파 혹은 **반자연주의적**(anti-naturalistic) 학파로 구분할 수 있다. 만일 누군가 사회과학에 물리학적 탐구 방법을 적용해야 한다고 주장한다면, 그를 '친자연주의적' 내지 '긍정적'이라 부를 수 있다. 반면 그 같은 탐구 방법의 사용을 반대한다면, '반자연주의적' 내지 '부정적'이란 명칭을 붙일 수 있다.

방법론에 관심 있는 학자가 과연 반자연주의 교설을 지지하는지, 혹은 친자연주의 교설을 지지하는지, 그것도 아니면 두 교설을 결합한 이론을 채택하는지는 대개 그가 자신이 연구하는 학문 분야의 특성이 무엇이라고 생각하는지, 그리고 그가 다루는 주제의 특성이 무엇이라고 생각하는지에 의존적이다. 그러나 그것은 또한 물리학적 탐구 방법에 대한 그의 견해에도 의존적이다. 이 점을 인식하는 것이 그 어떤 것보다도 중요하다. 방법론적 논의에서 발생하는 결정적인 실수 대부분이 물리학적 탐구 방법에 대한 아주 흔한 오해에서 비롯하기 때문이다. 이 같은 실수 대부분은 특히 물리 이론의 논리적 형식, 물리 이론을 시험하는 방법, 그리고 관찰과 실험의 논리적 기능에 대한 잘못된 이해에서 비롯한다. 나는 이런 잘못된 이해야말로 중대한 결과를 가져오는 원인이라고 생각한다. 이 책 III장과 IV장에서 이러한 주장이 옳은 이유를 설명할 것이다. 특히 친자연주의와 반자연주의 논증과 교설 모두 실제로는 물리학적 탐구 방법을 잘못 이해하고 있다는 사실을 밝힐 것이다. 그렇지만 I장과 II장에서는 반자연주의와 친자연주의적 교설을 설명하는 데 국한할 것이다.

이 책에서 나는 순서상 먼저 '역사법칙주의'[1]를 충분히 설명하고 이후 그것을 비판할 것이다. 역사법칙주의는 우리가 사회과학 방법에 관해 논의할 때 심심치 않게 마주치는 입장이다. 또한 흔히 비판적 반성 없이 사용하는 입장이며, 경우에 따라서는 당연한 것으로 여기는 입장이다. 이 책에서 나는 '역사법칙주의'에 대해 상당한 지면을 할애하여 설명할 것이다. 그러나 여기에서는 이렇게 말하는 것으로 충분할 것이다. 그것은 **역사적인 예측들**이 사회과학의 주요한 목표라고 가정하며, 또한 이런 목표는 '주기적 반복들'이나 '형태들', 다시 말해 역사의 진화에 근저하고 있는 '법칙들'이나 '추세들'을 발견함으로써 달성될 수 있다고 상정한다. 나는 (경제 이론을 제

---

[1] 역주. 'historicism'과 'historism'의 구별은 매우 중요하다. 포퍼는 'historicism'을 '역사법칙주의'란 의미로 사용하고, 'historism'은 '역사상대주의'란 의미로 사용한다. 'historism'은 우리가 통상 독일의 고전적 역사주의라고 부르는 것이다. 이 책에서는 역사법칙주의와 더욱 뚜렷하게 구별하기 위해 '역사개성주의'라고 번역했다. 이런 구별에 대한 자세한 설명은 이 책의 해설에서 찾아볼 수 있다.

외하고) 이론적인 사회과학이 시원찮은 상태에 처하게 된 궁극적 이유가, 그것이 역사법칙주의적 탐구 방법을 채택했기 때문이라고 확신한다. 그 때문에 역사법칙주의에 대한 나의 설명이 완전히 불편부당할 수는 없을 것이다. 그러나 차후의 내 비판이 갖는 의미를 부각하기 위해서라도 나는 역사법칙주의를 지지하는 논변을 우호적인 방식으로 설명하려고 노력했다. 즉, 역사법칙주의를 충분한 숙고를 거친 사회적 유대관계와 긴밀하게 결합된 철학으로 제시하려고 노력했다. 그래서 내가 아는 한, 역사법칙주의자들 스스로도 내놓은 적이 없는 역사법칙주의 지지 논증을 구성하는 데 주저하지 않았다. 이런 방식을 통해 내가 원한 것은 실제로 논박할 가치가 있는 견해를 구축하는 것이었다. 말하자면 간혹 아이디어 차원에서 제시되긴 했어도 제대로 된 방식으로 개진된 적은 없는 역사법칙주의 이론을 완성하려고 노력했다. 이것이 바로 어딘지 어색하게 들릴 수도 있는 '역사법칙주의'란 명칭을 일부러 선택한 이유이다. 그것을 도입함으로써 나는 단순히 용어를 둘러싸고 옥신각신하는 것을 피할 수 있기를 바랐다. 다시 말해 나는 아무도 여기서 거론된 논증 중 어떤 것이 실제로 역사법칙주의에 속하는지, 적합한지, 본질적인지에 대해 왈가왈부하는 것을 원하지 않았다. '역사법칙주의'라는 말이 실제로 무엇을 뜻하는지, 적합하게 사용되었는지, 그 본질이 무엇인지 왈가왈부하는 것 또한 원하지 않았다.

I

역사법칙주의의 반자연주의적 교설

역사법칙주의는 사회학 분야에서 방법론적 자연주의를 채택하는 것을 강력히 반대한다. 물리학의 특징적인 탐구 방법을 사회과학에 적용하는 일은 사회학과 물리학 사이의 뿌리 깊은 차이로 인해 가능하지 않다고 보기 때문이다. 물리적 법칙 또는 '자연의 법칙'은 어느 곳에서든 항상 타당하다. 왜냐하면 시간과 공간을 통틀어 변하지 않는 한결같은 물리 체계가 물리적 세계를 지배하고 있기 때문이다. 반면 사회적 법칙 혹은 사회생활을 지배하는 법칙은 장소와 시대가 다를 경우, 다르다. 비록 규칙적으로 반복되는 전형적인 사회적 조건이 여럿 있을 수 있을지라도, 역사법칙주의에 따르면 사회생활에서 탐지할 수 있는 규칙성은 물리적 세계에서 탐지할 수 있는 불변적인 규칙성과 전혀 다른 특성을 갖고 있다. 그것은 역사적 차이 그리고 문화적 차이에 의존적이기 때문이다. 즉, 그것은 특수한 **역사적 상황**에 의존적이다. 따라서 우리는, 예컨대, 아무런 단서도 없이 경제법칙에 대해 말하는 것을 삼가야 한다. 우리는 단지 봉건시대의 경제법칙 혹은 초기 산업시대의 경제법칙 등에 대해서만 말해야 한다. 다시 말해 특정 법칙이 지배적이라고 생각하는 역사적 시대를 명시해야 한다.

역사법칙주의에 따르면, 사회법칙이 지닌 역사적 상대성 때문에 물리학적 탐구 방법 대부분은 사회학에 적용할 수 없다. 이 견해가 기반하고 있는 전형적인 역사법칙주의 논증은 주로 다음과 같은 의제를 중심으로 이루어진다. 일반화, 실험, 사회현상의 복잡성, 정확한 예측의 어려움 및 방법론적 본질주의의 중요성. 이제 이 논증을 하나씩 살펴보자.

1. 일반화

역사법칙주의에 따르면 물리 과학의 일반화와 그 성공 가능성은 자연계의 보편적인 일양성(uniformity)에 의존적이다. 다시 말해 유사한 상황에서는 유사한 사태가 일어날 것이란 관찰에 — 어쩌면 가정이라 기술하는 것이 더 적합한 것에 — 의존적이다. 역사법칙주의에 따르면 물리학적 탐구 방법의 근간을 이루고 있는 것이, 바로 시공간을 통틀어 타당하다고 여겨지는 이 원리이다.

역사법칙주의는 이 원리가 사회학에 관한 한 무용할 수밖에 없다고 주장한다. 사회학적인 관점에서 볼 때, 서로 유사한 상황은 한 역사적 시대에 국한해서 일어날 뿐이어서 결코 한 시대에서 다른 시대에 걸쳐 반복되지 않는다. 다시 말해 사회에는 장기적인 일반화의 기초가 될 수 있는 어떤 장기적인 일양성도 존재하지 않는다.

그러나 예외도 있다. 그것은 자명하고 **사소한 규칙들**이다. 일례로 인간은 항상 집단을 이루어 생활한다거나 어떤 것의 공급은 제한적인 반면 공기와 같은 것의 공급은 무한해서 오직 전자만이 시장가치나 교환가치를 갖는다는 것이다.

역사법칙주의에 따르면, 이런 한계를 무시하고 사회적 일양성의 일반화를 시도하는 탐구 방법은 문제가 되고 있는 특정 규칙이 영속적이라고 암묵적으로 가정하고 있다. 그 결과 방법론적으로 소박한 견해 — 사회과학이 일반화의 방법을 물리학으로부터 넘겨받을 수 있다는 견해 — 는 위험할 정도로 오해의 소지가 많고 잘못된 사회 이론을 산출할 것이라고 주장한다. 다시 말해, 사회가 발전한다는 것도, 사회가 뜻깊게 변화할 수 있다는 것도, 그리고 만약 사회가 발전할 수 있다면 그것이 사회생활을 지배하는 기본적인 규칙에 영향을 미칠 수 있다는 것도 모두 부인하는 이론을 낳는다는 것이다.

역사법칙주의자는 종종 이런 잘못된 이론의 배후에 통상 무엇인가를 변명하려는 어떤 의도가 숨어 있다고 지적한다. 또한 실제로 이러한 의도를 달성하기 위해 불변하는 사회학적 법칙을 오용할 수 있다고 경고한다. 첫째, 우리가 이런 이론에 불쾌감을 느끼거나 만족스럽지 못한 것으로 여길지라도, 그것은 불변하는 자연의 법칙에 따른 것이기 때문에 어쩔 수 없이 받아들여야만 한다는 논증에 이용될 수 있다. 일례로 임금 교섭에 대한 법적 간섭이 무용하다는 것을 주장하기 위해 '경제학의 냉혹한 법칙(inexorable laws of economics)'을 들먹거리는 사람들이 있었다. 사회에 지속하는 무엇인가 있다는 가정을 오용해서 변명하는 두 번째 방식은 불가피성에 대한 일반적 감정을 조성함으로써 소위 불가피한 것에 저항하지 않고 조용히 견디게끔 조장하는 것이다. 이는 지금 있는 것이 영원히 그대로 있을 것이며, 사건의 진행에 영향을 미치려는 시도는 물론이고 그 진행을 평가하려는 시도조차 어리석은 짓이라는 생각을 야기한다. 또한 자연의 법칙에 반하는 논증을 펼치는 것은 어리석은 일이며, 그것을 전복하려는 시도 역시 우리를 재앙으로 이끌 것이라고 믿게 한다.

역사법칙주의자에 따르면, 이와 같은 논증은 사회학에서 자연주의적 방법을 채택해야 한다는 주장을 필연적으로 함축할 수밖에 없는 보수적인 논증이며 무엇인가 바람직하지 않은 것을 변명하기 위한 논증인 동시에 숙명론적인 논증이다.

역사법칙주의자는 이와 같은 논증에 반대하면서 사회적 일양성은 자연과학의 일양성과 크게 다르다고 주장한다. 사회적 일양성은 시대에 따라 다르며, 그것을 시대에 따라 다르게 하는 것은 인간의 활동이다. 사회적 일양성은 자연법칙이 아니라 인간이 만든 것이기 때문이다. 비록 사회적 일양성이 인간 본성에 의존적이라고 할지라도, 인간의 본성은 그 일양성을 변경하거나 통제할 힘을 가지고 있을 수 있다. 따라서 사태는 더 좋아질 수도 있고 더 나빠질 수도 있다. 능동적인 개혁이 반드시 헛된 것은 아니다.

역사법칙주의의 이런 경향들은 스스로 능동적이어야 한다고 느끼는 사람들에게, 인간사에 간섭하고 싶은 사람들에게 호소력이 있다. 현존 사태를 피할 수 없는 것으로 받아들이길 거부하면서 말이다. 능동성을 추구하고 현 상태에 안주하려는 어떤 종류의 자기만족도 반대하는 경향을 우리는 '**행동주의**'라고 부를 수 있다. 나는 17절과 18절에서 역사법칙주의와 행동주의의 관계에 대해 좀 더 자세히 설명할 것이다. 여기에서는 그 대신 '행동주의' 태도를 극명하게 보여주는 유명한 역사법칙주의자인 마르크스의 익히 알려진 권고를 인용하고자 한다. '이제까지 철학자는 세계를 이러저러한 방식으로 **해석**해 왔을 뿐이다. 그러나 정작 중요한 것은 세계를 **변화**시키는 것이다.'[1]

2. 실험

물리학은 실험적인 방법을 사용한다. 즉, 물리학은 인공적인 제어와 인위적 격리를 통해 유사한 조건을 재현하고 특정 결과의 산출을 확보한다. 이 방법은 상황들이 유사한 곳에서는 유사한 사태들이 일어날 것이란 생각을 토대로 하고 있음이 분명하다. 역사법칙주의자는 사회학에 이 방법을 적용할 수 없다고 주장한다. 비록 그것을 적용할 수 있다 하더라도 유용하지는 않을 것이라고 주장한다. 왜냐하면 유사한 조건은 한 시대에 한해서만 일어나므로, 어떤 실험의 결과일지라도 그 중요성은 매우 제한적일 수밖에 없을 것이기 때문이다. 더구나 인위적인 격리는 사회학에서 가장 중요한 요인을 제거할 것이다. 로빈슨 크루소와 그의 고립된 개인 경제는 결코 경제의 중요한 모형이 될 수 없는데, 경제적 문제는 정확히 개인과 집단의 경제적인 상호작용에서 야기되기 때문이다.

나아가 실제로 중요한 실험은 가능하지 않다는 주장도 제기할 수 있다. 사회학 분야에서 대규모 실험은 결코 물리학적인 의미의 실험이 될 수 없다. 실험을 하는 이유가 지식의 증진에 있는 것이 아니라 정치적인 목적을 이루는 데 있기 때문이다. 이러한 실험은 외부 세계와 단절된 채 실험실 내에서 행해지는 것이 아니다. 오히려 실험 그 자체가 사회의 상태를 변화시킨다. 사회적 실험은 정확하게 유사한 조건에서 반복될 수 없는데, 그 까닭은 첫 번째 실험에 의해 그 이후 실험의 조건이 변하기 때문이다.

3. 새로움[1]

방금 전 언급한 논점은 좀 더 상세하게 설명할 필요가 있다. 역사법칙주의에 따르면 정확하게 유사한 조건에서 대규모 사회적 실험을 되풀이할 가능성은 거의 없다. 먼저 유사한 실험을 했다는 사실이 두 번째 실험의 이행 조건에 영향을 미칠 수밖에 없기 때문이다. 이 논증은 사회가 유기체처럼 우리가 통상 역사라고 부르는 일종의 기억을 갖고 있다는 생각에 의존하고 있다.

생물학에서 유기체의 생활사에 관해 말할 수 있는 것은 유기체가 과거 사건에 의해 어느 정도 조건 지어지기 때문이다. 만약 그와 같은 사건이 반복되면, 유기체는 그것을 더 이상 새로운 것으로 인식하지 않게 되고 습관으로 물들게 된다. 바로 이것이 반복된 사건의 경험이 원래 사건의 경험과 똑같지 **않은** 이유이다. 즉, 실제로 반복된 경험이 **새로운** 이유이다. 따라서 어떤 사건을 반복적으로 관찰하면, 관찰자는 새로운 경험을 하게 되고 이러한 경험은 새로운 습관을 형성하기 때문에, 결국 반복적 경험은 새로운 습관적인 조건의 산출로 이어진다. 그러므로 동일한 하나의 유기체에 대해

---

[1] 역주. 'novelty'의 의미는 새로움, 신기함, 참신성 등이 있지만, 여기서는 '새로움'으로 번역했다. '신기함'이란 의미에는 '이상한'이란 뜻이 포함되어 있고, '참신성'은 이 논의의 맥락에는 잘 어울리지 않기 때문이다.

되풀이해서 행하는 실험 조건의 전체는— 내적, 외적 조건 모두 포함하여— 우리가 진정한 의미에서의 반복을 주장할 수 있을 만큼 충분히 유사할 수 없다. 왜냐하면 똑같은 환경 조건을 정확하게 반복하더라도 그것은 유기체의 새로운 내적 조건과 결합할 것이기 때문이다. 유기체는 경험을 통해서 배운다.

역사법칙주의에 따르면, 이 말은 사회에도 유효하다. 사회 역시 경험을 하고 그 자신의 역사를 갖기 때문이다. 비록 (부분적인) 역사의 반복 때문에 배우는 속도가 더딜지는 몰라도, 사회가 부분적으로 과거에 의해 조건 지어지는 한, 사회가 배운다는 것은 의문의 여지가 없다. 만약 그렇지 않다면 전통과 전통에 대한 애착 그리고 전통적인 것을 꺼리는 마음, 전통에 대한 신뢰와 불신이 사회적 삶에서 중요한 역할을 할 수 없을 것이다. 따라서 진정한 의미에서 반복은 사회사에서 불가능할 수밖에 없다. 그리고 이것은 본질적으로 새로운 성격의 사건이 출현할 것이라 예상해야 함을 의미한다. 역사는 반복될 수 있지만 결코 동일한 층위에서 반복되지 않는다. 특히 그것이 역사적으로 중요한 사건이어서 사회에 지속적인 영향을 끼치고 있다면 말이다.

물리학이 기술하는 세계에서는 진정한 의미에서 본질적으로 새로운 그 어떤 것도 일어날 수 없다. 새로운 엔진이 발명될 수 있지만, 우리는 언제든지 그것을 전혀 새로울 것이 없는 요소들의 재배열로 기술할 수 있다. 물리학에서 새로움이란 단지 배열이나 결합의 새로움에 불과하다. 이와 정반대로 사회적인 새로움은, 역사법칙주의에 따르면, 생물학적인 새로움처럼 본질적인 유형의 새로움이다. 그것은 배열의 새로움으로 환원할 수 없는 실제적인 새로움이다. 왜냐하면 사회생활에서는 설사 어떤 것을 새롭게 배열한다고 해도 결코 그것은 같은 것이 아니기 때문이다. 어떤 것도 그 자체로 정확히 되풀이할 수 없는 곳에서는 실제적인 새로움이 항상 발현할 수밖에 없다. 이러한 사실은 역사에 있어 서로 본질적으로 다른 새로운 단계나 새로운 시대의 발전을 고찰하는 데 중요하다.

역사법칙주의에 따르면, 역사에서 정말로 새로운 시대의 등장만큼 중요한 것은 없다. 사회생활이 지닌 이 같은 중대한 특징은 물리학의 설명 방법에 따라 탐구할 수 없다. 왜냐하면 물리학은 새로움을 친숙한 요소의 재배열로 여기기 때문이다. 설령 물리학에서 통상적으로 사용하는 방법을 사회에 적용할 수 있다고 하더라도, 그것은 사회가 지닌 가장 중요한 특징, 예컨대 **시대적 구분과 새로운 것의 등장**을 설명하는 데 사용할 수 없을 것이다. 사회적으로 새롭다는 것이 무엇을 뜻하는지 이해하게 되면, 사회 발전의 문제 이해를 도모하기 위해 사회학의 문제에 통상적인 물리학적 탐구 방법을 적용하는 것이 유용하다는 생각을 포기할 수밖에 없다.

사회적 새로움에는 이 외에도 다른 특징이 있다. 우리는 이미 모든 개별적인 사회적 사건, 즉 사회생활에서 일어나는 개개의 사건 모두가 어떤 의미에서는 새로운 것일 수 있다는 것을 보았다. 각 사건은 다른 사건과 함께 묶을 수 있다. 즉, 모든 사건은 어떤 면에서는 다른 사건과 비슷할 수 있다. 하지만 매우 구체적인 방식에 있어서는 언제나 각각이 독특할 것이다. 이러한 사실은 사회학적 설명을 물리학적 설명이 처한 상황과 현저하게 다른 상황으로 이끈다. 사회생활을 분석함으로써 어떤 개별적인 사건이 어떻게 그리고 왜 일어났는지 그 원인을 발견하고, 직관적으로 이해할 수도 있다. 다시 말해 분명하게 그 사건의 **원인과 결과** — 그 사건을 일으키고 그것이 다른 사건에 미친 영향을 야기한 힘 — 를 이해할 수도 있다. 하지만 우리는 이러한 인과적 연계를 일반적 용어로 기술하는 **일반적 법칙**을 정식화할 수 없을 것이다. 왜냐하면 그것은 유일무이하게 특수한 사회적 상황이어서 우리가 발견한 특별한 힘에 의해 올바르게 설명될 수 있는 유일한 상황일 수도 있기 때문이다. 실제로 이런 힘은 정말 독특할지도 모른다. 그 힘은 바로 이런 특별한 상황에서 오직 한 번만 발현될 수 있을 뿐 다시 발현될 수 없기 때문이다.

4. 복잡성

방금 기술했던 방법론적인 상황은 여러 다른 면모도 갖고 있다. 사람들이 매우 자주 논의해 온 (여기서는 논의하지 않을) 것 중 하나로 독특한 인격들의 사회적인 역할이 있다. 다른 하나는 사회현상의 복잡성이다. 물리학은 사회학이 다루는 것보다 훨씬 덜 복잡한 주제를 다룬다. 그럼에도 불구하고 우리는 실험적인 고립을 통해 사안을 인위적으로 더 단순화시키는 방법을 취한다. 그러나 이런 방법은 사회학에 적용할 수 없기 때문에, 이중의 복잡성에 직면한다. 그중 하나는 인위적 고립이 불가능하기 때문에 일어나는 복잡성이다. 다른 하나는 사회생활이 개인들의 정신적인 삶, 즉 심리학을 전제하는 자연현상이라는 사실에서 기인하는 복잡성이다. 더구나 심리학은 생물학을, 다시 생물학은 화학과 물리학을 전제한다. 사회학이 과학의 위계에서 마지막에 위치한다는 사실은 사회현상에 포함된 요인이 얼마나 복잡한지 분명히 보여주고 있다. 비록 물리학 분야에서처럼 불변하는 사회학적 일양성이 존재한다 할지라도, 이 이중적 복잡성 때문에 우리는 아마도 그것을 발견할 수 없을 것이다. 만약 그 일양성을 발견할 수 없다면, 그러면 그것이 존재한다고 주장해 봤자 아무 소용없는 일이다.

5. 예측의 부정확

역사법칙주의가 과학의 과제 중 하나로 예측의 중요성을 강조하고자 했던 것을 친자연주의 교설들에 대한 논의에서 보여줄 것이다. (비록 **역사적인 예언을 믿지는 않지만**, 이 점에 있어 나는 **그것이** 사회과학의 과제 중 하나라는 주장에 기꺼이 동의할 수 있다.) 그러나 역사법칙주의는 사회적 예측이 참으로 어려울 것이라고 주장한다. 사회구조의 복잡성 때문만이 아니라, 예측과 예측된 사건 사이의 상호 연관에서 비롯되는 특이한 복잡성 때문에 그렇다는 것이다.

예측이 예측된 사건에 영향을 미칠 수 있다는 생각은 매우 오래된 것이다. 전설에 따르면, 오이디푸스가 그전에 한 번도 본 적이 없었던 자신의 아버지를 살해하게 된 것은 그의 아버지가 그를 버리게끔 했던 예언의 직접적인 결과였다. 이것이 예측된 사건에 대한 예측의 영향을 (혹은 더 일반적으로 말해 정보가 언급하고 있는 상황에 그 정보가 미친 영향) 그것이 예측된 사건을 일으키든지 혹은 방지하든지, '**오이디푸스 효과**(*Oedipus effect*)'라 명명하자고 내가 제안한 이유이다.

역사법칙주의자들은 최근에 이런 종류의 영향이야말로 사회과학에 적절하며, 또한 그 영향은 정확한 예측을 하는 어려움을 증가시켜 그 예측의 객관성을 위태롭게 할 수 있음을 지적했다. 모든 종류의 사회적 사실과 사건에 대한 정확한 과학적 예측을 허용할 만큼 사회과학이 발전할 수 있다고 가정한다면, 불합리한 결론이 따라 나올 것이라고 그들은 말한다. 따라서 그들은 이 가정은 순수하게 논리적 근거에 의거해서 반박할 수 있다고 말한다. 왜냐하면 만약 이와 같이 사회 사건에 대해 새로운 종류의 과학적인 달력을 작성해서 알린다면(그것은 오랫동안 비밀일 수 없는데, 원리적으로 누군가가 그것을 재발견할 수 있기 때문이다), 그것은 확실히 그것이 예측하는 바를 망칠 행동을 일으킬 것이기 때문이다. 예를 들어 어떤 주식의 가격이 사흘간 올랐다가 떨어질 것으로 예측되었다고 가정하자. 보나마나 주식시장과 줄이 닿아 있는 모든 사람은 3일째 되는 날 주식을 팔 것이고, 그것은 그날 주가를 하락시킴으로써 애초의 예측을 반증하게 될 것이다. 간단히 말해 사회적 사건에 대해 정확하고 자세한 달력을 만들 수 있다는 생각은 자기 모순적이며, 따라서 **정확하고 상세한** 과학적인 사회 예측 또한 불가능하다.

6. 객관성과 평가

앞서 본 바와 같이, 역사법칙주의는 사회과학에서 예측이 지닌 어려움을 강조하고자 예측이 예측된 사건에 끼친 영향에 대한 분석에 기초하는 논증을 전개했다. 그러나 다른 한편 역사법칙주의에 따르면, 이러한 영향은 상황에 따라서는 예측하는 관찰자에게도 중요한 반향을 끼칠 수 있다. 이와 유사한 고찰이 물리학에서조차 일어나고 있다. 물리학에서 관찰은 관찰자와 관찰된 것 사이의 에너지 교환에 토대를 두고 있다. 그리고 이 같은 사실은, 대개는 무시할 수 있을 정도로 미미하지만, 물리적 예측의 불확실성을 낳는다. '미결정의 원리(principle of indeterminacy)'는 이 같은 불확실성을 기술하는 말이다. 이런 불확실성이 관찰된 대상과 관찰하는 주관 간의 상호작용에서 기인한다고 볼 수 있는 이유는, 둘 다 동일한 작용과 반작용의 물리적 세계에 속해 있기 때문이다. 보어(Bohr)가 지적했듯이, 이 점에 있어 물리학과 유사한 것이 다른 과학, 특히 생물학과 심리학에도 발생할 수 있다. 하지만 과학자와 그의 대상이 동일한 세계에 속한다는 사실이 사회과학보다 더 중요한 경우는 어디에도 없다. 그런데 사회과학에서 그 사실은 (앞서 보여주었듯이) 예측의 불확실성에 이르며, 이 불확실성은 때때로 실천적으로 매우 중요하다.

사회과학에서 우리는 관찰자와 관찰된 것 사이의, 주관과 객관 사이의 전체적이고 복잡한 상호작용에 직면한다. 앞으로 어떤 사건을 일으킬 수 있는 어떤 조짐의 실재에 대한 인식과 예측 그 자체가 예측된 사건에 어떤 영향을 끼칠 수 있다는 사실에 대한 인식은 예측 내용에 간접적인 영향을 끼칠 수 있다. 그리고 이 같은 간접적 영향은 사회과학에서 예측과 여타 탐구 결과가 지닌 객관성을 심각하게 손상시킬 만한 것일지도 모른다.

예측은 사회적 사건의 일종으로서 다른 사회적 사건과 상호작용할 수 있으며, 특히 그것이 예측한 사건과 상호작용할 수 있다. 이미 보았듯이 예측은 어떤 사건을 촉진하는 데 도움이 될 수 있지만, 또 다른 방식으로 사건에 영향을 미칠 수 있다. 극단적인 경우에 그것은 심지어 예측한 사건을 **야기**할 수도 있다. 다시 말해, 만약 예측되지 않았다면 일어나지 않았을 사건이 있을 수도 있다. 정반대로 임박한 사건의 예측이 그 사건이 발생하지 않도록 **방지**할 수도 있다. (이 경우 사회과학자는 고의로 혹은 과오에 의해 예측하지 않음으로써 사건을 일으키거나 그 사건이 일어나도록 할 수도 있다.) 분명 수많은 경우가 이 두 극단 중 중간 어디엔가 속할 것이다. 무엇인가를 예측하는 행동과 예측을 금지하는 행동은 둘 다 모두 온갖 유형의 결과를 가질 수 있다.

이제 사회과학자들도 이런 가능성을 틀림없이 깨달을 것이다. 예를 들어 사회과학자는 자신의 예측이 그 일을 야기할 것을 예상하면서 어떤 일을 예측할 수 있다. 아니면 어떤 사건이 일어날 가능성을 부정함으로써 그 사건이 일어나지 않도록 할지도 모른다. 그리고 이 두 경우 모두에서 그는 과학적 객관성을 보장하는 듯이 보이는 원칙, 즉 진리 오직 진리만을 말해야 한다는 원칙을 준수하는 것일 수도 있다. 하지만 그가 진리를 말한 것은 맞지만, 과학적 객관성까지 준수했다고 말할 수는 없다. 왜냐하면 (다가올 사건이 충족시킬) 예측을 함으로써 그는 그가 개인적으로 선호했던 방향으로 사건에 영향을 미쳤을 수도 있기 때문이다.

이 같은 묘사는 다소 도식적인 것처럼 보일 수도 있으나, 역사법칙주의자에 따르면, 거의 모든 사회과학적 논의에서 접하는 논점을 예리하게 드러낸다. 과학자의 견해와 사회적 삶의 상호작용은 거의 예외 없이 견해의 진리 여부만이 아니라 미래의 전개에 그것이 미칠 실제적인 영향도 고려해야 하는 상황을 창출한다. 사회과학자는 진리를 발견하려고 노력하겠지만, 동시에 항상 사회에 일정한 영향력을 발휘함에 틀림없다. 그의 발언이 어떤 영향력을 발휘한다는 바로 그 사실이 그 발언의 객관성을 무너뜨린다.

지금까지 우리는 사회과학자가 실제로 진리만을 그리고 오직 진리만을 발견하려 애를 쓴다고 가정해 왔다. 그러나 역사법칙주의에 따르면, 앞서 묘사한 상황은 그러한 가정이 지닌 어려움을 드러낸다. 편애와 관심이 과학 이론과 예측의 내용에 그토록 큰 영향을 미친다면, 과연 사람들이 편견을 찾아내고 그로부터 벗어날 수 있을지 매우 의심스럽기 때문이다. 따라서 물리학이 객관적이고 이상적으로 진리를 추구하는 것과 유사한 방법을 사회과학에서는 거의 발견할 수 없다고 해도 놀랄 일은 아니다. 우리는 사회과학에서, 사회생활에서 발견할 수 있을 만큼 다양한 경향을 발견할 수 있다. 다시 말해 다양한 이해관계가 있는 것만큼 다양한 관점이 있을 것이라 예상해야 한다. 이런 역사법칙주의 논증이 혹시나 극단적인 상대주의에 이르는 것은 아닌지 의아해 할 수도 있다. 즉, 객관성과 진리에 대한 이상은 사회과학에 결코 적용할 수 없으며, 오직 성공 — 정치적 성공 — 만이 결정적일 수 있다는 상대주의 말이다.

역사법칙주의자는 이를 설명하기 위해 다음과 같이 말할지도 모른다. 사회 발전 시기가 그것에 내재하는 어떤 경향을 보일 때마다, 우리는 그 발전에 영향을 미치는 사회학 이론을 발견할 수 있을 것이다. 따라서 사회과학은 새로운 사회적인 시대를 창출하는 데 일조하는 산파처럼 기능할 수 있다. 그러나 보수적인 기득권자가 이를 활용할 경우, 사회과학은 임박한 사회 변화를 효과적으로 저지하는 데 쉽게 사용될 수 있다.

이런 견해는 다양한 사회학적 교설과 학파 사이의 차이를 다음과 같은 두 가지 방식으로 분석하고 설명할 가능성을 열어준다. 그 하나는 교설이나 학파를 특정한 역사적인 시대에 퍼져 있는 편애나 이해관계와 연관 짓는 것이다. (이는 종종 '역사개성주의(historism)'라 불리는 입장인데, 내가 '역사법칙주의(historicism)'라 부르는 것과 혼동하지 말아야 한다.) 다른 하나는 교설이나 학파를 정치적 혹은 경제적 또는 계급적 이해와 연관 짓는 것이다. (때때로 **지식사회학**(*Sociology of Knowledge*)'이라 불려왔던 접근 방법이다.)

7. 전체론

역사법칙주의자 대부분이 물리과학적 방법을 사회과학에 적용할 수 없다고 보는 데에는 더 근본적인 이유가 있다. 그들에 의하면, 사회학은 다른 모든 '생물에 대한' 과학처럼, 즉 살아 있는 대상을 다루는 과학과 같이 원자적인 방식이 아니라, 요즘 이른바 '전체론적(holistic)'이라고 불리는 방식으로 탐구해야 한다. 왜냐하면 사회학의 대상, 즉 사회집단은 단지 개인의 총합으로 볼 수 없기 때문이다. 사회집단은 구성원의 총합 그 **이상**이며 어떤 한순간에 존재하는 구성원 간 인간관계의 단순 총합 **이상**이다. 단지 세 명으로 구성된 단순한 집단에서도 이 같은 사실을 쉽게 확인할 수 있다. 갑과 을에 의해 만들어진 집단은 비록 구성원이 동일한 경우에도 을과 병에 의해 만들어진 집단과 그 성격이 다를 것이다. 이것은 집단이 저마다 **역사**를 갖고 있으며, 집단의 구조는 그것의 역사에 매우 의존적이라는 말이 의미하는 바가 무엇인지 보여준다. (이 책의 3절 '새로움'을 보라.) 집단은 그다지 중요하지 않은 구성원 몇몇을 잃는다 하더라도 어렵지 않게 그 성격을 원래대로 유지할 수 있다. 더 나아가서 집단의 원래 구성원 **모두**를 다른 구성원으로 대체해도 그 집단이 원래 성격을 상당 부분 유지하는 경우도 상상 가능하다. 그러나 현재 그 집단을 구성하고 있는 동일한 성원들이 만일

한 사람씩 원래의 집단에 들어가지 않고 새로운 집단을 만들었다면, 그들은 아마 매우 다른 집단을 구성했을 것이다. 구성원의 개성은 집단의 역사와 구조에 커다란 영향을 미칠 수 있다. 그러나 그렇다고 해서 집단이 저마다 역사와 구조를 갖지 못하는 것은 아니다. 또한 집단이 구성원의 개성에 큰 영향을 끼치지 못하는 것도 아니다.

모든 사회적 집단은 고유한 전통, 고유한 제도, 그리고 고유한 의례를 갖고 있다. 역사법칙주의는 집단의 역사, 그것의 전통과 제도를 연구해야 한다고 주장한다. 만약 우리가 지금 있는 그대로의 집단을 이해하고 설명하고 싶다면, 또한 만약 우리가 그것의 미래의 발전을 이해하고 더 나아가 예견하고 싶다면 그래야 한다는 것이다.

사회적인 집단의 전체주의적인 성격, 다시 말해 사회집단은 그것을 단지 구성원의 총합으로 여길 경우 결코 온전히 설명할 수 없다는 사실은, 왜 역사법칙주의자가 물리학에서의 새로움과 사회생활에서의 새로움을 달리 보는지 이해하는 데 도움을 준다. 물리학에서의 새로움은 그 자체로는 새롭지 않은 원소와 요인을 새롭게 조합하거나 배열하는 데서 발생하는 반면에, 사회생활에서의 새로움은 그 자체가 실제적이며 단순히 새로운 배열로 환원해서 설명하는 것이 가능하지 않다. 만약 통상적인 사회구조를 부분이나 성분의 조합으로 설명할 수 없다면, **새로운** 사회구조를 동일한 방법으로 설명할 수 없는 것은 당연할 것이기 때문이다.

이와 달리, 역사법칙주의에 따르면, 물리적 구조는 단지 그것의 '배열'이나 그것을 구성하는 부분과 그들의 기하학적 배치를 갖고 설명할 수 있다. 태양계를 예로 들어보자. 비록 태양계의 역사를 연구하는 것이 흥미로울 수 있고 그와 같은 연구가 태양계의 현 상태를 이해하는 데 도움을 줄 수는 있어도, 실상 태양계의 현 상태는 그 체계의 역사와 독립적이다. 태양계의 구조, 미래 운동과 전개는 태양계를 구성하는 행성의 현 성좌에 의해 완전히 결정된다. 다시 말해, 어떤 한 시점에서 태양계를 구성하는 별의 상대적 위치, 질량 및 운동량을 알 수 있다면, 태양계의 미래 운동을 모두 완전히 규정할 수 있다. 행성 중 어느 것이 더 오래되었다거나 어느 것이 외부로부터 체계로 유입되었는지에 대해서는 알 필요가 없다. 다시 말해 구조의 역사는, 설령 흥미로울지는 몰라도, 그것의 행태, 그것의 기제, 그리고 그것의 미래 전개를 이해하는 데 아무런 도움을 주지 않는다. 이 같은 점에서 물리적 구조는 그 어떤 사회적 구조와도 많이 다르다. 사회적 구조의 경우, 비록 우리가 어떤 순간에 있어 그것의 '배치'를 속속들이 다 알고 있다고 해도, 역사를 주의 깊게 연구하지 않는다면 그것을 이해할 수 없을 뿐만 아니라, 그것의 미래 또한 예측할 수 없다.

이와 같은 고찰은 역사법칙주의와 사회구조에 대한 **생물학적 이론 혹은 유기체 이론**이라 불리는 것 사이에 밀접한 연관이 있음을 강하게 시사한다. 후자는 사회집단을 살아 있는 유기체와 유사한 것으로 해석한다. 실제로 전체성은 생물학적 현상이 일반적으로 갖고 있는 특성이라고 알려져 왔다. 또한 전체주의적인 접근은 유기체의 역사가 어떻게 그것의 행태에 영향을 미치고 있는가를 연구하는 데 필수불가결한 것으로 간주되고 있다. 따라서 역사법칙주의의 전체주의적 논증은 사회집단과 유기체 간의 유사성을 강조하는 경향이 있다. 비록 그 논증이 사회구조에 대한 생물학적 이론을 수용하는 데까지 이끄는 것은 아닐지라도 말이다. 이와 마찬가지로 **집**

단의 전통(*group-tradition*)을 운반하는 **집단의 정신**(*group-spirit*)이 존재한다는 유명한 이론도 그것 자체가 반드시 역사법칙주의 논증의 일부인 것은 아닐지라도 전체주의적인 견해와 밀접히 연관되어 있다.

8. 직관적 이해

지금까지 우리는 주로 새로움, 복잡성, 유기성, 전체성 및 역사의 시대적 구분과 같은 사회생활의 특징적인 양상에 대해 논의했다. 역사법칙주의에 따르면 이런 양상은 물리학의 전형적인 방법을 사회과학에 적용할 수 없도록 한다. 그 결과 사회적인 연구에 있어서는 좀 더 역사적인 접근 방법이 필요하다고 여겨지게 되었다. 반자연주의적 역사법칙주의는 사회집단의 역사를 직관적으로 이해해야 한다는 입장을 지지하며 이 같은 입장은 흔히, 비록 반드시 그래야 하는 것은 아닐지라도, 역사법칙주의와 매우 밀접히 연관된 방법론적인 교설의 형태로 발전한다.

이 방법론적 교설에 따르면, 사회과학에 적합한 탐구 방법은 자연과학적인 탐구 방법이 아니라 사회현상에 대한 밀접한 이해에 기초한 방법이다. 다음과 같은 대조와 대비가 이 교설과의 관계 아래 강조되어 왔다. 물리학의 목표는 인과적인 설명인 반면, 사회학의 목표는 목적과 의미에 대한 이해이다. 물리학에서 사건은 수학적인 정식의 도움을 받아 엄밀하며 양적인 방식으로 설명한다. 반면 사회학은 역사적인 발전을 좀 더 질적인 용어를 통해, 일례로 서로 상충하는 경향과 목표, '국민성' 혹은 '시대정신'을 통해 이해하려고 노력한다. 이것이 바로 물리학이 귀납적 일반화를 사용하는 반면에, 사회학은 오직 공감적인 상상의 도움을 받아 작동할 수밖에 없는 이유이다. 그리고 그것은 또한 물리학이 보편적으로 타당한 일양성에 도달할 수 있으며 특수한 사건을 일양성의 일례로 설명할 수 있는 반면, 사회학은 독특한 사건과 그 사건이 처한 특수한 상황에서, 즉 다양한 이해, 경향 및 운명이 혼재하는 특수한 갈등 아래에서, 행하고 있는 역할을 직관적으로 이해하는 데 만족해야 하는 이유이기도 하다.

나는 직관적 이해를 옹호하는 교설을 세 가지 변형으로 구분하고자 한다. 첫 번째 변형에 따르면, 사회적인 사건은 그것을 일으킨 힘, 즉 그것과 관련 있는 개인과 집단, 다시 말해, 그들의 목적과 관심 및 그들이 활용할 수 있는 힘을 파악할 수 있을 때, 이해할 수 있다. 여기에서 개인이나 집단의 행동은 그들의 목표에 부합하는 것으로서, 다시 말해 그들의 실제 이익 또는 적어도 그들의 이익이라고 여겨지는 것을 증진하는 것으로서 이해된다. 이 경우 사회학의 방법은 어떤 목적을 지향하는 합리적 혹은 비합리적 활동에 대한 가상적 재구성으로 간주된다.

두 번째 변형은 더 나아간다. 두 번째 변형은 방금 전 소개한 분석 방법의 유용성을 인정한다. 특히 개인의 행동이나 집단의 활동을 이해하는 데 있어 필수불가결하다고 본다. 그러나 두 번째 변형에 따르면, 사회적 삶의 이해를 위해서는 그보다 더 많은 것이 필요하다. 만약 우리가 사회적인 사건, 이를테면 어떤 정치적인 행동을 이해하고자 한다면, 목적론적인 방식으로 그것이 왜 어떻게 일어나게 되었는지 이해하는 것으론 충분치 않다. 그 외에도 우리는 그 사건의 뜻, 즉 그것의 발생이 갖는 의미를 이해해야 한다. 여기서 '의미'와 '뜻'은 무엇을 말하는가? 두 번째 변형의 관점에서 볼 때, 답변은 이렇다. 사회적인 사건은 일정 기간이 지난 후 다른 사건의 원인이 됨으로써 일정한 영향력을 발휘하기도 하지만, 동시에 일어남 그 자체로서 다른 많은 사건의 상황적인 가치를 변화시킨다. 사회적 사건은 그것이 영향을 미치는 영역에 속하는 모든 대상과 모든 행동의 지향과 해석에 대한 재점검이 필요한 상황을 연출한다. 만약 어떤 한 나라에서 새로운 군대를 창설했다면, 이를 이해하기 위해서는 우선 새로운 군대를 창설한 의도, 이해관계 등을 분석해야 한다. 그러나 동시에 이 사건의 상황적인 가치를 분석하지 않고는 이런 행동의 의미나 뜻을 완전히 이해할 수 없다. 예를 들어 그때까지 아무 문제도 없었던 다른 나라의 군사력이 이 사건으로 인해 매우 적절하지 않은 것이 될 수 있다. 한마디로 말해, 물리적으로든 심리적으로든 그 어떤 실질적인 변화가 일어나기 전일지라도, 전체적인 **사회적 상황**은 이미 변했을지 모른다. 그 변화가 누군가에 의해 감지되기 오래전에 상황은 이미 변했을 수 있기 때문이다. 따라서 사회생활을 이해하기 위해서는 실질적인 원인과 결과의 분석, 즉 행위에 의해 야기된 동기, 관심 및 반응을 분석하는 데 머물러서는 안 된다. 우리는 모든 개개 사건을 전체 안에서 제각기 특징적인 역할을 하는 어떤 것으로 이해해야 한다. 사건은 전체에 미친 영향에서 그것의 의미를 얻게 되며, 그 결과 의미 중 일부는 전체에 의해 결정된다.

　직관적 이해를 옹호하는 교설의 세 번째 변형은 첫 번째와 두 번째 변형이 주장했던 모든 것을 전적으로 수용하는 동시에 그보다 훨씬 더 나아간다. 세 번째 변형에 따르면, 사회적인 사건의 의미나 뜻을 이해하기 위해서는 그 사건의 기원, 영향 및 상황적인 가치에 대한 분석에 더해 더 많은 것을 알아야 한다. 즉, 문제가 된 시대에 널리 퍼져 있는 객관적이고 근원적인 역사적 추세와 경향(어떤 전통이나 권력의 성장이나 쇠퇴와 같은 것)을 분석하는 것이 필요하다. 또한 문제가 된 사건이 이런 경향을 분명하게 드러내는 역사적인 과정에 어떻게 공헌하는지 분석할 필요가 있다. 예컨대 드레퓌스 사태를 온전하게 이해하기 위해서는 그것의 기원, 영향 및 상황적 가치를 이해하는 것을 넘어, 이 사태가 공화국 프랑스의 발전을 추동해 온 두 개의 역사적인 경향, 즉 민주적 경향과 전제적 경향, 진보적 경향과 반동적 경향 사이에 존재하는 알력의 표출이었다는 사실을 통찰할 수 있어야 한다.

이와 같은 직관적 이해 방법의 세 번째 변형은 역사적 추세나 경향의 중요성을 강조함으로써 어느 정도까지는 **유비를 통해**(*by analogy*) 한 역사적인 시대에 기초해서 다른 역사적 시대를 **추론**할 수 있다고 보는 입장이다. 비록 역사적인 시대는 서로 본질적으로 다르고 어떤 사건도 다른 시대의 사회 발전 과정에서 반복되지 않을지라도, 매우 동떨어져 있는 상이한 시대들에서조차 서로 유사한 경향이 지배적일 수 있기 때문이다. 일례로 혹자는 알렉산드로스 대왕 이전의 그리스와 비스마르크 이전의 남부 독일 사이에 이와 같은 유사함이 있어서 상호 유비가 가능하다고 주장한다. 직관적 이해 방법에 따르면, 이와 같은 경우, 어떤 사건의 의미를 평가하기 위해서는 그것을 이전 시대의 유사한 사건과 비교해야 한다. 그렇게 해야 새로운 발전을 예측할 수 있기 때문이다. 물론 두 시대 사이에는 불가피한 차이가 존재한다는 사실을 결코 간과하지 말아야 하겠지만 말이다.

결국 사회적인 사건의 의미를 이해하기 위해서는 인과적인 설명을 훨씬 넘어서는 탐구 방법을 채택해야 한다는 것을 알 수 있다. 그것은 성격상 총체적이어야 한다. 그것은 사회적 사건이 복잡한 구조 내에서, 즉 동시대뿐만 아니라 후대도 포함하는 전체 안에서, 수행한 역할을 파악하는 데 목표를 두어야 한다. 이는 왜 직관적 이해 방법의 세 번째 변형이 유기체와 집단 간의 유비에 의존하는 경향이 큰지 설명한다. 그리고 그것은 또한 왜 세 번째 변형이 사회적 사건의 의미를 결정하는 데 중요한 역할을 하는 역사적인 경향이나 추세의 원천이자 주재자로서 시대정신과 같은 관념을 사용하려고 하는지 설명한다.

그렇지만 직관적 이해의 방법은 전체주의와 잘 어울릴 뿐만 아니라, 새로움을 강조하는 역사법칙주의자의 방법에도 매우 잘 부합한다. 새로움은 인과적 혹은 합리적으로 설명되기보다는 직관적으로 파악될 수 있기 때문이다. 게다가 역사법칙주의의 친자연주의 교설에 대한 논의에서 다음과 같은 점을 우리는 보게 될 것이다. 즉, 역사법칙주의의 친자연주의 교설과 역사적인 경향들이나 '추세들'을 강조하는 직관적 이해의 세 번째 변형 사이엔 매우 밀접한 관련이 있음을 알게 된다는 것이다. (그 예로 16절을 보라.)

9. 양적 방법

역사법칙주의자에 따르면, 다음과 같은 반론과 대조가 직관적 이해의 학설과 연관해서 빈번하게 제기되었다. 물리학에서 사건은 수학적인 정식에 힘입어 양적인 용어로 엄밀하고 정확하게 설명된다. 반면 사회학은 서로 상충하는 경향과 목표와 같이 더 질적인 용어를 통해 역사적인 발전을 이해하려고 애쓴다.

결코 역사법칙주의자만이 양적이고 수학적인 방법을 적용하는 것에 반대하는 것은 아니다. 사실 역사법칙주의자의 견해에 강력하게 반대하는 사람도 간혹 이와 같은 방법을 거부하였다. 그러나 양적이고 수학적인 방법에 반하는 가장 설득력 있는 논증 중 어떤 것은 내가 역사법칙주의라고 부르는 관점을 가장 잘 드러내고 있으므로, 여기서는 이들 논증에 주력해 보겠다.

양적이고 수학적인 방법을 사회학 분야에 적용하는 것을 반대할 경우, 우리는 즉각 강력한 반박에 직면하게 된다. 왜냐하면 이 같은 태도가 사회과학 일부에서 양적이고 수학적인 방법이 실제로 매우 성공적으로 사용되고 있다는 사실과 상충하기 때문이다. 이러한 사실을 감안할 때, 어떻게 양적이고 수학적인 방법의 적용 가능성을 부인할 수 있는가?

역사법칙주의자가 이와 같은 반박에 대한 응수로서 제시한 양적, 수학적 관점에 대한 반대 논증은 그들의 사유방식이 지닌 특징을 잘 보여준다.

역사법칙주의자는 한편 '나는 당신의 주장에 완전히 동의한다'고 말하면서도, 다른 한편 사회과학의 통계적인 방법과 물리학의 양적이고 수학적인 방법 사이에는 여전히 엄청난 괴리가 있다고 지적할 것이다. 사회과학에는 **수학적으로 정식화된 물리학의 인과법칙**과 비교할 수 있는 것이 전혀 존재하지 않는다.

일례로 (어떤 파장의 빛에 대해서도) 광선이 통과하는 렌즈의 구경이 작아질수록 회절 각도는 점점 더 커진다는 물리법칙을 생각해 보자. 이런 유형의 물리법칙은 다음과 같은 형식을 갖고 있다. '일정한 조건에서, 만약 크기 A가 어떤 방식으로 변한다면, 크기 B 역시 어떤 예측할 수 있는 방식으로 변한다.' 달리 말해 이와 같은 법칙은 측정 가능한 하나의 양이 다른 측정 가능한 양에 의존적임을 나타내며, 하나의 양이 다른 양에 의존하는 방식을 정확하게 정량적인 용어로 기술한다. 물리학은 모든 법칙을 이와 같은 형태로 표현하는 데 성공했다. 이를 달성하기 위해 물리학이 한 첫 번째 과업은 물리적인 성질을 모두 양적인 용어로 번역하는 것이었다. 예컨대 빛에 대한 질적인 기술을 — 예를 들어 밝은 황록색 빛을 — 질적인 기술로 — 일정한 파장과 일정한 농도를 가진 빛으로 — 대체해야 했다. 이같이 물리적인 성질을 양적으로 기술하는 과정은 분명 물리적인 인과법칙을 양적인 형태로 표현해 내는 데 필수적인 선행조건이다. 물리적인 인과법칙은 어떤 일이 왜 일어났는지 설명할 수 있게 한다. 예컨대 구경의 폭과 회절 각도의 관계에 관한 법칙을 가정할 수 있어야만, 구경이 감소되었다는 사실을 토대로 회절 각도의 증가에 대해 인과적인 설명을 할 수 있다.

역사법칙주의자 또한 사회과학이 인과적인 설명을 시도해야 한다고 본다. 일례로 산업의 팽창을 통해 제국주의를 설명하려는 어떤 사회과학자가 있다고 상상해 보자. 이 경우 우리는 즉각 사회학적 법칙을 양적인 용어로 표현하는 것이 무리라는 사실을 깨닫게 된다. 왜냐하면 '영토 확장의 경향은 산업화의 정도에 비례하여 증가한다'와 같은 언명을 (비록 사실이 **아니더라도** 적어도 무엇을 뜻하는지 알 수 있는 언명을) 담보할 수 있는 방법, 즉 영토 확장의 경향이나 산업화 정도를 측정할 수 있는 아무런 방법도 존재하지 않기 때문이다.

양적이고 수학적인 방법에 반대하는 역사법칙주의 논증을 요약하면 다음과 같다. 사회학의 과제는 사회적 실재들, 예컨대 국가나 경제 체계나 정부 형태가 역사 변화에 야기한 것을 인과적으로 설명하는 것이다. 그런데 현재까지 사회적 실재가 지닌 특질을 양적인 용어로 표현하는 방법은 알려진 바 없다. 따라서 그 어떠한 양적인 법칙도 만들 수 없다. 만약 사회과학적 인과법칙이 존재할 수 있다면, 그것은 양적이고 수학적인 것이라기보다는 질적일 수밖에 없기 때문에 물리학의 법칙과 성격상 전혀 다를 것이다. 만약 사회학의 법칙이 어떤 것의 정도를 결정한다면, 그것은 매우 모호한 용어를 사용해서 할 것이고, 기껏해야 매우 개략적인 수준에서 할 수밖에 없을 것이다.

성질은, 물리적이든 그렇지 않든, 직관에 의해서만 평가 가능한 듯하다. 그러므로 우리가 여기서 검토했던 논증들은 직관적 이해의 방법을 옹호하기 위해 전개되었던 논증을 지지하는 데 도움이 될 수 있다.

10. 본질주의 대 명목주의

사회적인 사건의 질적인 성격을 강조하다 보면, 자연히 성질을 지시하는 용어의 지위에 대한 문제에 이른다. 말하자면, 이른바 **보편자 문제**(*problem of universals*)에 이르는데, 이것은 철학에서 가장 오래되고 가장 기본적인 문제 중 하나이다.

중세에 그 논란이 최고조에 이르렀던 이 문제는 플라톤과 아리스토텔레스의 철학에 뿌리를 두고 있다. 보편자 문제는 통상 순수하게 형이상학적인 문제로 이해되지만, 대부분의 형이상학적 문제와 마찬가지로 과학적 방법의 문제로 전환해서 기술할 수 있다. 우리는 여기서 방법론적인 문제만을 다룰 것인데, 그 서론을 대신하여 형이상학적 논제에 대해 약술하고자 한다.

과학은 모두 '에너지', '속도', '탄소', '하양(whiteness)',[2] '진화', '정의', '국가', '인간성'과 같은 이른바 보편적인 용어를 사용한다. 이들은 '알렉산드로스 대왕', '핼리 혜성', '제1차 세계대전'과 같이 단칭 용어 혹은 개별 개념이라고 불리는 용어와 다르다. 후자와 같은 용어는 고유명사이며, 규약에 의해 그것이 지시하는 개별적인 것에 부착된 표식이다.

두 학파가 보편적 용어의 본성에 관해 오랫동안 그리고 때로는 격렬하게 논쟁을 벌여왔다. 한 학파에 따르면 보편자가 고유명사와 다른 것은 단지 그것이 단 하나의 사물에 부착되기보다는 개별적인 것의 **집합** 혹은 **모음**의 구성원에 부착되었다는 사실에 기인한다. 예컨대 '하양'이란 보편적 용어는 수많은 상이한 것들 — 예를 들어 눈송이, 식탁보, 백조 — 의 집합에 부착된 표식에 지나지 않는다. 이것이 **명목주의자**(the nominalist party)의 학설이다. 이 입장은 전통적으로 '**실재론**(realism)'이라 불리는 학설과 상반된다. 그런데 실재론은, '실재론자'가 동시에 '관념론자(idealist)'로 불려왔다는 사실에서 알 수 있듯이, 다소 오해의 소지가 있는 명칭이다. 그래서 나는 반명목주의적 이론을 '**본질주의**(essentialism)'로 개명할 것을 제안한다. 본질주의자는 우리가 먼저 개별적인 것을 한 그룹으로 모은 다음 그것에 '하양'이란 표식을 단다는 발상에 반대한다. 대신 그들은 우리가 개별적인 것을 '하얗다'고 말하는 것은 그들 각각이 다른 하

---

[2] 역주. 'whiteness'를 '하양'이라 번역했다. 사실 이 말은 '흰 빛' 또는 '흰 것'을 뜻하므로, 적확한 번역이 아닐지 모르나, 의미 전달에 큰 문제가 없을 것으로 보인다.

얀 것과 공유하고 있는 고유한 속성, 즉 '하양'을 갖고 있기 때문이라고 주장한다. 그들은 또한 개별적인 것에 못지않게 보편적 용어가 지시하는 속성도 탐구할 가치가 있는 대상이라고 본다. ('실재론'이란 명칭은 '하양'과 같은 보편적 대상이 개별적인 것과 개별적인 것의 집합 혹은 집단을 넘어서 '실제로' 존재한다는 주장에서 비롯하였다.) 따라서 보편적 용어는 단칭 용어가 개별적인 것을 지시하는 것과 마찬가지로 보편적인 대상을 지시한다고 간주된다. 보편적 용어가 지칭하는 보편적 대상(플라톤이 '형상' 혹은 '이데아'라고 부른) 역시 '본질'이라 불린다.

본질주의는 보편자(즉, 보편적 대상)의 존재를 믿을 뿐만 아니라 과학에 있어서 보편자의 중요성도 강조한다. 본질주의에 따르면 개별적인 대상은 과학적으로는 흥미가 없는 수많은 우연적인 특징을 보여주고 있을 뿐이다. 사회과학에서 그 사례를 들면, 경제학은 화폐와 신용에 관심을 쏟지만, 주화, 지폐 혹은 수표가 어떤 형태를 취하는가에 관심을 두지 않는다. 과학은 우연적인 것을 벗겨내고 사물의 본질을 꿰뚫어 볼 수 있어야 한다. 그런데 어떤 것의 본질이든 그것은 항상 보편적인 어떤 무엇이다.

이 마지막 논평은 형이상학적인 문제가 방법론과 관련해서 함축하는 몇 가지 시사점을 제시한다. 그러나 내가 지금부터 논의할 방법론적인 논제는 사실상 형이상학적 논제로부터 독립적으로 검토할 수 있다. 우리는 보편자와 개별자의 존재나 양자의 차이에 관한 문제를 우회하는 경로를 따라 이 방법론적 논제에 접근하고자 한다. 다시 말해, 과학의 목적과 수단에 대해서만 논의할 것이다.

내가 **방법론적 본질주의자**(*methodological essentialists*)라 부르고자 하는 학파는 아리스토텔레스에 의해 설립되었다. 그는 과학 탐구가 사물을 설명하기 위해서는 사물의 본질을 꿰뚫어야 한다고 가르쳤다. 방법론적 본질주의자는 과학적인 물음을 '물질이란 무엇인가?' 혹은 '힘이란 무엇인가?' 또는 '정의란 무엇인가?'와 같은 형태로 정식화하려고 한다. 또한 그들은 이런 용어의 실제적인 의미나 본질적인 의미를 밝혀서 그것이 지시하는 본질의 실제적이고 참된 본성을 드러냄으로써 앞선 질문을 꿰뚫는 답변을 제시하는 것이 적어도 과학적 탐구의 주된 과제이거나 필요한 선행조건이라고 믿고 있다. 이와 반대로 **방법론적 명목주의자**(*methodological nominalists*)는 과학적 문제를 '이 물질은 어떻게 반응하는가?' 혹은 '이것은 다른 물체가 있는 데서 어떻게 움직이는가?'와 같은 말로 표현할 것이다. 왜냐하면 그들은 과학의 과제가 단지 사물이 어떻게 움직이는가를 기술하는 데 있다고 보기 때문이다. 그들에 따르면, 이런 일을 하기 위해서는 필요할 경우 자유롭게 새로운 용어를 도입해야 하고, 예전에 사용했던 용어를 재정의해서 쓰는 것이 요구된다면, 그 용어의 옛 의미를 별다른 부담 없이 무시해야 한다. 그들에게 있어서 **단어**는 단지 **기술하는 데 있어 유용한 도구**에 지나지 않기 때문이다.

사람들은 대부분 방법론적 명목주의가 자연과학에서 승승장구해왔다고 생각할 것이다. 예를 들어 물리학은 원자나 빛의 본질을 규명하려 하지 않는다. 그 대신 물리적 관찰을 설명하고 기술하기 위해서 그리고 중요하고 복잡한 어떤 물리적 구조를 지칭하기 위해서 이 용어들을 아주 자유롭게 사용한다. 생물학에서도 그렇게 한다. 철학자는 생물학자가 '생명이란 무엇인가?' 혹은 '진화란 무엇인가?'와 같은 문제에 대답해야 한다고 생각할지도 모른다. 일부 생물학자 또한 간혹 그렇게 생각할 수도 있다. 그러나 과학적 생물학은 대체로 그것과는 다른 문제를 다루며 물리학과 매우 유사한 설명, 기술 방법을 채택하여 사용한다.

따라서 사회과학에서 방법론적 자연주의자는 명목주의를 지지하고, 반자연주의자는 본질주의에 찬성하리라 기대할 수 있다. 그러나 실제에 있어서는 본질주의가 우위에 있는 것처럼 보인다. 더구나 이에 대한 별다른 반대도 없는 듯하다. 그 결과 **자연과학적 탐구 방법은 근본적으로 명목주의적이지만, 사회과학은 방법론적 본질주의를 채택해야 한다**는 주장이 제기되었다.[2] 사회과학의 과제는 국가, 경제적 행위, 사회집단 등과 같은 사회학적 실재를 이해하고 설명하는 것이며, 이 일은 오직 그것들의 본질을 꿰뚫음으로써 행해질 수 있다는 주장 또한 제기되었다. 사회학적으로 중요한 실재를 제대로 기술하기 위해서는 보편적인 용어가 필수불가결하다. 하지만 자연과학과 달리 사회과학에 새로운 용어를 마음대로 도입하는 것은 아무 소용이 없다. 사회과학의 과제는 실재를 명료하게 또한 적절하게 기술하는 것이다. 다시 말해 본질적인 것과 우연적인 것을 구별해야 한다. 하지만 이것은 실재의 본질에 대한 지식을 필요로 한다. '국가란 무엇인가?'와 '시민이란 무엇인가?'(아리스토텔레스가 자신의 저서 『정치학』의 기본문제라고 생각했던) 혹은 '신용이란 무엇인가?'나 '정통과 이단의 (교회와 분파의) 본질적인 차이는 무엇인가?'와 같은 물음은 어느 모로 보나 정당한 질문일 뿐만 아니라, 우리가 사회학 이론을 만든 것이 바로 이 같은 물음에 답하기 위해서이다.

비록 역사법칙주의자들이 형이상학적인 논제에 대해서 그리고 자연과학 방법론에 대해서 서로 의견을 달리할지라도, 사회과학의 방법론에 관한 한 본질주의에 찬성하고 명목주의에 반대하는 경향을 갖고 있는 것이 틀림없다. 실제로 내가 아는 역사법칙주의자는 거의 모두 이 같은 입장을 취했다. 그러나 이것이 역사법칙주의가 지닌 일반적인 반자연주의 성향에서 기인하는지, 아니면 방법론적 본질주의를 지지하는 역사법칙주의 고유의 논증에 의거한 것인지는 검토할 가치가 있다.

우선 사회과학에서 양적인 방법을 사용하는 것에 반하는 논증은 분명히 이 논제와 연관이 있다. 직관적 이해에 (단지 기술만 하는 것에 반하는 입장으로서) 더해 사회적인 사건의 질적 성격을 강조하는 태도는 본질주의와 밀접하게 연관 있는 태도를 함축한다.

그러나 좀 더 전형적인 역사법칙주의 논증도 있다. 그것은 이제 독자도 익숙해졌을 만한, 사상적 추세에 부합하는 논증이다. (이 논증은 아리스토텔레스에 의하면, 플라톤으로 하여금 세계 최초로 본질에 대한 이론을 전개하도록 만든 논증과 실제적인 면에서 동일하다.)

역사법칙주의는 변화의 중요성을 강조한다. 그런데 변화가 있기 위해서는, 변하는 무엇인가가 존재해야 한다. 설령 변하지 않은 것은 아무것도 없다고 하더라도, 변화에 대해서 말하려면 변화한 것을 식별할 수 있어야 한다. 물리학에서 이런 일은 비교적 쉽다. 예를 들어 역학에서 모든 변화는 물체의 운동, 즉 물체의 시공간적 변화이다. 하지만 주로 사회적인 제도에 관심을 두는 사회학은 물리학에 비해 훨씬 더 큰 어려움을 겪는다. 왜냐하면 사회적 제도의 경우, 변화를 겪은 후에 그것을 식별해 내는 것이 쉽지 않기 때문이다. 순수하게 기술적인 관점에서 본다면, 변화 **이전**의 사회적 제도와 변화 **이후**의 제도를 동일한 것으로 간주할 방도는 없다. 기술적인 관점에서 보면 그들은 전혀 다를 것이다. 예컨대 현대 영국 정부 제도에 대한 자연주의적 기술은 4세기 전의 영국 정부 제도에 대한 것과 전혀 다를 것이다. 그럼에도 불구하고 우리는 **정부**가 존재하는 한, 설사 그것이 상당히 변했을지라도, 그것은 **본질적으로** 같은 것이라 말할 수 있다. 현대사회에서 정부가 수행하는 기능은 **본질적으로** 과거에 그것이 수행했던 기능과 유사하다. 기술할 수 있는 어떤 특징들이 거의 똑같은 것으로 남아 있지 않을지라도, 그 제도의 본질적 동일성은 보존된다. 우리가 하나의 제도를 다른 하나의 변화된 형태로 간주하게끔 허용하기 때문이다. 그런데 사회과학에서 불변의 본질들을 전제하지 않고는, 따라서 방법론적 본질주의에 따라 진행하지 않으면 변화들이나 발전들을 우리는 말할 수 없다.

물론 불경기, 인플레이션, 디플레이션 등과 같은 몇몇 사회학적 용어들은 원래 순수 명목론의 형태로 도입되었다는 것은 분명하다. 그럼에도 불구하고 그러한 용어들은 명목주의적인 성격을 유지하지 못했다. 상황이 변함에 따라, 사회과학자들은 어떤 현상이 실제로 인플레이션인지 아닌지에 대해 이견을 보이기 시작했다. 그 결과 정확을 기하기 위해 인플레이션의 본질적인 특성을 (또는 본질적인 의미를) 조사할 필요가 발생할 수도 있다.

그래서 우리는 어떤 사회적 실재에 대해서도 다음과 같이 말할 수 있다. '사회적 실재의 본질에 관한 한, 그것은 어떤 곳에서든 어떤 형태로도 나타날 수 있으며, 마찬가지로 실제로는 원래대로 남아 있으면서 변화하거나, 그것이 실제로 변한 방식과는 다른 방식으로 변할 수 있다.'(후설) 가능한 변화의 정도는 **선험적으로** 제한될 수 없다. 사회적 실재가 어떤 종류의 변화에 저항하지만, 그러나 동일한 것으로 남을 수 있다고 말하는 것은 불가능하다. 어떤 관점에서는 본질적으로 다른 현상이 다른 관점에서는 본질적으로 같은 것일 수도 있다.

지금까지 소개한 역사법칙주의자의 논증으로부터 다음과 같은 것을 이끌어낼 수 있다. 사회 발전을 있는 그대로 기술하는 것은 불가능하다. 좀 더 정확히 말해 사회학적 기술은 결코 단지 명목주의적인 의미에서의 기술일 수 없다. 더구나 본질이 없이 사회학적으로 기술하는 것이 가능하지 않다면, 본질이 없이 사회학적 발전이론을 기술하는 것은 더욱 가능하지 않다. 과연 누가 일정한 사회적 시대의 긴장 관계와 본래적인 경향 및 추세와 더불어, 그 시대의 특징적인 양상을 결정하고 설명하는 문제를 명목주의적인 방법에 의거한 그 어떤 시도에 의해서도 해결할 수 없다는 사실을 부인하겠는가?

이에 따라 실제로 플라톤을 형이상학적인 본질주의로 이끌었던 역사법칙주의 논증, 즉 변하는 것은 합리적으로 기술할 수 없다는 헤라클레이토스의 논증은 방법론적 본질주의의 토대가 될 수 있다. 그러므로 과학이나 지식은 변하지 않고 그 자체로 동일하게 남아 있는 무엇인가를 — 본질을 — 전제한다. 변화에 대한 기술인 **역사**와 변화가 일어나는 동안 원래대로 남아 있는 어떤 것인 **본질**은 여기에서 서로 상관관계를 갖는 것처럼 보인다. 하지만 이 상관관계는 또 다른 측면도 갖고 있는데, 그것은 어떤 의미에서는 본질 또한 변화를 전제하며 그로 인해 역사도 전제한다는 사실이다. 만약 어떤 사물이 변할 때 동일한 것으로 또는 원래대로 남아 있는 원리가 그것의 본질(또는 이데아나 형상 혹은 본성이나 실체)이라면, 변화는 그 사물이 지닌 다른 측면이나 양상이나 가능성을 드러냄으로써 그것의 본질을 드러낼 것이기 때문이다. 그래서 본질은 사물에 고유한 잠재성의 합이나 원천으로 해석할 수 있으며, 변화는 (혹은 운동은) 사물의 본질 속에 숨겨진 잠재성의 실현이나 현실화로 해석할 수 있다. (이 이론은 아리스토텔레스에 기인하고 있다.) 여기에서 어떤 사물, 즉 그것의 불변하는 본질은 오직 **그것의 변화를 통해서만** 알 수 있다는 결론이 따라 나온다. 예컨대 우리가 어떤 것이 금으로 만들어졌는지 알아보려면, 우리는 그것을 두드려보거나 화학적으로 시험해야 한다. 다시 말해 그것을 변화시켜 그것의 숨겨진 잠재성을 밝혀내야 한다. 똑같은 방식으로 어떤 사람의 본질—그의 성품—은 일생에 걸쳐 그것이 전개될 때 알 수 있을 뿐이다. 이 원리를 사회학에 적용할 때, 우리는 다음과 같은 결론에 이르게 된다. 사회집단의 본질이나 실질적인 성격은 오직 그 집단의 역사를 통해서만 그 자체를 드러낼 수 있으며, 사람들에게 알려질 수 있다. 그러나 사회집단이 그 역사를 통해서만 알려질 수 있다면, 그것을 기술하는 개념 또한 역사적인 것이어야 한다. 실제로 일본 **국가**, 이탈리아 **민족**, 아리안 **종족**과 같은 사회학적 개념은 역사 연구에 기반하는 개념이 아닌 그 어떤 다른 것으로서 해석될 여지가 없다. 같은 주장이 **사회계급**에 대해서도 타당하다. 예컨대 **자본가 계급 개념**은 역사를 통해서만 정의할 수 있다. 즉, 산업혁명을 통해서 지주 계급들을 밀어내고 권력을 장악한 계급이자 노동 계급과 서로 권력을 다투는 계급 등으로만 정의할 수 있다.

본질주의가 도입된 것은 그것이 우리로 하여금 변하는 것의 동일성을 탐지할 수 있도록 하기 때문이었을지도 모른다. 그러나 본질주의는, 사회과학은 역사적인 방법을 채택해야 한다는 교설, 즉 역사법칙주의 교설을 지지하는 매우 강력한 논증을 제공하기에 이른다.

II

역사법칙주의의 친자연주의적 교설

　비록 역사법칙주의가 근본적으로 반자연주의적일지라도, 물리과학과 사회과학의 방법 사이에 공통적인 요소가 있다는 생각까지 반대하는 것은 아니다. 역사법칙주의자는 대체로 (나 역시 그러한데) 사회학이 물리학과 마찬가지로 한편 **이론적**이면서도 다른 한편 **경험적**인 것을 지향하는 지식의 한 분야라는 견해를 가지고 있기 때문일 것이다.

　사회학이 **이론적**이라는 말은 사회학도 (그것이 발견하고자 노력하는) 이론이나 보편적 법칙의 힘을 빌려 사건을 **설명하고 예측해야** 함을 의미한다. 사회학이 **경험적**이라는 말은 사회학이 경험에 의해 뒷받침된다는 뜻이다. 즉, 사회학이 설명하고 예측하는 사건은 **관찰 가능한** 사실이라는 뜻이며, 어떤 이론을 승인하거나 부인하는 근거도 **관찰**이라는 의미이다. 물리학이 거둔 성과를 논할 때, 우리가 떠올리는 것은 예측이 거둔 성공이다. 이때 예측의 성공이란 물리법칙을 경험적으로 확인(corroborate)하는 것과 같다고 할 수 있다. 만약 사회학의 성과를 물리학이 거둔 성과에 비추어 평가하려 한다면, 사회학에서의 성공 역시 원칙적으로 예측을 확인하는 것이라고 가정해야 한다. 따라서 법칙의 힘을 빌려 예측하거나 관찰에 의거하여 법칙을 시험하는 것과 같은 탐구 방법은 물리학과 사회학에 공통적이어야 한다.

나는 이 견해가 역사법칙주의의 기본적인 가정 중 하나라고 생각한다. 그럼에도 불구하고 나는 이 견해에 완전히 동의한다. 그러나 나는 이후 내가 소개할 일련의 관념들로 이끄는 이 견해의 세부적인 전개에 대해서는 동의하지 않는다. 언뜻 보면 내가 소개할 아이디어가 조금 전 약술했던 일반론의 직접적인 결과인 것처럼 보일 수 있다. 하지만 사실상 그것은 다른 가정, 말하자면 반자연주의 역사법칙주의 교설을, 특히 역사적인 법칙이나 추세에 대한 교설을 포함하고 있다.

11. 천문학과의 비교. 장기 예측과 대규모 예측[1]

근대 역사법칙주의자는 뉴턴 이론이 거둔 성과, 특히 행성의 위치가 변하기 오래전부터 행성의 위치를 전망하는 능력에 깊은 인상을 받았다. 이로 인해 **장기 예측들**의 가능성이 입증되었다고 그들은 주장한다. 다시 말해 먼 미래를 예언하고자 하는 오래된 염원이 인간의 정신에 의해 성취될 수 있는 한계를 초월하는 것이 아님을 보여주고 있다는 것이다. 사회과학도 이와 마찬가지로 목표를 높게 설정해야 한다. **만약 천문학이 일식을 예측할 수 있다면, 사회학 또**

한 혁명을 예측할 수 있지 않겠는가?

그러나 역사법칙주의자는 비록 목표는 높게 설정하더라도, 사회과학이 천문학적 전망이 지닌 정확도에 도달하기를 바라거나 그렇게 되려고 노력하지는 말아야 한다고 주장한다. 예컨대 사회적 사건에 대한 달력을 항해력과 비교할 수 있을 만큼 정확하게 과학적으로 만드는 것은 논리적으로 불가능하다는 것을 (5절과 6절에서) 이미 보았다. 설령 사회과학이 혁명을 예측할 수 있다 할지라도, 이런 예측은 정확할 수 없다. 예측의 상세함이나 시간 측정에 관해 불확실성의 여지가 있음이 틀림없기 때문이다.

역사법칙주의자는 사회학적 예측이 상세함과 정확함에 있어 부족하다는 것을 인정한다. 심지어 그 점을 강조하기도 했다. 그러나 그들은 사회학적 예측이 지닌 범위와 의미가 이 같은 결함을 메울 수 있다고 주장한다. 결함은 주로 사회적 사건의 복잡성, 사건 간의 상호 연계 및 사회학적 용어의 질적인 성격 때문에 발생한다. 그 결과 사회과학은 모호하다는 결함을 감수해야 하지만, 질적인 용어는 다른 한편 사회과학에 대하여 풍부하고도 포괄적인 의미를 제공한다. 이런 용어의 사례로 '문화 충돌', '번영', '연대', '도시화', '효용'을 들 수 있다. 이와 같은 유형의 예측, 즉 그 예측이 지닌 범위와 중요성으로 모호함을 상쇄하는 장기 예측을 나는 '**대규모 예측**(*prediction on a large scale*)' 또는 '**대규모 예상**(*large-scale forecasts*)'이라 부르고자 한다. 친자연주의적 역사법칙주의에 의하면 이것이 바로 사회학이 시도해야 할 예측의 유형이다.

이런 대규모 예측들 — 광범위한 영역을 갖고 어쩌면 다소 모호한 장기 예측들 — 은 몇몇 과학에서 성취될 수 있다는 것은 확실히 참이다. 천문학 분야에서는 상당히 성공적이고 중요한 대규모 예측

사례를 발견할 수 있다. 태양 흑점의 활동에 대한 예측을 그 예로 들 수 있는데, 그것은 (기후 변화에 중요한) 주기적 법칙이나 (무선 통신에 중요한) 최고층 대기 이온화의 일일 변화와 계절 변화를 토대로 한 것이다. 이러한 예측은 비교적 먼 미래의 사건을 다룬다는 점에서 일식을 예측하는 것과 비슷하다. 그러나 이것은 종종 단순히 통계적이라는 점에서, 그리고 여하튼 상세한 면면과 시간 측정 등의 양상이 덜 정확하다는 점에서 일식의 예측과 다르다. 아마도 대규모 예측은 그 자체로 실현 불가능한 것은 아닐 것이다. 그러나 만약 사회과학이 장기 예측을 할 수 있다면, 그것은 우리가 대규모 예측이라고 묘사했던 것일 수밖에 없다는 것이 분명하다. 반면 반자연주의적 역사법칙주의 교설에서 보았듯이, 사회과학에서 **단기 예측**은 큰 결함을 가질 수밖에 없다. 짧은 시대에 국한된 탓에 사회과학은 그 성격상 오직 구체적인 것만을, 즉 사회생활의 하찮아 보이는 특징만을 다룰 수 있기 때문에 정확성의 부재는 그것에 상당히 큰 부정적 영향을 끼친다. 구체적인 사안에 대한 부정확한 예측은 전혀 쓸모가 없다. 따라서 역사법칙주의에 의하면, 만약 우리가 조금이라도 사회적 예측에 관심이 있다면, 대규모 예측(또한 동시에 장기 예측)이야말로 가장 매혹적일 뿐만 아니라 실제로 시도할 만한 가치가 있는 최적의 예측이 될 것이다.

12. 관찰적 기초

과학에 있어서 비실험적인 관찰적 기반은, 보기에 따라서는, 그 성격이 언제나 '역사적'이다. 천문학의 관찰적 기반도 이 점에 있어서 다르지 않다. 천문학이 기초하고 있는 사실들은 관측소의 관찰 기록에 포함되어 있다. 예컨대 그 기록들은 누군가 수성이 이러저 러한 날짜(시간, 분, 초)에 이러저러한 위치에 있었다는 것을 관찰 한 것을 우리에게 알려주는 기록에 포함되어 있다. 간략히 말해, 그 것은 우리에게 '순서에 따라 정리한 사건의 기록' 혹은 관찰의 연대 기를 제공한다.

마찬가지로 사회학의 관찰적 기반도 정치적이거나 사회적인 사 건과 같은 어떤 일의 연대기로서만 주어질 수 있다. 우리가 통상 '역사'라고 부른 것이 바로 사회생활에 있어서 중요한 사건, 즉 정 치적 혹은 기타 이유로 인해 중요하다고 여겨지는 사건의 연대기이 다. 그렇기에 좁은 의미에서는 역사가 사회학의 기초이다.

사회과학의 경험적 기반으로서 이런 좁은 의미에서의 역사가 지 니는 중요성을 부인하는 것은 말도 안 되는 일이다. 그러나 실험적 방법의 적용 가능성을 부인하는 역사법칙주의자의 특징적 주장 중 하나는 정치적이고 사회적인 역사만이 사회학의 **유일한** 경험적 원 천이라는 주장과 밀접한 연관이 있다. 따라서 역사법칙주의자가 보 기에 사회학은 그 경험적 기반이 오직 역사적 사실의 연대기에 있 으며, 그 목적은 가급적이면 규모가 큰 전망에 있는 이론적이면서 경험적인 학문이다. 물론 **이러한 전망 또한 틀림없이 역사적인 성 격을 갖고 있다.** 왜냐하면 예측에 대한 경험적인 시험이, 즉 그것의 검증이나 반증을 미래의 역사에 맡길 수밖에 없기 때문이다. 그래 서 역사법칙주의의 관점에서는, 규모가 큰 역사적 예측을 감행하고 또 시험하는 것이 사회학의 과제이다. 역사법칙주의자는, 한마디로 **사회학은 이론적인 역사**라고 주장한다.

13. 사회적 동역학

사회과학과 천문학의 유사성은 여기에 머물지 않는다. 통상 역사법칙주의자가 관심을 갖는 천문학 분야는 천체역학인데, 이것은 동역학, 즉 어떤 힘에 의해 결정된 운동에 대한 이론에 기초한다. 역사법칙주의자는 종종 사회학도 유사한 방식으로 사회적인 동역학, 즉 사회적 (또는 역사적) 힘에 의해 결정되는 사회운동에 대한 이론에 기초해야 한다고 주장한다.

물리학자에 따르면, 정역학은 동역학에서 추상한 것에 불과하다. 말하자면 그것은, 일정한 상황 아래에서 어떻게 그리고 왜 아무것도 일어나지 않는지, 즉 변화가 왜 일어나지 않는지에 대한 이론이다. 그리고 정역학은 이것을 반작용하는 힘들이 똑같기 때문이라고 설명한다. 다른 한편 동역학은 일반적인 경우를, 즉 똑같은 힘들을 다루거나 똑같지 않은 힘들을 다루며, 어떤 일이 어떻게 왜 일어났는지에 대한 이론으로서 기술될 수 있다. 따라서 오직 동역학만이 실제적이고 보편적으로 타당한 역학 법칙을 제공할 수 있다. 왜냐하면 자연은 과정이기 때문이다. 자연은 움직이고, 변하고, 발전한다. 비록 자연이 때로는 매우 느리게 움직이고, 변하고, 발전하므로, 어떤 발전을 관찰하는 것이 어려울 수 있다 하더라도 말이다.

동역학에 대한 이 같은 견해와 사회학에 대한 역사법칙주의자의 견해가 지닌 유사성은 너무나 명백해서 더 이상의 논평을 필요로 하지 않는다. 그러나 역사법칙주의자는 동역학과 사회학의 유사성이 여기서 그치지 않는다고 주장할지도 모른다. 예를 들어 역사법칙주의자는 그들이 이해하는 사회학은 본질적으로 인과 이론이고 인과적 설명은 일반적으로 어떤 일이 어떻게 그리고 왜 일어났는지에 대한 설명이기 때문에 동역학과 대동소이하다고 주장할지도 모른다. 그런데 기본적으로 이런 설명은 언제나 역사적 요소를 갖고 있을 수밖에 없다. 만약 당신이 다리가 부러진 사람에게 그런 일이 왜 일어났는지 그리고 어떻게 일어났는지 묻는다면, 당신은 그가 사고의 경위에 대해 말해 줄 것을 기대한다. 그러나 사건의 원인에 대한 역사적인 분석은 이론적인 사유 수준에서도, 특히 예측을 허용하는 이론의 수준에서도 필요하다. 역사법칙주의자에 따르면, 전쟁의 기원이나 전쟁의 본질적 원인과 같은 문제가 역사적인 인과분석을 필요로 하는 전형적인 사례이다.

이 같은 분석을 물리학에서는 상호작용하는 힘을 결정함으로써, 즉 동역학을 연구함으로써 얻을 수 있다. 사회학 역시 같은 것을 시도해야 한다고 역사법칙주의자는 주장한다. 사회학이 할 일은 사회 변화를 만들어내고 인간의 역사를 창조하는 힘을 분석하는 것이다. 우리는 동역학으로부터 상호작용하는 힘이 어떻게 새로운 힘을 창출하는지를 배우는 동시에 힘의 구성 성분을 분석하여 우리가 설명하고자 하는 사건을 야기한 더 근본적인 원인을 이해할 수 있다. 같은 맥락에서 역사법칙주의는 종교적이거나 윤리적인 관념 혹은 경제적 이해와 같은, 정신적 혹은 물질적 역사적인 힘이 지닌 근본적인 중요성에 대한 주의를 환기해야 한다고 주장한다. 역사법칙주의의 관점에서, 사회과학이 수행해야 할 과제는 서로 갈등하는 경향과 힘이 뒤엉킨 실타래를 풀어내고 문제의 뿌리까지 파고들어 사회 변화를 일으키는 보편적인 추동력과 법칙을 분석해 내는 것이다. 이렇게 해야만 이론과학을 발전시킬 수 있으며, 그에 힘입어 대규모 예측을 감행하고 그 예측을 확인함으로써 성공적인 사회 이론을 만들어낼 수 있다.

14. 역사적인 법칙들

역사법칙주의자에게 사회학이란 이론적인 역사임을 우리는 알았다. 사회학의 과학적 예측은 법칙들에 토대를 두어야 한다. 그리고 그 예측들은 역사적인 예측들, 다시 말해 사회 변화에 대한 예측들이므로, 역사적인 법칙들에 토대를 두어야 한다.

그러나 동시에 일반화의 방법은 사회과학에 적용할 수 없으며, 또한 우리는 사회생활의 일양성이 시간과 공간에서 항상 타당하다고 전제하지 않아야 한다고 역사법칙주의자는 주장한다. 왜냐하면 그 일양성은 대개 일정한 문화적 혹은 역사적 시기에만 적용되기 때문이다. 따라서 사회적 법칙들은— 만약 실제적인 어떤 사회적 법칙들이 있다면 — 일양성에 토대를 둔 일상적인 일반화들과는 어느 정도 다른 구조를 가져야 한다. 실제적인 사회법칙들은 '일반적으로' 타당해야 할 것이다. 하지만 이 말은 그것이 인류 역사 전체, 즉 단지 몇몇 시기가 아니라 모든 시대를 포괄하는 전 시기에 관한 것임을 함축한다. 그러나 하나의 시기를 넘어서 두루 합당하게 적용 가능한 사회적 균일성은 존재할 수 없다. 그러므로 보편적으로 타당한 사회적 법칙은 **연속적인 시대를 연계하는** 법칙일 수밖에 없다. 다시 말해, 그것은 한 시대에서 다른 시대로의 전이 과정을 밝히는 **역사적 발전의 법칙**이어야 한다. 이것이 바로 역사법칙주의자들이 사회학에서 제대로 된 유일한 법칙은 역사적 법칙이라고 하는 것의 의미이다.

15. 역사적 예언 대 사회공학

앞서 말했듯이, 역사적 법칙들은 (만약 그러한 것을 발견할 수 있다면) 비록 세세한 것을 매우 정확하게 예측하도록 할 수는 없을지라도, 경우에 따라서는 아주 먼 미래의 사건도 예측할 수 있도록 해줄 것이다. 따라서 실제적인 사회학의 법칙들은 역사적 법칙들이라는 교설(주로 사회적 일양성의 제한된 타당성으로부터 도출된 교설)은 천문학을 모방하는 여하한 시도와 상관없이 '대규모 예측들이란 관념'에 이른다. 그리고 그 교설은 이런 관념을 좀 더 구체화한다. 왜냐하면 그것은 이런 예측들이 역사적 예언의 성격을 갖고 있음을 보여주기 때문이다.

따라서 역사법칙주의자에게 사회학이란 미래를 예언하는 오래된 문제를 해결하는 시도가 된다. 다시 말해 그것은 개인의 문제라기보다는 집단이나 인류의 문제를 해결하는 시도이다. 사회학은 그렇기에 앞으로 일어날 일, 즉 임박한 전개에 대한 과학이다. 만약 사회학이 과학적 타당성을 갖고 정치적으로 앞을 내다보게 할 수 있다면, 사회학은 정치인에게, 특히 현안을 넘어서는 비전을 갖고 있는 정치인과 역사적인 사명감을 가진 정치인에게 큰 가치가 있을 것이다. 역사법칙주의자 중 일부는 단지 인류가 밟아온 긴 여정의 다음 단계를 예측하는 데, 그것도 매우 조심스럽게 예측하는 데 만족하는 것도 사실이다. 그러나 역사법칙주의자는 누구나 할 것 없이 모두, 사회학적 연구는 정치의 미래를 드러내 밝히는 데 기여해야 하며, 그렇게 함으로써 선견지명을 갖춘 정치를 현실에 구현하는 데 가장 요긴한 도구가 되어야 한다고 생각한다.

실용적 가치의 관점에서 볼 때, 과학적인 예측이 지닌 의미는 매우 명백하다. 그러나 사람들이 과학에 서로 다른 두 가지 유형의 예측이 있고, 그에 따라 실질적일 수 있는 방법 또한 두 가지가 있다는 사실을 언제나 의식하고 있는 것은 아니다. 우리는 (1) 태풍이 다가오고 있다는 것과 같이 아주 실질적인 가치가 큰 예측을 할 수 있다. 이러한 예측은 사람들이 때맞춰 대피할 수 있게 해준다. 하지만 우리는 또한 (2) 만일 피난처가 태풍에 견디려면, 일정한 방식으로, 예컨대 피난처의 북쪽 방벽을 철근 콘크리트로 구축하는 방식으로 시공해야 한다고 예측할 수도 있다.

이 두 종류의 예측은 모두 중요하고 사람들이 오랫동안 바라던 바를 충족시킨다는 점에서 유사하지만, 분명히 매우 다르다. 하나는 우리가 그것을 예방하는 데 있어 아무것도 할 수 없는 어떤 사건에 대해 말한다. 나는 이런 예측을 '**예언**(*prophesy*)'이라 부르겠다. 예언의 실질적 가치는 예언된 사건을 사람들에게 경고하여 사람들이 그것을 회피하거나 대비한 상태에서 (아마도 다른 종류의 예측에 힘입어) 겪을 수 있게 해주는 것이다.

두 번째 유형의 예측은 이러한 예측과 상반된 것으로서 **과학기술적인**(*technological*) 예측이라고 기술할 수 있다. 왜냐하면 이러한 유형의 예측은 **공학**의 기초를 형성하기 때문이다. 말하자면 그것은 건설적이어서, **만약** 우리가 어떤 결과를 얻길 원한다면, 우리가 취할 수 있는 방안을 알려준다. 물리학의 상당 부분(천문학과 기상학을 제외한 물리학의 거의 전부)이 이러한 유형의 예측을 하며, 그것은 실질적 관점에서 볼 때는, 과학기술적인 예측이라고 말할 수 있다. 이 두 종류의 예측의 구분은 그저 지속적인 관찰과 달리, 해당 과학에서 그 실험이 수행하는 기능의 중요성에 대체로 일치한다. 전형적인 실험 과학은 공학적인 예측을 하는 반면, 주로 비실험적 관찰에 의존적인 과학은 예언을 한다.

나는 모든 과학이, 심지어는 과학적 예측조차, 기본적으로 실질적이라고 주장하려는 것이 아니다. 나는 과학이 반드시 예언적이거나 그렇지 않다면 과학기술적이어야 한다고 생각하지 않는다. 나는 단지 두 종류의 예측과 그에 대응하는 과학 간의 차이에 주의를 환기시키고자 할 뿐이다. '예언적'과 '과학기술적'이란 용어를 선택함에 있어 나는 확실히 그것이 드러내는, 실용적 관점에서 본, 특징을 암시하려고 했다. 그러나 이런 용어를 사용했다고 해서, 내가 실용적 관점이 어떤 다른 관점보다 반드시 우월하다거나, 과학적 관심은 실용적으로 중요한 예언과 과학기술적인 문제의 예측에 국한된다고 생각하는 것은 아니다. 예를 들어 천문학의 경우, 천문학에서의 발견은, 비록 실용적인 관점에서 가치가 없는 것은 아닐지라도, 주로 이론적인 면에서 흥미롭다고 볼 수밖에 없다. 그러나 '예언'의 일종으로서 천문학적 발견이 지니는 실질적 가치는 기상학의 예보와 비슷할 정도로 매우 분명하다.

여기에서 과학의 예언적인 성격과 공학적인 성격 간의 차이가 장기 예측과 단기 예측의 차이와 상응하지 않는다는 사실을 인식하는 것이 중요하다. 공학적인 예측은 대부분 단기적이지만, 장기적인 과학기술적 예측도 있다. 엔진의 수명에 관한 예측이 그에 해당한다. 천문학적 예측도 단기적 혹은 장기적일 수 있으며, 기상학적 예보 대부분은 비교적 단기적이다.

이 두 실용적 목적의 — 예언적과 공학적 — 차이와 이에 대응하는 과학 이론의 구조적 차이는 후에 방법론적 분석에서 주요 논점 중 하나가 될 것이다. 여기에서는 다만 역사법칙주의자의 경우, 본래 사회학적 실험은 쓸모없고 불가능하다고 믿기 때문에 한편으로는 역사적 예언— 사회적, 정치적 및 제도적 발전에 대한 예언—
을 입증하기 위해 노력하는 반면, 다른 한편으로는 사회공학을 사
회과학의 실용적 목적으로 삼는 것에 반대한다는 사실을 강조하고
자 한다. 역사법칙주의자 중 일부는 막 벌어질 것 같은 사회적 상
황을 멈추게 하거나 제어하거나 촉진할 목적으로 사회공학, 즉 제
도를 입안하고 만드는 일이 가능하다고 생각할 수도 있다. 그러나
다른 역사법칙주의자는 이 같은 발상을 거의 구현 가능성이 없는
시도이거나 정치적인 기획도 다른 모든 사회적 활동과 마찬가지로
역사를 압도하는 모종의 추동력에 의해 지배될 수밖에 없다는 사실
을 간과한 시도에 불과하다고 여긴다.

16. 역사 발전의 이론

이와 같은 고찰은 내가 '역사법칙주의'라고 부르자고 제안한 논
증의 핵심으로 이끄는 동시에 왜 이런 명칭을 채택하는 것이 정당
한지 보여준다. 사회과학은 역사학에 다름 아니다. 바로 이것이 논
지이다. 그러나 여기에서 역사학은 단지 역사적인 사실을 시대에
따라 열거하는 연대기라는 전통적인 의미에서의 역사학이 아니다.
역사법칙주의자가 사회학과 동일시하고자 하는 역사학은 과거를
돌아볼 뿐만 아니라 미래를 내다보는 역사학이다. 그것은 작동하고
있는 힘에 대한 연구이며 무엇보다도 사회 발전의 법칙에 관한 연
구이다. 우리는 그것을 역사적 이론이나 이론적인 역사라고 불러
도 좋을 것이다. 역사적인 법칙만이 보편적으로 타당한 사회적 법
칙으로 여겨졌기 때문이다. 사회 발전의 법칙은 과정에 대한, 변화

에 대한, 그리고 발전에 대한 법칙이어야 한다. 단지 외견상 변하지 않거나 한결같은 것처럼 보이는 것에 대한 사이비 법칙(the pseudo-laws)이 아니어야 한다. 역사법칙주의자에 따르면, 사회학자는 사회적 구조가 수반하는 **광범위한 추세**(*broad trends*)의 큰 흐름을 파악하기 위해 노력해야 한다. 그러나 사회학자는 이에 더해 이런 과정의 원인, 즉 변화를 주도한 힘이 어떻게 작용하는지 이해하려고 노력해야 한다. 사회학자는 사회 발전의 근저에 있는 일반적 추세에 관해 가설을 세우려고 노력해야 한다. 사람들이 스스로 이런 법칙에서 예언을 연역함으로써 임박한 변화에 적응할 수 있도록 말이다.

사회학에 대한 역사법칙주의자의 생각은 내가 두 종류의 예상과 그에 상응하는 두 종류의 과학 사이에서 이끌어낸 구분에 좀 더 천착함으로써 명료해질 수 있다. 역사법칙주의 방법론에 반하는 방법론의 일종으로서 **과학기술적인 사회과학**(*technological social science*)을 목표로 하는 방법론을 들 수 있다. 이러한 방법론은 사회제도를 개혁하고자 하는 온갖 시도에 필수불가결한 사실을 발견하기 위해 우리를 사회생활에 관한 일반적 법칙에 대한 연구로 이끌 것이다. 그와 같은 사실이 존재한다는 것은 의문의 여지가 없다. 실제로 우리는 이런 사실을 충분히 감안하지 않았기 때문에 현실성을 잃은 많은 유토피아적 체계를 알고 있다. 과학기술적인 방법론은 그와 같이 비현실적인 시도에서 벗어날 수 있는 방편을 제공한다. 그래서 그것은 반역사법칙주의적일지 몰라도, 결코 반역사적이지는 않다. 과학기술적 방법론에서 역사적 경험은 매우 중요한 정보의 원천이다. 그러나 그것은 사회 발전의 법칙을 발견하려고 노력하는 대신, 사회제도의 구성에 제한을 가하는 다양한 법칙이나 그와 유사한 일양성을 (비록 역사법칙주의자는 이러한 것이 존재하지 않는 다고 말할지라도) 찾고자 노력할 것이다.

역사법칙주의자는 앞에서 거론했던 반대 논증을 활용하는 것에 더해 다른 방식으로 그와 같은 사회적 과학기술이 지닌 가능성과 효용성에 의문을 제기할 수 있다. 역사법칙주의자는 다음과 같이 상상해 보자고 말한다. 사회공학자가 당신이 생각하는 사회학에 힘 입어 새로운 사회적 구조를 위한 계획을 세웠다. 이 계획은 사회생 활에 대해 알려진 사실이나 법칙과 상충하지 않는다는 의미에서 실 질적인 동시에 현실적이다. 더 나아가 현존하는 사회의 구조를 새 롭게 만들기 위하여 입안된 또 다른 실질적인 계획이 이 계획을 뒷 받침한다. 하지만 역사법칙주의자의 논증에 따르면, 이렇게 가정한 다고 해도 그와 같은 계획은 일고의 가치도 없다. 왜냐하면 이 계 획은 역사 발전의 법칙을 감안하지 않았고 바로 그 이유로 인해 비 현실적이고 유토피아적인 몽상으로 남을 수밖에 없기 때문이다. 사 회적 혁명은 합리적 계획에 의해서 일어나는 것이 아니라, 사회적 힘, 예컨대 이해의 충돌과 같은 것에 의해 일어난다. 사려 깊이 고 안한 계획을 구현하는 막강한 권한을 지닌 철인왕이 있을 것이라는 생각은 토지를 소유한 귀족의 이익을 지키기 위해 꾸며진 허구에 불과하다. 충분히 많은 사람이 합리적 논증에 감동해서 사회 개혁 을 이룰 것이라는 미신 역시 이 같은 허구를 민주주의적인 방식으 로 재연한 것에 지나지 않는다. 역사는 사회적 현실이 이런 이야기 와 매우 다르다는 것을 보여준다. 역사 발전 과정은 아무리 탁월하 다 하더라도 결코 이론적인 구성에 의해 형성되지 않는다. 비록 그 와 같은 도식이 여타의 덜 합리적인 (심지어 매우 비합리적인) 많 은 요인과 더불어 모종의 영향을 끼친다는 점은 인정할 수 있을지라도 말이다. 설령 그런 합리적 계획이 막강한 권력을 가진 집단의 이해관계에 부합하여 그것을 구현하기 위한 노력이 역사 과정에서 주요한 요인이 될지라도, 그것은 결코 애초 생각한 바에 따라 구현되지 않을 것이다. 실제 결과는 항상 합리적 구성과 매우 다를 것이다. 그것은 언제나 서로 경합하는 힘의 순간적인 배열의 결과에 의해 발생한다. 더구나 그 어떤 상황에서도 합리적 계획의 결과물은 안정적인 구조가 될 수 없다. 왜냐하면 힘의 균형은 변할 수밖에 없기 때문이다. 아무리 사회공학이 현실적이고 과학적이라고 자처해도, 결국 그것은 모두 한갓 유토피아적 몽상으로 남을 수밖에 없는 운명을 지녔다.

역사법칙주의자에 따르면, 지금까지의 논증은 이론적 사회과학에 힘입은 사회공학의 실질적인 가능성을 비판하는 데 초점을 맞추었기 때문에 그와 같은 사회과학 자체를 비판하지는 않았다. 그러나 유사한 논증을 통해 과학기술적인 형태의 이론적인 사회과학 역시 불가능하다는 것을 입증할 수 있다. 우리는 이제까지 실질적인 공학적 시도가 사회학적으로 매우 중요한 사실과 법칙을 간과함으로써 실패할 수밖에 없다는 것을 보았다. 그런데 이는 그러한 시도는 실제에 있어 유일하게 중요한 사회적인 법칙인 발전의 법칙을 간과하고 있기 때문에 실질적 가치를 결여하고 있음은 물론이고 이론적으로도 건전하지 못함을 함축한다. 흔히 이러한 시도의 근거라고 보는 '과학' 또한 이런 법칙을 간과하고 있음에 틀림없다. 그렇지 않다면 그것이 그처럼 비현실적인 구성을 위한 기초를 제공했을 리 없기 때문이다. 합리적 사회 구성이 불가능하다는 사실을 가르치지 않는 사회과학은 그 어떤 것도 사회생활에서 가장 중요한 사실을 깨닫고 있다고 볼 수 없으며, 실제에 있어 유일하게 타당하고 중요한 사회적 법칙을 간과하고 있음에 틀림없다. 그러므로 사회공학을 위한 배경을 제공하고자 하는 사회과학은 사회적인 사실에 대한 참된 묘사가 될 수 없다. 그것은 그 자체로 불가능하다.

역사법칙주의자에 따르면, 이런 결정적 비판 외에도 과학기술적인 사회학을 폐기할 이유가 많다. 그 이유 중 하나는, 예를 들면 과학기술적인 사회학이 새로움의 창발과 같은 사회적인 발전 양상을 무시한다는 사실이다. 우리가 새로운 사회 구조를 과학에 의거해서 합리적으로 구성할 수 있다는 관념은 우리가 새로운 사회적 시대를 처음에 계획했던 대로 비교적 정확하게 구현할 수 있다는 것을 의미한다. 그러나 만약 그 계획이 사회적인 사실을 포괄하는 과학에 근거를 두고 있다면, 그것은 배열의 새로움은 몰라도, 본질적으로 새로운 양상을 설명할 수는 없다. (3절을 보라.) 하지만 우리는 새로운 시대가 그 자체로 본질적 새로움을 가질 것이라는 사실을 안다. 따라서 그 어떤 구체적인 계획도 헛될 수밖에 없으며 그것이 기초하고 있는 그 어떤 과학도 참이 아니다.

역사법칙주의자의 이 같은 생각은 경제학을 포함해서 모든 사회과학에 적용 가능하다. 따라서 경제학조차 사회적인 개혁에 관한 한 어떤 가치 있는 정보도 제공할 수 없다. 사이비 경제학만이 합리적인 경제 계획을 위한 배경을 제공하려고 노력할 것이다. 진정으로 과학적인 경제학이라면 다양한 역사적 시대를 관통하는 경제 발전의 추동력을 드러내기 위해 노력할 것이다. 그것은 우리가 다가올 시대의 윤곽을 그리는 데 도움을 줄 수 있을지는 몰라도, 새로운 시대를 위해 구체적인 어떤 계획을 개발하여 그것을 실행에 옮기는 데 도움을 줄 수는 없다. 여타의 사회과학에 유효한 것은 경제학에 대해서도 유효할 수밖에 없다. 경제학의 궁극적 목표는 오직 '인간 사회운동의 경제법칙을 해명해야 하는' 것일 수밖에 없다(마르크스).

17. 사회 변화에 대한 해석 대 사회 설계

사회 발전에 대한 역사법칙주의자의 견해는 운명론을 함축하지 않을 뿐만 아니라 아무것도 하지 않고 현상을 유지하는 것과도 상충한다. 역사법칙주의자는 대부분 상당히 뚜렷한 '행동주의' 성향을 갖고 있다(1절 참조). 역사법칙주의는 우리의 소망과 사유, 꿈과 생각, 두려움과 지식, 관심과 에너지 모두가 사회를 발전시키는 힘이라는 사실을 잘 알고 있다. 역사법칙주의는 어떤 일도 일어날 수 없다고 가르치지 않는다. 그것은 다만 당신이 꿈꾸고 있는 것이나 당신이 이성적으로 구상한 바가 **계획에 따라** 이루어지지 않을 것이라 예측할 뿐이다. 오직 역사의 주된 흐름에 잘 어울리는 계획만이 효과적일 수 있다. 우리는 이제 역사법칙주의자가 합당하다고 인정하는 행동은 어떤 것인지 정확히 알 수 있다. 임박한 변화에 잘 어울리고 그 변화를 촉진시키는 행동만이 합당하다. 온전한 의미에서 우리가 할 수 있는 유일하게 합당한 행동, 다시 말해 과학적 통찰에 근거할 수 있는 유일한 행동은 사회적 산파술(midwifery)뿐이다.

비록 과학 이론 그 자체가 직접 어떤 행동을 부추기는 것은 아니지만(그것은 어떤 행동을 비현실적인 것으로 보이게 함으로써 그만두게 할 수 있을 뿐이다), 그것은 무엇인가를 해야 한다고 느끼는 사람을 넌지시 격려할 수 있다. 역사법칙주의가 이런 종류의 격려를 해줄 수 있다는 것은 분명한 사실이다. 역사법칙주의는 더 나아가 인간의 이성에게 모종의 역할을 부여한다. 왜냐하면 역사법칙주의에 따르면, 합당한 행동이 임박한 변화의 방향과 합치하기 위해서 취해야 하는 방향에 대해 알려줄 수 있는 것은 유일하게 과학적 추리, 즉 역사법칙주의 사회과학뿐이기 때문이다.

따라서 역사적 예언과 역사의 해석은 용의주도하고 현실성 있는 모든 사회적 행동의 기초가 되어야 하고, 그 결과 역사를 해석하는 일은 역사법칙주의 사상의 중심이 되어야 한다. 실제로 그것은 그러했다. 역사법칙주의자의 생각과 행동은 모두 미래를 예측하기 위해 과거를 해석하는 데 초점을 맞추고 있다.

과연 역사법칙주의가 더 나은 세상을 원하는 사람에게 희망을 주고 격려할 수 있을까? 오직 사회 발전에 대해 낙관적인 생각을 갖고 있는 역사법칙주의자만이 희망을 줄 수 있을 것이다. 그는 사회 발전이 본질적으로 더 나은 것으로 향하는 경향, 즉 더 합당한 사태로 향하는 경향이 있다는 의미에서, 본질적으로 '좋은' 또는 '합리적인' 것이라고 믿는 사람이기 때문이다. 그러나 이렇게 생각하는 것은 곧 사회적이고 정치적인 영역에서 하나님에 의해 계속해서 기적이 일어날 것이라고 믿는 것과 마찬가지이다. 왜냐하면 그것은 **인간이 이성을 통해 더 합당한 세계를 가져올 능력이 있다는 것을 부정하기** 때문이다. 사실 상당한 영향력을 갖고 있는 일부 역사법칙주의자는 사람들이 매사를 합리적으로 계획하고 행하는 자유의 왕국이 도래할 것이라고 낙관했다. 그들에 의하면, 지금 고통 받고 있는 인류를 필연의 왕국에서 해방시켜 자유와 이성의 왕국으로 들어갈 수 있도록 하는 것은 인간의 이성이 아니다. 오히려 냉혹한 필연성만이, 즉 역사적 발전을 관장하는 맹목적이고 불변적인 법칙만이 거의 기적적으로 그렇게 만들 수 있다. 따라서 우리는 그와 같은 사회 발전 법칙에 마땅히 복종해야 한다고 그들은 가르친다.

역사법칙주의가 사회생활의 영역에서 이성의 영향력 증대를 꾀하는 사람에게 해줄 수 있는 조언은 하나뿐이다. 역사 발전의 법칙을 발견하기 위해 역사를 연구하고 해석하라. 만약 그의 역사적 해석이 그가 평소 바라는 바에 부응하는 역사적 변화의 임박을 암시한다면, 그의 욕구는 과학적 예측에 부합하기 때문에 합당한 것이다. 반면 만약 임박한 발전이 다른 쪽을 향한다면, 더 합당한 세계를 만들려는 그의 소망은 전적으로 불합리한 것이 되고 만다. 역사법칙주의자에게 그것은 단지 유토피아적 몽상에 불과하다. 행동주의는 임박한 변화에 부합하고 그 변화를 촉진시키는 한에서만 정당화될 수 있다.

앞서 역사법칙주의가 해석한 자연주의적 방법은, 특정 사회학 이론 ─ 사회는 현저히 발전하거나 변하지 않는다는 이론을 함축한다는 것을 보여주었다. 이제 우리는 역사법칙주의의 방법 또한 기묘하게도 그와 유사한 사회학 이론을 함축한다는 사실을 알게 되었다. 왜냐하면 이 이론에 따르면, 사회는 반드시 변화할 것이지만, 사전에 결정되어 변경할 수 없는 경로를 따라서, 즉 불변하는 필연성에 의해 미리 결정된 단계를 거쳐 변하기 때문이다.

'어떤 사회가 그 자신의 움직임을 규정하는 자연의 법칙을 발견했을 경우에도 그 사회는 자연적인 사회 진화 단계를 뛰어 넘을 수 없다. 그뿐만 아니라 펜을 굴려 자의적으로 사회 진화의 단계를 뒤섞어놓는 것도 가능하지 않다. 그 사회가 할 수 있는 일은 출산의 고통을 단축하고 경감하는 정도이다.' 이 언명은 마르크스에게서 연유한 것으로,[2] 역사법칙주의의 견해를 훌륭하게 표현하고 있다. 비록 아무것도 시도하지 말라고 가르치는 것도 아니고, 운명론을 문자 그대로 믿으라고 종용하는 것도 아니지만, 역사법칙주의는 임박한 변화를 변경하려는 어떤 시도도 헛되다고 가르친다. 이것은 특이한 종류의 운명론, 이른바 역사적 추세에 관한 운명론이다. 물론 역사법칙주의자는 그 자신이 변화를 강조하기 때문에 '행동주의'의 훈계, 즉 '이제까지 철학자는 세계를 이러저러한 방식으로 **해석**해 왔을 뿐이다. 그러나 정작 중요한 것은 세계를 **변화**시키는 것이다'3) 에 크게 공감할지도(여기서 '세계'는 발전을 하는 인류 사회를 의미한다고 보기 때문에) 모른다. 그러나 행동주의는 역사법칙주의에서 가장 중요한 학설과 상충한다. 왜냐하면 우리가 지금 깨달았듯이, 이렇게 말할 수 있기 때문이다. '역사법칙주의자는 단지 사회 발전을 **해석**하고 이러저러한 방식으로 그것을 도울 수 있다. 그러나 그의 말에서 정작 중요한 것은 **누구도 사회 발전을 바꿀 수 없다**는 사실이다.'

18. 분석의 결론

내가 앞 절에서 서술했던 분석은 가능한 역사법칙주의자의 입장을 가능한 예리하고 설득력 있는 것으로 제시할 것이라는 애초의 약속을 어긴 것처럼 보일 수 있다. 왜냐하면 앞 절에서 나는 일부 역사법칙주의자가 취하고 있는 낙관주의나 행동주의적인 성향이 역사법칙주의자의 자체적인 분석 결과에 의해 와해된다는 사실을 보여주고자 했고, 그것은 마치 역사법칙주의가 일관성이 없다는 비난을 함축하는 것처럼 보일 수 있기 때문이다. 사람에 따라서는 무엇인가를 해설하는 와중에 슬그머니 그것에 대한 비판과 역설을 끼

워 넣는 것이 학술적으로 공정하지 못하다고 비판할 수도 있을 것이다.

그러나 나는 이런 비난이 정당하다고 생각하지 않는다. 일차적으로는 낙관주의자이거나 행동주의자이고 단지 부차적으로만 역사법칙주의자인 사람만이 나의 논평을 적대적인 의미에서 비판적인 것으로 받아들일 것이다. (이런 식으로 느끼는 사람이 적지 않을 것이다. 그들은 애당초 낙관주의나 행동주의에 경도되어 있었기 때문에 역사법칙주의에 매혹되었던 사람들이다.) 본래부터 역사법칙주의자인 사람은 오히려 나의 논평을 역사법칙주의 학설에 대한 비판이 아니라, 단지 그것을 낙관주의나 행동주의에 연계하는 시도에 대한 비판으로 생각할 수 있어야 한다.

물론 모든 형태의 행동주의가 역사법칙주의와 양립 불가능하다고 비판하는 것은 아니다. 매우 과장된 몇몇 형태만 그러하기 때문이다. 순수한 역사법칙주의자라면 역사법칙주의는 변화, 과정, 운동을 강조하기 때문에 자연주의적 방법에 비해 상대적으로 행동 고무적이라고 주장할 만하다. 그러나 분명 어떤 종류의 행동이든지 무조건 과학적 관점에서 볼 때 합당하다고 지지할 수는 없다. 행동으로 옮길 수 있는 것 중 많은 것이 비현실적이며 우리는 과학을 통해 그것의 실패를 예견할 수 있기 때문이다. 나를 비롯한 역사법칙주의자 다수가 우리가 유용하다고 인정할 수 있는 행동의 범위를 정하는 한편 역사법칙주의를 명료하게 분석하기 위해서는 반드시 이 같은 한계에 대해 논의해야 한다고 강조하는 것도 바로 이 같은 사실 때문이다. 또한 순수 역사법칙주의자는, (앞 절에서) 마르크스로부터 인용한 두 문구는 상호 모순적인 것이 아니라, 상보적인 것이라고 주장할 수 있다. 비록 그것만 따로 떼어놓고 보면 두 번째 인용문(시기적으로 더 오래된 인용문)이 약간 과도하게 '행동주의적인 것'으로 보일 수 있을지 몰라도, 첫 번째 인용문이 그것의 한계를 적절한 정도로 정해 준다고 그는 말할 것이다. 다시 말해, 만약 과도하게 급진적인 행동주의자가 두 번째 인용문에 매료되어 역사법칙주의를 신봉하게 되었다 해도, 그는 첫 번째 인용문으로부터 적절한 행동의 한계를 배울 수 있다는 것이다. 비록 이로 인해 행동주의자가 역사법칙주의에 대해 더 이상 공감하지 않게 될지라도 말이다.

이렇게 생각하면 내 설명은 부당한 것이 아니다. 그것은 다만 행동주의와 관련해서 정지 작업을 한 것에 지나지 않는다. 마찬가지로 앞 절의 다른 논평, 즉 역사법칙주의자의 낙관주의는 (이성이 더 합당한 세계를 만들 수 있다는 생각을 부정하기 때문에) 오로지 신념에만 기초할 수밖에 없다는 논평도 역사법칙주의에 대한 적대적인 비판으로 간주되어서는 곤란하다. 본래부터 낙관주의자이거나 합리주의자인 사람은 그것을 적대적인 것으로 볼 수 있다. 그러나 일관된 역사법칙주의자는 이 같은 분석에서 일반적으로 낙관주의와 비관주의는 물론 합리주의도 갖고 있는 낭만적이고 유토피아적인 성격에 대한 경고를 볼 수 있다. 그는 참으로 과학적인 역사법칙주의는 이 같은 요인으로부터 독립적이어야 하며, 마치 우리 모두가 중력의 법칙에 복종해야 하는 것처럼, 현존하는 발전 법칙에 대해서도 그저 복종해야 한다고 주장할 것이다.

역사법칙주의자는 이보다 더 나아갈 수도 있다. 어쩌면 그는 우리가 채택할 수 있는 가장 합리적인 태도는 **임박한 변화에 부합할 수 있도록 우리의 가치 체계를 조정하는 것**이라고 말할지도 모른다. 만약 이럴 수 있다면, 우리는 정당화 가능한 낙관주의를 확보할 수 있다. 왜냐하면 이 경우 그 어떤 변화도 그 가치 체계에 의거해서 판단할 때, 반드시 더 좋은 것을 위한 변화일 것이기 때문이다.

일부 역사법칙주의자는 실제로 이같이 생각했다. 이들은 그러한 생각을 상당히 정합적인 (그리고 매우 인기 있는) 역사법칙주의 도덕 이론으로 발전시켰다. 이들에 따르면, 도덕적으로 좋은 것은 도덕적으로 진보적이다. 즉, 도덕적으로 좋은 것은 앞으로 다가올 시대에 채택될 행동 기준에 시대에 미리 맞춰 사는 것이다.

'도덕적 현대주의(moral modernism)'나 '도덕적 미래주의(moral futurism)'로 부를 만한 이 같은 유형의 역사법칙주의 도덕 이론은 (미학에도 이에 상응할 만한 입장으로 미적 현대주의와 미래주의가 있다) 역사법칙주의의 반보수적 태도와 잘 어울린다. 그것은 또한 가치에 관한 일련의 문제에 대한 해답이라고 생각할 수도 있다. (6절 '객관성과 평가'를 보라.) 무엇보다 그것은 역사법칙주의가 — 이 연구에서는 오직 방법론적 학설로서 이해한 것만을 진지하게 탐구할 것이지만 — 전면적인 철학 체계로 확충되고 발전할 수 있는 가능성을 가졌음을 나타낸다. 달리 말해, 역사법칙주의적 방법은 세계에 대한 일반적인 철학적 해석의 일부에서 비롯되었다고 보아도 많이 이상하지 않을 것이다. 왜냐하면 논리적 관점에서는 몰라도 역사적 관점에서 보면 방법론은 의심할 여지없이 대개 철학적 견해의 부산물이기 때문이다. 나는 다른 책에서 역사법칙주의 철학에 대해 검토할 작정이다.[4] 여기서는 단지 내가 앞서 제시했던 역사법칙주의의 방법론적 교설만을 비판해 볼 참이다.

III

반자연주의적 교설에 대한 비판

19. 이 비판의 실천적 목표들

과학적 탐구의 참된 동기가 무엇인지를 이 자리에서 결정할 필요는 없다. 즉, 과학적 탐구가 알고자 하는 욕구, 즉 순수하게 이론적인 호기심이나 '특별한 목적이 없는' 호기심인지, 아니면 과학을 생존경쟁에서 제기되는 실질적인 문제를 해결하기 위한 도구로 이해해야 하는지를 여기서 결정할 필요는 없다. 안타깝게도 과학적 연구는 그것이 확실한 투자라는 것이 입증될 경우에만 정당하다는 편협한 견해는 근래 다시 회자되고 있다. 이에 대항하여 '순수한' 혹은 '근본적인' 연구에 대한 권리를 옹호하는 사람은 분명히 모든 이의 지지를 받을 자격이 충분하다.[1] 그러나 과학이 지금까지 인류가 경험했던 정신적인 모험 중 가장 중요하고도 위대한 것 중 하나였다는 약간 극단적인 (나도 개인적으로 끌리는) 견해조차, 응용과학이든 순수과학이든 과학의 진보를 위해서는 실질적인 문제와 실질적인 시험이 중요하다는 인식을 공유할 수 있다. 왜냐하면 실행은 과학적 사변에 대해 굴레로서 뿐만 아니라 박차로서도 귀중하기 때문이다. 반드시 실용주의자가 아니어도 칸트의 말에 공감할 수 있다.

그것이 무엇이든 상관없이 호기심이 생기면 그에 따르고자 하는 것이나 불가능하지 않는 한 마음이 동하면 무엇이든 탐구하고자 하는 것은 **학자**가 되기에 적합하다고 할 수 있는 마음 자세이다. 그러나 '**지혜**'라고 부를 만한 것은 무수한 문제 중에서 인류에게 중요한 문제를 선별하는 능력을 가진 것이다.[2]

이 말이 생물학에 대해 함의하는 것, 그리고 더 나아가 사회과학에 관해 함축하는 바가 무엇인지는 분명하다. 생명과학에서 파스퇴르가 이룬 혁신은 매우 실질적인 문제, 즉 부분적으로는 산업적이고 농업적인 문제에서 자극을 받아 이루어졌다. 그리고 요즘의 사회적 연구는 실질적으로 절박함에 있어 암(cancer)에 대한 연구조차 뛰어넘는다. 하이에크 교수가 말했던 것처럼, '경제 분석은 결코 **왜**(why) 사회현상이 일어나는가에 관한 초연한 지적 호기심의 산물이 아니라, 불만투성이인 세상을 재건하고자 하는 강력한 갈망의 산물이다.'[3] 경제학 이외에 아직 이 같은 견해를 받아들이지 못한 몇몇 사회과학의 연구 성과가 부실하다는 것을 보면, 이런 학문 분야에 실질적인 점검이 시급하게 필요하다는 것을 알 수 있다.

과학적 탐구 방법의 문제를 고찰할 때, 특히 우리가 여기서 관심을 두고 있는 **일반화하는 방법 혹은 이론적인 사회과학 방법**에 대한 문제를 고찰할 때도 마찬가지로 실질적인 문제의 자극이 필요하다는 것은 분명하다. 방법에 대한 논쟁은 언제나 연구자가 직면한 실질적인 문제에 의해 더 유익한 것이 되었다. 실질적인 문제의식으로부터 발단하지 않은 방법에 관한 논쟁은 거의 모두 자질구레한 것에 쓸데없이 매달린다는 인상을 주었고, 결과적으로 연구자들 사이에서 방법론의 평판이 나빠지게 만들었다. 그러나 실질적인 방법론적인 논쟁은 유용할 뿐만 아니라 필요하다는 것을 깨달아야 한다. 과학 자체의 발전과 개선과 마찬가지로 방법의 발전과 개선도 시행착오를 거쳐야 배울 수 있다. 그리고 우리가 무엇을 잘못했는지 알기 위해서는 다른 사람의 비판이 필요하다. 다른 사람의 비판은 더욱 중요한데, 새로운 방법의 도입은 근본적이고 혁신적인 성격의 변화를 의미하기 때문이다. 수학적인 방법을 경제학에 도입한 것이나, 이른바 '주관적' 내지 '심리학적' 방법을 가치 이론에 도입한 사례가 지금까지 말한 것을 예증한다. 좀 더 최근의 사례로는 이 이론을 통계적인 방법('수요 분석')과 결합한 것을 들 수 있다. 이 마지막 방법론적 혁신은 상당 부분 지루하고 주로 비판적이었던 논쟁의 결과였고, 방법론을 연구해야 한다고 주장하는 사람들은 그 사실에 의해 상당히 고무되었던 것이 사실이다.

적지 않은 역사법칙주의 추종자가 사회과학과 그 방법에 대한 연구는 실질적인 관점에서 수행해야 한다고 주장했다. 그들은 역사법칙주의 방법을 사용해 사회과학을 정치가가 활용할 수 있는 강력한 도구로 바꿀 수 있을 것이라 생각했다. 역사법칙주의자와 그의 논적들이 논의할 수 있는 공통적인 기반과 같은 무엇인가를 제공한 것은 바로 사회과학의 실질적인 과제에 대한 이런 인식이었다. 나 또한 이런 공통적인 근거에 입각할 각오가 되어 있는데, 그것은 역사법칙주의가 **빈곤한 방법**, 다시 말해 약속한 결과를 낳을 수 없는 방법이라고 비판하기 위해서이다.

20. 사회학에 대한 과학 기술적 접근

본 연구의 주제는 내가 동의하지 않는 방법론적 교설인 역사법칙주의이다. 그러나 먼저 지금껏 성공적이었던 방법일 뿐만 아니라 앞으로 더 의식적으로 발전시켜야 할 방법을 간략히 다루는 것이 유익하다고 생각한다. 독자에게 내 비판의 근거가 되는 관점을 명료하게 드러내면, 독자가 나의 편향성에 대해 알 수 있기 때문이다. 편의상 내가 지지하는 방법을 '**점진적 과학기술**(*piecemeal techno-logy*)'[1]이라 부르겠다.

'사회적 과학기술(social technology)'⁴⁾이라는 용어는 (그리고 심지어는 다음 절에서 소개할 '사회공학(social engineering)'이라는 용어조차) 불신을 가져올 가능성이 크다. 특히 이 말에서 집산주의를 부추기는 자의 '사회적 청사진'이나 과학기술자의 '사회적 청사진'을 떠올리는 사람들은 이 용어에 거부감을 느낄 것이다. 이런 위험을 잘 알고 있기에, 한편으로는 이 용어와 연관된 불쾌한 느낌을 상쇄하고 다른 한편으로는 자연과학에서는 물론이고 사회과학에서도 실질적인 성과를 낳는 유력한 방법이 비판적 분석을 통해 '조금씩 수선하는(piecemeal tinkering)' 것이라는 확신을 표명하기 위해 나는

---

[1] 역주. 'piecemeal'이란 용어를 '단편적'이라 번역하기도 하지만, '단편적'은 시차를 두고 이루어지는 점차적인 변화를 함의하지 못한다고 보고 '점진적'이라 번역했다.

'점진적'이란 말을 첨가했다. 사회과학은 대체로 사회적 개선을 위한 제안을 비판함으로써, 좀 더 정확히 말해서 경제적 혹은 정치적으로 특별한 어떤 행동이 우리가 기대하거나 바라는 결과를 낳을 것인지 아닌지를 확인하려는 시도를 통해서 발전했다.[5] 이런 접근 방법은 사실상 고전적 접근 방법이라고 볼 수 있지만, 내가 사회과학에 대한 과학기술적인 접근 방법 내지 '점진적 사회적 과학기술'을 언급할 때 염두에 두고 있는 방법이다.

사회과학 분야의 과학기술적 문제는 '사적' 혹은 '공적' 성격을 가질 수 있다. 예를 들어 경영 기법에 대한 연구나 작업 환경 개선이 생산에 미치는 효과에 대한 연구는 전자에 속한다. 이에 비해 교도소 개혁이나 국민건강보험 또는 공정거래위원회를 통한 가격 안정화나 새로운 수입 관세의 도입 등이 소득 균형에 미치는 효과에 관한 연구는 후자에 속한다. 이에 더해 현재 가장 시급한 문제 중의 일부, 예컨대 경기 순환을 어떻게 통제할 것인가 하는 문제나 국가가 생산을 관리한다는 의미에서의 중앙집권적 '계획'이 행정부에 대한 실효성 있는 민주적 통제와 양립 가능한지에 대한 문제, 그리고 중동 지역에 민주주의를 전파하는 방법에 관한 문제 또한 후자에 속한다.

실질적인 과학기술적 접근 방법을 강조한다고 해서, 이것이 곧 실질적인 문제를 분석할 때 발생할 수 있는 이론적 문제 중 어떤 것을 배제해야 한다는 것을 의미하는 것은 아니다. 오히려 과학기술적인 접근 방법은 순수 이론적인 면에서 중요한 문제를 창출하는 데 유익할 것이라는 것이 나의 주요 논점 중 하나이다. 그러나 과학기술적인 접근 방법은, 문제의 취사선택이라는 근본적인 과제에 도움을 주는 것에 더해, 우리의 사변적인 성향에 (이 성향은 사회학의 정통 분야에서는 특히 우리를 형이상학의 영역으로 이끌어가기 십상이다) 일종의 규율을 부과한다. 왜냐하면 그것은 이론을 일정한 기준, 예컨대 명료성이나 실제적인 시험 가능성과 같은 기준에 따르도록 하기 때문이다. 과학기술적인 접근 방법에 관한 나의 논점은 다음과 같이 표현 가능하다. 사회학은 (그리고 어쩌면 다른 사회과학도) 사회학의 뉴턴이나 다윈을 찾을 것이 아니라,[6] 오히려 사회학의 갈릴레오나 사회학의 파스퇴르를 찾아야 한다.

이러한 주장 그리고 사회과학의 방법과 자연과학의 방법의 유사성에 대한 나의 언급은 '사회적 과학기술'이나 '사회공학'과 같은 용어의 사용 못지않게 많은 반론을 불러일으킬 가능성이 크다. ('점진적'이라는 말을 통해 상당한 요구 조건을 부과했음에도 말이다.) 그래서 이즈음 내 입장을 재차 분명히 밝히는 것이 좋겠다고 생각한다. 나는 독단적인 방법론적 자연주의나 '과학만능주의(scientism)' (하이에크 교수의 용어를 빌린다면)와 싸우는 것이 얼마나 중요한지 잘 알고 있다. 그럼에도 불구하고 나는 비록 일부에서 그것이 심히 오용되거나 오도되어 왔다고 할지라도, 이런 유사성이 유익한 한 그것을 이용해야 한다고 생각한다. 게다가 독단적 자연주의자가 공격한 방법 중 일부는 근본적으로 자연과학에서 사용하는 방법과 같다는 것을 보여주는 것보다 독단적인 자연주의자를 비판하는 더 좋은 방법은 없는 것 같다.

우리가 과학기술적 접근 방법이라 부르는 것에 대해 반대하는 **일차적인** 이유는 그것이 사회질서(1절을 보라)에 대해 '행동주의자'처럼 행동하도록 종용하기 때문이다. 그리고 그 결과 '반개입주의자(the anti-interventionist)'나 '수동주의자(passivist)'를 싫어하는 편견을 갖기 쉽게 만들기 때문이다. 반개입주의나 수동주의에 따르면,

우리가 현존하는 사회적 혹은 경제적 조건에 만족하지 못하는 것은 우리가 사회적, 경제적 조건이 어떻게 작동하는지 이해하지 못하기 때문이며, 왜 능동적 개입이 사태를 더 악화시킬 뿐인지를 이해하지 못하기 때문이다. 여기서 내가 이런 '수동주의' 견해에 전혀 동조하지 않는다는 것을 분명하게 밝힌다. 이에 더해 나는 **보편적인** 반개입주의 정책은— 순수하게 논리적인 근거에서 보더라도— 지지할 수 없는 교설이라고 생각한다. 왜냐하면 그 정책의 지지자는 개입을 방지하는 것을 목적으로 하는 정치적 개입을 권할 수밖에 없기 때문이다. 그럼에도 불구하고 과학기술적 접근 방법 그 자체는 이 문제에 중립적이며 (실제로 그것은 중립적이어야만 한다) 반개입주의와 결코 양립 불가능하지 않다. 오히려 나는 반개입주의가 과학기술적 접근 방법을 포함하고 있다고 생각한다. 왜냐하면 개입주의가 사태를 더 악화시킨다고 주장하는 것은 어떤 정치적인 행동이 어떤 결과를— 즉, 우리가 바라는 결과를— 가져오지 못할 것이라 말하는 것과 같기 때문이다. 그리고 알다시피 **무엇이 달성 불가능할지 지적하는 것**은 과학기술적 작업이 지닌 두드러진 특징 중 하나이다.

이 점은 좀 더 면밀하게 검토할 가치가 있다. 내가 다른 곳에서 보여주었듯이,[7] 모든 자연법칙은 **이러이러한 일은 일어날 수 없다**는 주장으로 표현할 수 있다. 즉, '체로 물을 나를 수 없다'와 같은 격언 형태로 표현할 수 있다. 예를 들어 에너지 보존 법칙은 '우리는 영구 운동 제도를 만들 수 없다'로, 엔트로피 법칙은 '우리는 효율성이 백 퍼센트인 기계를 만들 수 없다'로 표현할 수 있다. 자연법칙을 이런 방식으로 표현하는 것은 그 법칙의 과학기술적인 의미를 분명하게 드러내며, 따라서 자연법칙의 '**과학기술적인 형태**'라 부를 만하다. 이런 관점에서 반개입주의를 검토하면, 우리는 즉각 그것을 '우리는 이러저러한 결과를 달성할 수 없다', 또는 아마 '우리는 이러저러한 부수적인 영향 없이 이러저러한 목적을 달성할 수 없다'는 형태의 문장으로 표현할 수 있다는 것을 깨닫게 된다. 그러나 이는 반개입주의를 전형적인 **과학기술적 교설**(*technological doctrine*)의 하나로 볼 수 있다는 것을 보여준다.

물론 그것이 사회과학에서 유일하게 과학기술적인 것은 아니다. 오히려 우리 분석의 의미는 그것이 자연과학과 사회과학이 근본적으로 매우 유사하다는 사실을 주목하게 만드는 데 있다. 내가 염두에 두는 것은 자연과학의 법칙이나 가설과 유사한 사회학의 법칙이나 가설의 존재이다. 그와 같은 사회학의 법칙이나 가설이 (소위 말하는 '역사적 법칙들' 외에) 존재한다는 사실이 종종 의문시되었기 때문에,[8] 나는 이제 몇 가지 사례를 제시할 것이다. '농산물에 대한 관세를 도입하는 동시에 생활비를 감소시킬 수 없다.' '산업사회에서는 소비자 압력단체나 생산자 압력단체를 조직하는 것만큼 효과적으로 결정할 수 없다.' '중앙 집중적으로 계획된 사회에서는 가격이 시장에서 수행하는 주요 기능을 대신할 수 있는 가격 체계를 구축할 수 없다.' '물가 상승이 없는 완전 고용은 이룰 수 없다.' 권력 정치에서도 일련의 사례를 찾을 수 있다. '정치적 개혁은 당초 의도했던 목표에서 보면 바람직하지 않은 반발을 야기하지 않고 이룰 수 없다.' (따라서 그 반발이 무엇인지 찾아라.) '대략 개혁의 범위에 비례해서 반대 세력을 강화시키지 않고는 정치적 개혁을 이룰 수 없다.' (이 말은 '언제나 **현상 유지**를 원하는 사람들이 존재한다'는 말의 과학기술적 귀결이라 할 수 있다.) 말하자면, '반동 없는 혁명은 없다.' 여기에 두 가지만 더 추가하자면, 하나는 '플라톤의 혁명의 법칙(the law of revolution)'(『국가』 8권이 출처이다)이라 부를 만하고, 다른 하나는 '액턴 경(Lord Acton)의 부패 법칙(the law of corruption)'이라 부를 수 있다. '만약 지배계급이 내적 분열이나 전쟁에서 패배하여 약해지지 않는다면, 성공적인 혁명은 불가능하다.' '한 사람에게 다른 사람을 지배할 수 있는 권력을 부여하면서 그가 권력을 남용하고 싶은 유혹을 느끼지 않도록 할 수는 없다. 그 유혹은 대체로 행사하는 권력의 크기에 비례해서 증대하며, 그 유혹에 저항할 수 있는 사람은 거의 없다.'9) 나는 이런 가설들이 타당한 근거를 갖고 있다고 가정하지 않는다. 분명 이것들은 개선의 여지가 많을 것이다. 하지만 이러한 가설은 단지 점진적 과학기술이 논의하고 입증하려고 시도하는 진술의 유형을 보여주는 사례일 뿐이다.

21. 점진적 공학 대 유토피아적 공학[2]

나는 '공학'이라는 말이 주는 불유쾌한 연상에도 불구하고,10) 점진적 과학기술의 성과를 실질적으로 활용하는 것을 지칭하기 위해서 '점진적 사회공학'이라는 용어를 사용할 것이다. 이 말이 유용한 이유는, 어떤 목표나 목적을 실현하기 위해 가용한 모든 과학기술적 지식을 의식적으로 활용하는 사적 혹은 공적 사회활동을 포괄하는 용어가 필요하기 때문이다.11) 점진적 사회공학은 그 **목적**이 과학기술의 영역 밖에 있는 것으로 인식한다는 점에서 물리공학을 닮

---

[2] 역주. 'Utopian'은 원래 '공상적 사회개량 계획'을 의미했기 때문에, 저자는 이런 프로그램을 'Utopian engineering'이라 불렀다.

았다. (과학기술은 기껏해야 목적들이 서로 양립 가능한지 혹은 실현 가능한지와 같은 문제에 대해서만 이야기할 수 있다.) 이런 점에서 점진적 사회공학은 역사법칙주의와 다른데, 역사법칙주의는 인간 활동의 목적을 역사적 힘에 의존하는 것으로, 그래서 그것이 역사의 영역 내에 속하는 것으로 생각한다.

물리공학자의 주된 과제가 기계를 디자인하고 그것을 개조하고 수리하는 일인 것처럼, 점진적 사회공학자의 과제도 사회적 제도를 새로 디자인하거나 이미 현존하는 제도를 재구성하고 운영하는 것이다. 여기서 '사회적 제도(social institution)'는 매우 넓은 의미를 갖는 용어로, 사적인 성격은 물론이고 공적인 성격의 조직체도 포함한다. 따라서 나는 이 용어를 크고 작은 사업, 예컨대 조그만 가게와 보험회사, 학교나 '교육체계', 그리고 경찰, 교회 혹은 법원과 같은 것을 가리키기 위해 사용할 것이다. 점진적 과학기술자나 공학자는 **단지 소수의 사회적 제도만이 의식적으로 디자인되었고, 대다수 제도가 인간 행동의 계획하지 않은 결과로서 그저 '발생한'다**는 사실을 인식하고 있다.12) 그러나 이러한 사실에 아무리 강한 인상을 받더라도, 그는 사회적 제도를 과학기술자 또는 공학자의 입장에서 '기능적'이나 '도구적' 관점을 갖고 바라볼 것이다. 그는 그것들을 어떤 목적을 이루기 위한 수단으로 보거나, 어떤 목적에 기여하도록 전환할 수 있는 것으로 볼 것이다. 즉, 유기체가 아니라 기계로 볼 것이다.13) 물론 그렇다고 해서 그가 사회적 제도와 물리적 장치 사이의 근본적인 차이를 간과할 것이라는 뜻은 아니다. 오히려 과학기술자는 가설의 형식을 빌려 자신의 연구 결과를 표현할 때 양자의 유사성은 물론 차이점에도 유의해야 한다. 실제로 다음 사례에서 보듯이 과학기술적인 형식으로 제도를 기술하는 것은 어렵지 않다. '절대로 문제가 발생하지 않는 제도는 만들 수 없다. 다시 말해 사람에 의해 그 기능이 크게 좌우되지 않는 제도는 만들 수 없다. 우리가 할 수 있는 일은 기껏해야 제도의 취지에 동조하는 사람들과 제도의 성패를 좌우할 수 있는 목적의식 및 지식을 가진 사람을 지원하여 인적 요인의 불확실성을 줄이는 것뿐이다. (제도는 요새와 비슷하다. 둘 다 잘 디자인되어야 한다. **그리고** 사람들이 적재적소에 배치되어야 한다.)'14)

점진적 공학자가 취하는 접근 방식의 특징은 이렇다. 비록 그가 '전체로서의' 사회 — 일례로 보편적 복지와 같은 것 — 에 관해 어떤 이상을 품고 있다고 하더라도, 그는 그것을 전체적으로 다시 디자인하는 방식에 동조하지 않는다. 자신이 목적하는 바가 무엇이든 그는 지속적으로 개선할 수 있는 소규모의 조정과 재조정을 통해 그 목적을 성취하려고 노력한다. 점진적 공학자의 목적은 다양하다. 예를 들어, 한 개인이나 집단에 의한 부나 권력의 축적도 목적이 될 수 있고, 부나 권력의 분배도 목적이 될 수 있다. 또한 개인 혹은 집단이 지닌 모종의 '권리'를 보호하는 것도 목적이 될 수 있다. 따라서 공적 혹은 정치적 사회공학은 자유주의적인 것은 물론이고 전체주의적인 것까지 포함해서 아주 다양한 경향을 띨 수 있다. (리프먼(W. Lippmann)은 『자유주의의 의제(*The Agenda of Liberalism*)』라는 표제 하에 점진적 개혁을 위한 광범위한 자유주의적인 프로그램을 예시했다.15)) 점진적 공학자는 마치 소크라테스처럼 자신이 아는 것이 거의 없다는 사실을 잘 알고 있다. 그는 우리가 실수를 통해서만 배울 수 있다는 것을 안다. 따라서 그는 예상한 결과와 달성한 결과를 조심스럽게 비교하고, 개혁이 초래할 수 있는 불가피하지만 바람직하지 않은 결과에 항상 조심하면서 한 걸음씩 나아

갈 것이다. 또한 그는 무엇이 원인이고 무엇이 결과인지 알 수 없
거나, 자신이 실제로 무엇을 하고 있는지 알 수 없을 정도로 개혁
이 복잡하거나 광범위할 경우 그것을 회피할 것이다.

이 같은 '점진적 수선'은 다수의 행동주의자가 지닌 정치적 기질
과 어울리지 않는다. 행동주의자의 프로그램은, 이 또한 '사회공학'
프로그램으로 묘사되어 왔지만, '전체주의적' 혹은 '유토피아적 공
학'이라 부를 수 있다.

점진적 사회공학과 달리 전체주의적 혹은 유토피아적 공학은 결
코 '사적'이지 않고 항상 '공적'인 성격을 띠고 있다. 그것의 목표는
일정한 계획과 청사진에 따라 '사회 전체'를 개조하는 것이다. 그것
은 '요직을 장악하는'[16] 것과 '국가가 사회와 거의 동일하게 될 때
까지 … 국가의 권력을'[17] 확대하는 데에 목표를 두고 있다. 나아
가 그것은 이런 '요직'을 활용해서 발전하고 있는 사회를 퇴보시키
거나 그 사회가 나아갈 방향을 미리 내다보고 사회를 그에 맞게 조
정함으로써 미래를 틀 짓는 역사적인 힘을 통제하려는 의도를 갖고
있다.

우리가 점진적 접근 방법의 범위에 대해 어떤 제한도 두지 않았
다는 점을 감안할 때, 과연 점진적 접근 방법과 전체주의적 접근
방법이 근본적으로 다른가 하는 의문이 생길 수도 있다. 여기서 이
해한 바에 따르면, 예컨대 헌법 개혁은 무난하게 점진적 접근 방법
의 영역에 속한다. 더구나 하나의 일반적 경향에 따라 일련의 점진
적 개혁이 촉진되는 경우도 생각할 수 있다. 예를 들어, 소득 평준
화가 더 커지는 경향이 이에 해당한다. 이러한 방식으로 점진적 방
법은 우리가 통상 '사회 계급 구조'라 부르는 것에 변화를 야기할
수 있다. 우리는 다음과 같은 질문을 할 수 있다. 이런 좀 더 야심

만만한 종류의 점진적 공학과 전체주의적 내지 유토피아적 접근 사이에는 과연 어떤 차이가 있는가? 더구나 점진적 과학기술자가 어떤 개혁이 초래할 수 있는 결과를 측정하려 할 경우, 그는 어떤 조치를 취하든 그것이 사회 '전체'에 미치는 효과가 어느 정도인지 최선을 다해 평가하려고 해야 한다는 점을 감안하면, 이러한 질문이 지닌 적절함은 더욱 커진다.

이 질문에 답함에 있어, 나는 두 방법 사이에 정확한 구획선을 긋지 않을 것이다. 대신 전체론적 과학기술자와 점진적 과학기술자가 사회를 개혁하려는 과제를 바라보는 관점이 매우 다르다는 것을 분명히 드러내려고 노력할 것이다. 전체주의자는 점진적 접근 방법을 거부한다. 너무 시시하다고 생각하기 때문이다. 그러나 이 같은 입장은 그들의 관행적 행동과 앞뒤가 잘 맞지 않는다. 왜냐하면 실제로 그들은 한편으로는 야심차고 무모하며 다른 한편으로는 점진적 방법이 지닌 조심스러운 자기 비판적 성격을 결여한 상태이지만, 본질적으로는 여전히 점진적인 방법을 항상 다소 거칠고 엉성한 방식으로 적용하고 있기 때문이다. 사실상 전체론적 방법이 불가능한 이유는 이렇다. 전체적인 변화를 모색하면 할수록 점점 의도하지 못한 그리고 대체로 예상하지 못한 반향이 커진다. 그런데 이 반향은 전체론적 공학자로 하여금 점진적인 **임시방편**(*improvization*)에 의존하지 않을 수 없도록 한다. 사실 이런 편법은 시시하고 조심스러운 점진적 개입보다는 중앙집권적이거나 집단주의적인 계획에서 더 쉽게 볼 수 있는 특징이다. 그리고 그것은 계속해서 유토피아적 공학자로 하여금 그가 애초에는 의도하지 않았던 일을 하게 만든다. 즉, 그것은 **계획에 없던 계획**(*unplanned planning*)이라는 악명 높은 현상으로 이끈다. 따라서 유토피아적 공학과 점진적 공학의 차이는 사실상 규모나 범위의 차이가 아니라 불가피하지만 우리가 예상하지 못하는 사태에 대한 준비 태세의 차이인 것으로 드러난다. 실제로 두 **방법**은 규모나 범위와는 다른 점에서 상이하다. 특히 합리적 사회 개혁의 적합한 방법에 관해 두 **교설**을 비교한다면, 우리가 예상하는 것과 정반대이다. 나는 이 두 학설 중 하나는 참인 반면에 다른 하나는 거짓이며, 또한 중대하지만 범하지 않을 수도 있는 실수를 하도록 이끈다고 생각한다. 나는 또한 이 두 방법 중 하나는 가능한 반면, 다른 하나는 그저 존재하지 않는다고, 달리 말해 불가능하다고 생각한다.

그러므로 유토피아적 접근 방법 혹은 전체론적 접근 방법과 점진적 접근 방법의 차이 중 하나는 다음과 같이 표현할 수 있다. 점진적 공학자는 개혁의 범위에 관한 문제를 열린 마음으로 접근할 수 있는 반면, 전체론자는 그렇게 할 수 없다. 왜냐하면 그는 그 이전에 미리 완전한 재건이 가능할 뿐만 아니라 필수적이라고 정해 놓았기 때문이다. 이는 그것이 함의하는 바가 상당히 많은 사실이다. 이로 인해 유토피아주의자는 제도적 통제에는 한계가 있다고 주장하는 사회학적 가설에 대해서는 그것이 무엇이든 그에 반하는 편견을 갖게 된다. 일례로 이 절의 앞에서 언급했던 '인간적 요인'에서 기인하는 불확실성에 대한 가설을 들 수 있다. 유토피아적 접근 방법은 이런 가설을 **선험적으로** 기각함으로써, 과학적 방법이라면 지켜 마땅한 원리를 위반한다. 다른 한편, 인적 요인의 불확실성과 유관한 문제는 유토피아주의자로 하여금 그 요인을 좋아하든 그렇지 않든, 제도적인 수단을 통해 통제하게 압박한다. 그래서 그가 애초에 계획했던 사회 개혁에 더해 인간의 개조까지 포함하는 방식으로 프로그램을 확장하도록 압박한다.[18) '따라서 정치의 과제는 **인간의**

충동을 조직화하여(*organize human impulses*) 전략적으로 올바른 지점에 에너지를 쏟게 하고, 발전의 전 과정을 의도한 방향으로 향하게 하는 데 있다.' 유토피아주의자는 이 같은 프로그램은 시작하기도 전에 실패할 수밖에 없다는 것을 의식하지 못하는 것 같다. 왜냐하면 이 프로그램은 이제 남녀가 모두 잘 살 수 있는 새로운 사회를 건설하자는 요구를, 남자와 여자를 새로운 사회에 맞게끔 '만들자'라는 요구로 대체하기 때문이다. 이것은 분명 새로운 사회의 성패를 시험할 수 있는 가능성을 제거한다. 왜냐하면 그 사회에서 살기 원하지 않는 사람이 있다고 해도, 그 사실은 그들이 그 안에서 살기에 적합하지 않다는 것과 그들의 '인간적 충동'을 더욱 '조직화'할 필요가 있다고 가정함으로써 충분히 설명 가능하기 때문이다. 그러나 시험 가능성이 없다면 '과학적' 방법을 사용하고 있다는 그 어떤 주장도 설득력을 잃게 된다. 전체주의적 접근 방법은 참된 과학적 태도와 양립할 수 없다.

유토피아적 공학이 이 연구의 주된 논제 중 하나는 아니지만, 다음 세 절에서 역사법칙주의와 함께 그것을 검토하는 이유는 두 가지이다. 첫째로, 집단주의자의 계획 (혹은 중앙집권적 계획) 아래에서, 그것은 매우 인기 있는 교설이기 때문이다. 우리는 이것을 '점진적 과학기술'이나 '점진적 공학'과 분명하게 구별해야 한다. 둘째로, 유토피아주의는 점진적 접근 방법에 대해 적대적이라는 점에서 역사법칙주의와 닮았을 뿐만 아니라, 역사법칙주의자의 이데올로기와 빈번하게 유대 협력하고 있기 때문이다.

22. 유토피아주의와의 수상한 동맹

밀은 내가 이른바 '점진적 과학기술'과 '역사법칙주의'라고 명명한 두 방법론적인 접근 방법이 대립적 관계를 맺고 있다는 것을 분명하게 인식하고 있었다. 그는 '두 종류의 사회학적 탐구가 있다'고 했다.19)

첫 번째 종류의 탐구에서는 예컨대 다음과 같은 물음이 제기된다. … 현재의 사회 조건에서 보편적 참정권을 도입하면 … 어떤 결과가 발생하는가? … 그러나 두 번째 종류의 탐구도 있다. … 이 경우 … 문제는 일정한 사회 상황에서 해당 원인의 결과가 무엇인가가 아니라, 일반적 사회적 상태(States of Society)를 … 창출하는 원인이 무엇인가?

밀이 '사회적 상태'라 부른 것이 우리가 이른바 '역사적 시대'라고 부르는 것에 정확하게 대응한다는 사실을 감안하면, '두 종류의 사회학적인 탐구'에 대한 그의 구분은 점진적 과학기술적 접근 방법과 역사법칙주의적 접근 방법에 대한 우리의 구분에 대응하는 것이 분명하다. 이는 밀이 (콩트의 영향을 받아) 첫 번째 종류의 탐구보다 더 우월하다고 천명했을 뿐만 아니라, 그 자신이 '역사적인 탐구 방법'이라고 명명한 것을 활용하는 탐구로 묘사한 '두 번째 종류의 사회학적 탐구'를 어떻게 묘사하고 있는지 좀 더 면밀하게 살펴본다면 훨씬 분명해질 것이다.

앞서 (1, 17, 18절에서) 보았듯이 역사법칙주의는 '행동주의'와 대립하지 않는다. 역사법칙주의 사회학은 과학기술의 일종으로, 즉

(마르크스의 말을 빌리자면) 새로운 역사적 시대를 '낳는 출산의 고통을 단축하고 경감'하는 데 도움을 줄 수 있는 것으로까지 여길 수 있다. 실제로 역사적 방법에 대해 밀이 기술한 바를 보면 이 같은 생각이 놀랄 만큼 마르크스와 비슷하게 표현된 것을 알 수 있다.20)

> 바로 지금 규정한 방법이 사회적 진보의 ⋯ 법칙을 ⋯ 발견하고자 할 때 사용해야 하는 방법이다. 이 방법에 힘입어 우리는 향후 인류의 먼 미래를 내다보는 것은 물론 우리에게 유익한 한 ⋯ 자연적인 진보를 촉진하기 위해 ⋯ 어떤 인위적인 수단을 활용하는 것이 좋을지를 성공적으로 판단할 수 있을 것이다.21) ⋯ 사변적인 사회학의 최고위층에 기초하고 있는 이 같은 실질적인 지식은 '정치의 기술(the Political Art)' 중에서 가장 고상하고 가장 유익한 부분을 형성할 것이다.

이 구절에서 볼 수 있는 것처럼, 나의 접근 방법과 역사법칙주의자의 접근 방법을 구분하는 기준은 그것이 과학기술이라는 것이 아니라 **점진적인** 과학기술이라는 것이다. 만약 역사법칙주의를 과학기술이라고 한다면, 그것의 접근 방법은 점진적이지 않고 '전체론적'이다.

밀의 접근 방법이 전체론적이라는 사실은 그가 '사회적 상태'(또는 역사적 시대)를 설명할 때 매우 분명하게 나타난다. 밀은 '소위 사회적 상태라고 하는 것은 ⋯ 모든 사회적으로 좀 더 거대한 사실이나 현상의 동시적인 상태이다'라고 했다. 이런 사실의 예로서 **특히** 다음과 같은 것을 생각할 수 있다. '산업의 상태, 부와 분배 상태', 사회가 어떤 방식으로 '계층화되어 있는가와 계층 상호 간의 관계, 각 계층이 품고 있는 공통적인 믿음, ⋯ 정치체제 및 중요한 법률과 관습'을 들 수 있다. 밀은 사회적 상태를 다음과 같이 요약한다. '사회적 상태는 나이에 따른 신체 골격과 비슷하다. 그것은 제도나 기능 하나 혹은 일부의 조건이 아니라 **유기체 전체**(*the whole organism*)의 조건이다.'22)

역사법칙주의를 그 어떤 종류의 점진적 과학기술과도 분명하게 구별할 수 있도록 하고, 어떤 전체주의적 공학이나 유토피아적 사회공학과도 연대할 수 있도록 한 것이 바로 이 같은 전체론이다.

이것은 확실히 어딘가 수상한 동맹이다. 왜냐하면 우리가 보았듯이(15절에서) 사회공학을 계획에 따라 사회제도를 구성하려는 시도로 이해할 경우, 역사법칙주의자의 접근 방법은 사회공학자나 과학기술자의 접근 방법과 충돌한다는 것이 매우 명백하기 때문이다. 역사법칙주의 관점에서 볼 때, 역사법칙주의자의 접근 방법이 그 어떤 사회공학과도 완전히 다른 것은 마치 기상학자의 접근 방법이 비를 내리게 만드는 마법사의 접근 방법과 다른 것과 같다. 따라서 역사법칙주의자는 사회공학을 (심지어 점진적 접근 방법도) 유토피아적이라고 비판한다.23) 사정이 이런데도 우리는 역사법칙주의가 전체론적 공학이나 유토피아적 공학에서 상투적으로 사용하는 아이디어, 예를 들면 '새로운 질서를 위한 청사진'이나 '중앙집권적 계획을 위한 청사진'과 같은 아이디어를 차용하는 것을 자주 볼 수 있다.

플라톤과 마르크스는 이런 동맹의 특징을 잘 보여주는 대표적인 두 사람이다. 비관주의를 신봉했던 플라톤은 모든 변화 — 혹은 거의 모든 변화 — 가 퇴락이라고 믿었다. 그가 생각한 역사 발전을 지배하는 법칙은 바로 이것이다. 따라서 그가 그렸던 유토피아적 청사진 또한 변화의 정지를 목표로 삼았다.24) 요즘 같으면 '정역학

(static)'이라 불릴 만한 일을 한 것이다. 반면 마르크스는 낙관주의 자였다. 그리고 어쩌면 (스펜서처럼) 역사법칙주의 도덕 이론을 추종했을지도 모른다. 그 결과 그의 유토피아적 청사진은 정지된 사회의 청사진이기보다는 발전적인 혹은 '역동적인' 것이었다. 그는 궁극적으로 우리를 정치적으로나 경제적으로나 어떤 억압도 없는 이상적인 유토피아로, 즉 국가는 소멸하고, 각자 능력에 따라 자유롭게 협동하며 각자에게 필요한 모든 것이 충족되는 이상향으로 이끄는 역사 발전을 예측하고, 이를 촉진하기 위해 능동적으로 앞장섰다.

역사법칙주의와 유토피아주의 사이의 동맹을 가능하게 하는 가장 강력한 요인은 의심할 여지없이 전체론적 접근 방법이다. 역사법칙주의는 사회적 삶이 지닌 개별적 양상의 발전이 아니라 '전체로서의 사회'의 발전에 관심을 둔다. 이와 유사하게 유토피아적 공학 또한 전체론적이다. 이 둘은 모두 다음 절에서 입증할 중요한 사실 — 이런 의미에서 '전체'는 결코 과학적 탐구 대상이 될 수 없다는 사실 — 을 간과하고 있다. 둘 다 '조금씩 수선하는' 그리고 '그럭저럭 헤쳐 나가는' 것에 만족하지 못한다. 그들은 좀 더 급진적인 방법을 채택하기를 원한다. 또한 역사법칙주의자와 유토피아주의자 모두 변화하는 사회 환경의 경험(종종 무시무시하며 가끔은 '사회적 붕괴'로 기술되는 경험)에 깊은 인상을 받았으며 경우에 따라서는 크게 동요한 것처럼 보였다. 따라서 그들 모두 이런 변화를 합리화하려는 시도를 한다. 하나는 사회 발전의 향방을 예언함으로써 합리화하려고 했고, 다른 하나는 변화를 엄격하고 완벽하게 통제하거나 변화 자체를 전부 멈추어야 한다고 주장함으로써 그렇게 했다. 여기에서 통제가 완벽해야 하는 이유는 그렇지 않은 사회적 삶에서는 예견되지 않은 변혁을 조성하는 위험한 힘이 어디에 숨어 있을지 알 수 없기 때문이다.

역사법칙주의자를 유토피아주의자와 이어주는 또 다른 연결 고리는 양자 모두 그들이 추구하는 목적 또는 목표가 자의적인 선택이나 도덕적 결단의 대상이 아니라, 자신들의 탐구 영역에서 과학적으로 발견할 수 있는 것이라고 믿고 있다는 점이다. (이 점에서 이들은 물리적 공학자와 다른 것과 같은 정도로 점진적 과학기술자나 점진적 공학자와도 다르다.) 역사법칙주의자와 유토피아주의자 둘 다 '사회'의 진정한 목표와 목적이 무엇인지를 발견할 수 있다고 믿는다. 예를 들어 사회의 역사적 경향을 알아냄으로써 혹은 '오늘날의 시대적인 요구'를 진단함으로써 그렇게 할 수 있다는 것이다. 따라서 그들은 일종의 역사법칙주의 도덕 이론을 받아들이는 경향이 있다(18절 참조). 유토피아주의 '계획'을 옹호하는 대다수 지식인이 역사가 특정 방향으로 흘러간다는 이유로 계획의 불가피성을 주장하는 것은, 즉 좋아하든 좋아하지 않든 우리는 계획을 세울 수밖에 없다고 주장하는 것은 우연이 아니다.25)

역사법칙주의자와 마찬가지로 이들 지식인은 그들의 논적을 구태의연하다고 질책한다. 그들은 '고루한 사고방식을 타파하고 변화하는 세계를 이해하는 새로운 비결을 찾는 것'26)이 자신의 과업이라고 믿는다. 그들에 따르면, 우리가 점진적 접근 방법이나 '그럭저럭 헤쳐 나가는 태도'를 포기하지 않으면, 사회 변화의 추세에 영향을 미치는 것은 물론이고 그것을 피하는 것조차 가능하지 않다. 그러나 '계획이라는 차원에서의 새로운 사고'가 그것이 당초 전제했던 만큼 새로운 것인지 의심할 수 있다.27) 왜냐하면 전체론은 플라톤 이래 이어져 온 상당히 고루한 사상이 지닌 특징이기 때문이다. 나는 개인적으로 전체론적 사고방식은 ('사회'에 관해서든 '자연'에 관해서든) 사상 발전 단계에 있어 고급한 것이거나 최근의 것이기는 커녕 전과학적 단계의 특징이라고 믿을 만한 충분한 증거가 있다고 생각한다.

23. 전체론 비판

지금까지 내 입장이 어디에 경도되어 있는지 밝혔고, 나의 비판이 근거하고 있는 관점은 무엇인지 약술했을 뿐만 아니라, 점진적인 접근 방법과 역사법칙주의나 유토피아주의가 서로 어떻게 다른지 설명했으니, 이제부터는 본래 과제인 역사법칙주의 교설에 대한 검토를 시작하려고 한다. 나는 우선 전체론을 간략하게 비판할 것인데, 전체론은 역사법칙주의가 기반하고 있는 가장 중요한 입장 중 하나라는 사실이 밝혀졌기 때문이다.

'전체(whole)'라는 용어는 근래 들어 전체론 문헌에서 매우 애매하게 사용되었다. '전체'는 (a) 어떤 대상이 지닌 속성이나 양상의 총합을 지시하는 데, 특히 그 대상을 구성하는 요소들에 적용되는 관계의 총합을 지시하는 데 사용되었다. 그러나 그것은 또한 (b) 어떤 대상이 지닌 특별한 속성 혹은 양상, 즉 그 대상을 '아무렇게나 쌓아놓은 더미'가 아니라 조직을 가진 어떤 구조로 보이게끔 만든 속성을 지시하는 데도 사용되었다. (a)적인 의미의 전체는 과학적 연구의 대상이 되었다. 특히 이른바 '**형태**(*Gestalt*)' 심리학파에 의해 연구되었다. 실제로 우리가 그와 같은 것을 유기체나 전기장 혹은 기계와 같은 것에서 발견할 수 있는 구조에서 드러나는 규칙적인 특징으로 (예컨대 대칭성) 연구하지 않아야 할 이유는 없다. **형태** 이론에 따르면, 이런 구조를 갖고 있는 대상은 단순한 총합 그 이상이다— 즉, '그것을 구성하는 각각의 부분을 단순히 더한 것 그 이상이다.

　형태 이론의 어떤 사례는 (b)의 의미에서 전체가 (a)의 의미에서 전체와 매우 다름을 보여주는 데 사용될 수 있다. 만약 형태 이론가처럼 우리도 선율(melody)이란 개개 음악적인 소리들의 단순 모음 이상이거나 단순 연속 이상이라 생각한다면, 그러면 그것은 우리가 이해하기 위해 선택한 음악적인 소리들의 연속의 **양상 중 하나**가 된다. 선율은 이런 소리들 중 첫 번째 절대 소리의 높이(pitch)나 소리들의 평균적인 절대 강세와 같은 다른 양상과는 분명히 구별될 수 있는 양상이다. 그리고 선율의 양상보다 훨씬 더 추상적인 다른 형태적 양상이 있다. 예컨대 그 선율의 박자(rhythm)가 그것이다. 왜냐하면 박자들을 고려함으로써 선율을 위해 중요한 상대적인 소리의 높이조차 우리는 무시하기 때문이다. 이렇게 선택함으로써 형태의 연구 그리고 형태와 더불어 (b)의 의미에서 어떤 전체의 연구가, 어떤 총합의 연구, 즉 (a)의 의미에서 어떤 전체의 연구와 뚜렷하게 구별된다.

　그러므로 우리는 (a)적인 의미의 전체를 과학적으로 연구할 수 있다는 주장을 정당화하기 위해 그와 완전히 다른 (b)적인 의미의 전체를 과학적으로 연구할 수 있다는 사실에 호소하지 말아야 한다. 우리는 주장 (a)를 포기해야 한다. 만약 어떤 것을 연구하고 싶다면, 우리는 그것이 지닌 양상 일부를 선택할 수밖에 없다. 우리는 세계 전체나 자연 전체를 한 덩어리로서 관찰할 수도, 기술할 수도 없다. 실제로 심지어 가장 작은 조각 전체도 그렇게 기술될 수 없는데, 왜냐하면 모든 기술은 반드시 선택적이기 때문이다.28) 사실 (a)적인 의미의 전체는 과학적 활동은 물론이고 그 어떤 다른 활동의 대상도 결코 될 수 없다고 말할 수 있다. 만일 우리가 어떤 유기체를 한 곳에서 다른 곳으로 이동시킨다면, 우리는 그것이 지닌 다른 양상을 무시하고 물리적인 물체로서 취급하는 것이다. 만약 우리가 그것을 죽인다면, 그것이 지닌 속성 중 일부를 파괴하는 것이지, 그것의 모든 속성을 파괴하는 것은 아니다. 사실 그것을 박살내거나 불에 태운다 할지라도 그것이 지닌 속성 모두와 그것을 구성하는 부분 사이의 관계 모두를 파괴하는 것은 불가능하다.

그러나 전체론자는 총합이라는 의미에서 전체는 과학적 연구의 대상이 될 수 없으며, 통제나 재구성과 같은 여타 활동의 대상도 될 수 없다는 사실을 인식하지 못한 듯하다. 심지어 과학은 통상 선택적이라는 사실을 인정하는 전체주의자도 그런 것 같다.29) 그들은 **형태** 심리학의 전례에 의존하고 있기 때문에, 사회적 전체들을 (총합이라는 의미에서) 과학적으로 파악할 가능성을 의심하지 않는다. 왜냐하면 그들은 '어떤 시대의 사회적, 역사적인 모든 사건들의 구조를 포함하는' (a)의 의미에서 사회 전체들의 취급과 **형태적** 접근 사이의 차이는 단지 다음과 같은 사실에 있다고 믿기 때문이다. 어떤 **형태**는 직접적인 직관적 지각에 의해 파악될 수 있는 반면에, 사회적 전체들은 '너무 복잡하기 때문에 첫눈에 파악할 수 없다.'30) 그래서 사회적 전체들은 '모든 요소들을 주목하여, 비교하고 결합하는 오랜 사유를 거친 후에야 점차 파악될 수 있을 뿐이다.'31) 말하자면, 전체론자는 **형태** 지각이 (a)적인 의미의 전체와 전혀 관계가 없다는 사실을 깨닫지 못한다. 또한 그들은 직관적 지식이든 추론적 지식이든 양자 모두 우리가 추상해 낸 양상에 대한 것일 수밖에 없다는 것과, 우리는 결코 '사회적 실제 자체의 구체적인 구조'를 파악할 수 없다는 것을 알지 못한다. 이런 사실을 간과했기 때문에, 그들은 '사소한 세목'에 대한 전문가의 연구를 '전 과정'의 재구성을 지향하는 '통합적' 내지 '종합적' 방법으로 보완해야 한다고 주장한다. 그들은 또한 '전문가들이 문제를 전체로서 보는 것을 거부하는 한, 사회학은 계속해서 본질적인 질문을 간과하게 될 것'이라고 단언한다.32) 그러나 이런 전체론의 방법은 반드시 단순한 프로그램인 채로 여전히 남아 있을 것이다. 구체적인 사회 상황이 전체에 대한 과학적인 기술의 한 사례로 언급된 적이 없기 때문이다. 그것은 또한 인용될 수도 없는데, 이런 모든 경우에 무시되어 왔던 양상들, 그럼에도 불구하고 이런저런 문맥에서 매우 중요할지 모르는 양상들을 지적하는 것은 항상 쉬울 터이기 때문이다.

하지만 전체론자는, 불가능한 방법으로 사회 전체를 연구하려고 시도할 뿐만 아니라, 우리 사회를 '완전한 한 개체로서(as a whole)' 통제하고 재구성하려 시도한다. 그들은 '국가 권력은 국가가 사회와 거의 하나가 될 때까지 지속적으로 증대할 수밖에 없다'고 예언한다.33) 이 말이 나타내는 직관은 매우 분명하다. 그것은 전체론적 직관이다.34) 그러나 이런 직관을 넘어 그 예언이 의미하는 것은 무엇인가? 물론 '사회'라는 용어는 사적인 모든 관계, 예컨대 엄마와 자식의 관계는 물론이고 아동복지사가 엄마나 아이와 맺은 관계도 포함하는 사회적인 모든 관계를 포괄한다. 다양한 이유로 이런 관계 모두 혹은 '거의' 모두를 완전히 통제하는 것은 가능하지 않다. 어떤 사회적 관계를 처음 통제한다고 가정하면, 우리는 그때마다 앞으로 통제해야 할 수많은 새로운 관계를 창출하기 때문이다. 한마디로 말해, 여기서 봉착하는 불가능성은 논리적인 불가능성이다.35)

(이 같은 시도는 무한 퇴행으로 이끈다. 이 입장은 사회 전체를 **연구**하려는 시도와 비슷하다 — 현재의 이 연구까지 포함해야 한다.)
유토피아주의자들이 참으로 불가능한 것을 도모하고 있다는 것은 의심할 여지가 없다. 그들은 심지어 '사적인 교섭을 좀 더 실질적인 방식으로 틀에 넣어 만드는 것'이 가능하다고 말하기 때문이다.36) (물론 아무도 (b)적인 의미의 전체를 (a)적인 의미의 전체와는 다르게, 주조하거나 통제하거나 심지어 창조할 수 있다는 사실을 의심하지 않는다. 예를 들어 우리는 선율을 만들어낼 수 있다. 그러나 이것은 전체를 완벽하게 통제하고자 하는 유토피아적 몽상과는 아무런 관계가 없다.)

유토피아주의에 관한 논의는 이쯤에서 그치자. 그러나 역사법칙주의에 주목할 경우에도 희망이 없기는 마찬가지이다. 역사법칙주의 전체론자는 종종 역사적 탐구 방법이 총합(totalities)이라는 의미의 전체를 다루기에 적합하다고 넌지시 주장한다.37) 그러나 이런 주장은 잘못된 이해에서 비롯된 것이다. 그것은 역사가 이론적인 과학과 달리 구체적이고 개별적인 사건에 관심을 두며 추상적인 일반 법칙보다는 개별적인 인격에 관심을 둔다는 올바른 믿음에, 역사가 관심을 쏟는 '구체적인' 개인이 (a)적인 의미의 '구체적인' 전체와 같은 것일 수 있다는 잘못된 믿음을 더한 결과이다. 하지만 그들은 같은 것일 수 없다. 왜냐하면 여타의 탐구와 마찬가지로 역사 역시 그것이 관심을 갖는 대상의 선택된 양상을 다룰 수밖에 없기 때문이다. 전체론적 의미에서의 역사, 즉 '사회적 유기체 전체'나 '특정 시대의 사회적, 역사적인 사건 모두'를 표상하는 '사회적 상태'의 역사가 존재한다고 믿는 것은 잘못이다. 이런 생각은 **인류의 역사**를 광대하고 포괄적인 발전의 흐름으로 보는 직관에서 비롯되었다. 그러나 이런 역사는 쓸 수 없다. 기록된 모든 역사는 이런 '총체적' 발전의 한정된 한 측면에 대한 역사이며, 우리가 선택한 불완전한 양상에 관해서조차도 매우 불완전한 역사에 불과하다.

유토피아주의의 전체론적 성향과 역사법칙주의의 전체론적 성향은 다음과 같은 말에서 하나로 통합된다.

오늘날 우리가 우리 사회 체계에 대해서 강요받는 만큼 자연의 전 체계를 그토록 완전하게 만들고 조정할 필요가 지금껏 한 번도 없었다. **그러므로** 우리는 한 번도 개별적인 자연 세계의 역사와 구조를 꿰뚫어 본 적이 없었다. 비록 인류가 제2의 자연을 창조하려고 시도한 적은 없었지만 … 인류는 인류의 사회생활 전체를 규율하려 … 하고 있다.38)

이 진술은 만약 우리가 전체론자의 일원으로 '자연의 전 체계를 완전히' 다루고자 한다면, 역사적인 방법을 택하는 것이 도움이 될 것이라는 잘못된 믿음을 예증하고 있다. 이런 방법을 택했던 지질학과 같은 자연과학도 그것이 다루고자 하는 주제에 관한 '전 체계'를 파악하기는커녕 그 근처에도 가지 못하고 있다. 이 진술은 또한 (a)적인 의미의 전체를 '설립'하거나, '조정'하거나, '규제'하거나, '창조'하는 것이 가능하다는 올바르지 못한 견해를 예증하고 있다. '우리가 자연의 전 체계를 만들어 조정할 필요가 한 번도 없었다'는 것은 확실히 맞는 말이다. 왜냐하면 우리는 하나의 물리적 기구조차 완전히 '온전하게' 설립하고 조정할 수 없기 때문이다. 그런 일은 가능하지 않다. 그것은 유토피아주의의 꿈이다. 아니 어쩌면 오해이다. 그리고 우리에게 논리적으로 불가능한 어떤 일, 즉 사회의 전

체계를 설립하고 조정하는 일과 사회생활 전체를 규율하는 일이 우리가 오늘날 **하지 않으면 안 되는 일**이라고 말하는 것은 단지 유토피아적 계획을 불가피한 것으로 만드는 '역사적 힘'과 '임박한 발전'을 핑계 삼아 우리를 협박하는 전형적인 시도에 지나지 않는다.

내친김에 한마디 덧붙인다면, 앞에서 인용한 진술은 전체론적 공학이나 그에 상응하는 '과학'에는 물리적 대상이 존재하지 않는다는 매우 중요한 사실을 인정하고 있기 때문에 흥미롭다. 따라서 자연과학과 사회과학 사이의 유사성을 검토하는 것은 문제를 명료히 하는 데 분명 도움이 된다.

이러한 내용이 우리가 그 위에 새로운 세계를 세워야 한다고 권장받고 있는 반석, 즉 전체론의 논리적 위상인 것이다.

내가 과학적 지위를 인정했던 (b)적인 의미의 전체에 관해서도 한두 마디 비판적 논평을 가할 수 있다. 앞서 말한 어떤 것도 철회하지 않으면서도, 나는 우리가 전체는 그 부분의 합 이상이라는 진술이 가진 모호함과 사소함을 거의 깨닫지 못하고 있다는 점을 지적할 수 있다. 접시 위에 있는 사과 세 개조차도 '단순한 합' 이상이다. 그들 사이에 어떤 관계(가장 큰 것이 다른 것 사이에 있거나 있지 않다는 등)가 있는 한, 그럴 수밖에 없다. 다시 말해 세 개의 사과가 있다는 사실로부터 추론해 낼 수 없는 관계가 있고, 그것이 과학적으로 연구될 수 있는 관계라면 그러하다. 이에 더해 한동안 인구에 회자되었던 '원자론적' 접근 방법과 '**형태**' 접근 방법 사이의 대립도 적어도 원자 물리학에 관한 한 근거 없는 얘기에 불과하다. 원자 물리학은 기본 입자를 '합산'하는 것에 그치지 않고 분명 (b) 적인 의미의 전체와 밀접하게 유관한 관점에서 입자 **체계**를 연구하기 때문이다.[39]

대부분의 **형태** 이론가는 두 종류의 사물이 존재한다고 주장하고 싶어 하는 것처럼 보인다. 하나는 우리가 어떤 질서도 분별할 수 없는 '무더기'이며, 다른 하나는 어떤 질서나 대칭, 혹은 규칙성이나 체계 또는 구조적 계획을 발견할 수 있는 '전체'라는 주장이다. 따라서 '유기체는 전체이다'와 같은 문장은 유기체에서는 모종의 질서를 식별해 낼 수 있다는 사소한 문장으로 환원된다. 그뿐만 아니라 전기장과 같은 이른바 '무더기' 또한 보통은 **형태** 양상을 갖고 있다. (돌 더미 안에서 압력이 규칙적으로 증가하는 방식을 생각해 보라.) 그러므로 앞의 구분은 사소할 뿐만 아니라, 지극히 모호하다. 그리고 그것은 다른 종류의 대상에 적용할 수 있는 것이 아니라, 동일한 대상이 가지고 있는 상이한 양상에 적용할 수 있는 것이다.

24. 사회적 실험에 관한 전체론적 이론

전체론적인 사유는 사회적 실험에 관한 역사법칙주의 이론에 (2절에서 설명했듯이) 미친 영향 때문에 특별히 더 해롭다. 역사법칙주의는 대규모 사회적 실험이나 전체론적인 사회 실험이 설사 가능하다고 해도 과학적인 목적에는 전혀 부합하지 않는다고 생각한다. 점진적 과학기술자는 이에 동의할지 모른다. 하지만 역사법칙주의와 유토피아주의가 공통적으로 갖고 있는 가정, 즉 사회적 실험이 실질적이기 위해서는 유토피아주의적인 방식으로 사회 전체를 개조해야 한다는 가정은 단호하게 거부할 것이다.

우선 편의상 아주 빤한 반론부터 살펴봄으로써 유토피아주의 프로그램에 대한 비판을 시작하는 것이 좋겠다. 그것은 우리가 그와 같은 일을 하기 위해 필요한 실험적 지식을 갖고 있지 않다는 반론이다. 물리공학자의 청사진은 실험적인 기술에 기초해 있다. 다시 말해 활동의 기초가 되는 모든 원리가 실질적인 실험에 의해 시험된다. 그러나 사회공학자의 전체론적인 청사진은 물리공학자의 청사진에 상응하는 어떤 실질적 경험에도 기초하지 않는다. 따라서 물리공학과 전체론적인 사회공학 사이에 모종의 유사성이 있다는 주장은 무너진다. 전체론적인 계획을 '유토피아적'이라고 기술하는 것은 정당하다. 왜냐하면 그러한 계획에는 과학적 기초가 전혀 없기 때문이다.

이런 비판에 직면하면, 유토피아주의 공학자도 실질적 경험과 실험적 기술의 필요성을 인정할 가능성이 크다. 그렇지만 만약 우리가 이를 빌미로 사회적 실험을 하지 않거나, 그의 관점에서는 대동소이한 일인, 전체론적인 공학을 시도하지 않으면, 그는 우리가 이런 문제에 관해 결코 아무것도 알 수 없을 것이라고 주장할 것이다. 그는 우리가 보유하고 있는 지식이 무엇이든 ─ 크든 작든 ─ 우리는 그것을 사용하여 할 일을 해야 한다고 주장할 것이다. 우리가 오늘날 항공기 설계에 관한 지식을 가질 수 있는 것도 어떤 개척자가 그 같은 지식을 갖고 있지 않았음에도 불구하고 감히 항공기를 디자인하고 그것을 시험했기 때문이다. 따라서 유토피아주의자는 자신이 옹호하는 전체론적인 방법이 사실은 실험적 방법을 사회에 적용한 것에 다름 아니라고 주장할지도 모른다. 왜냐하면 역사법칙주의와 마찬가지로 그 역시 소규모 실험, 예를 들어 공장이나 마을 또는 어떤 지역에서 수행된 사회주의 실험은 결코 결정적일 수 없다고 보기 때문이다. 이와 같이 고립된 상황에서 수행한 '로빈슨 크루소 실험'은 현대인이 '거대한 사회(Great Society)'에서 살아가는 사회생활에 관해 아무것도 말해 줄 수 없다. 그것은 심지어 (마르크스주의적) 의미에서, 즉 역사적 경향을 간과하고 있다는 의미에서 '유토피아주의자'란 별명을 붙일 만하다. (이 경우 이 말이 함의하는 바는 사회생활의 상호 의존 정도가 증가하는 경향을 간과하고 있다는 것이다.)

유토피아주의와 역사법칙주의는 **사회적 실험이 (만약 그와 같은 것이 가능하다면) 전체적인 규모로 수행될 경우에만 의미 있다는** 생각을 공유하고 있다. 많은 사람들이 갖고 있는 이러한 선입견은 또한 다음과 같은 믿음도 포함한다. 우리는 사회적 분야에서 거의 '계획된 실험'을 수행할 수 있는 위치에 있지 않다는 믿음과, 이런 분야에서 지금까지 수행되었던 '우연한 실험'이 어떤 결과를 가져왔는지 알기 위해서는 **역사**를 참조할 수밖에 없다는 믿음이다.[40]

나는 이런 견해에 대해 두 가지 반론을 갖고 있다. (a) 이 견해는 과학적 혹은 전과학적인 사회적 지식 모두에 있어 기본적이라 할 수 있는 **점진적 실험**을 간과하고 있다. (b) **전체론적 실험**은 우리의 실험적인 지식에 기여할 가능성이 거의 없으며, 우리가 '실험'이라는 말을 **결과가 불확실한 행동**을 지시하는 경우로만 사용할 때 전체론적 실험은 '실험'이라 불릴 수 있다. 만약 '실험'을 **예상된 결과와 획득된 결과를 비교함으로써 지식을 습득하는 수단**을 지시하는데 사용한다면 전체론적 실험은 '실험'이라 할 수 없다.

(a)와 관련해서는 사회적 실험에 대한 전체주의적인 견해는 우리가 사회적 삶에 관해 수없이 많은 실험적인 지식을 소유하고 있다는 사실을 설명하지 않은 채 남겨둔다는 점을 지적할 수 있다. 경험이 풍부한 사업가와 경험이 없는 사업가는 다르다. 조직책, 정치가 혹은 장군도 마찬가지이다. 이러한 차이는 사회적 경험의 차이

에서 비롯한다. 그리고 그것은 단지 관찰을 통해서 또는 그들이 관찰한 것을 되돌아봄으로써가 아니라, 어떤 실질적인 목적을 성취하기 위한 노력을 통해 획득된다. 물론 이런 방식으로 획득된 지식은 보통 전과학적인 것이므로, 면밀하게 설계된 과학적 실험에 의해 획득된 지식이라기보다는 무심결에 관찰한 것에 의해 습득된 지식과 유사하다. 그러나 이것이 문제의 지식이 단지 관찰이 아니라 실험에 토대한다는 것을 부인할 만한 충분한 이유가 되지는 않는다. 새 가게를 연 식료품상은 사회적 실험을 행하고 있는 것이다. 극장 앞에서 줄을 서는 사람도 실험적인 과학기술적 지식을 배우며 이것 또한 사회적인 실험이다. 그는 아마도 다음번에는 자리를 예약하는 방식으로 지식을 활용할지도 모른다. 또한 우리는 오직 실질적 실험만이 판매자와 구매자에게 공급이 증가할 때마다 가격은 하락하게 되며 수요가 증가할 때마다 가격은 오르게 된다는 시장에 대한 교훈을 줄 수 있다는 사실을 잊지 말아야 한다.

다소 규모가 큰 점진적 실험의 예로는, 시장을 독점하고 있는 사람이 자기가 만든 물품의 가격을 조정하는 경우가 있다. 또한 사적 혹은 공적인 보험회사가 새로운 유형의 건강보험이나 실업보험을 도입하는 사례도 생각해 볼 수 있다. 새로운 판매세를 도입하는 것과 같이 경기 순환에 대응하기 위해 정책을 세우는 경우도 사례로 들 수 있다. 이 모든 실험은 과학적인 목표가 아니라 실질적인 목표를 염두에 두고 추진한다. 더구나 몇몇 대기업은 당장의 이익을 증가시키는 목표보다 오히려 시장에 대한 이해를 촉진하려는 의도에서 (물론 그 이후에 이익을 증가시키기 위해) 실험을 한다.[41] 이런 상황은 물리공학의 상황과 매우 흡사하며, 우리가 선박의 건조나 항해술에 대한 과학기술적 지식을 처음 획득할 때 사용했던 전과학적 방법과도 매우 유사하다. 이런 방법을 조금 더 과학적인 과학기술을 사용해 개선하고 궁극적으로는 대체하지 말아야 할 이유는 없다. 다시 말해 방향성은 공유하되 실험과 비판적 사유에 기초해서 더 체계적으로 접근하지 않을 이유는 없다.

이런 점진적 견해에 의하면, 전과학적 접근 방법과 과학적 실험적 접근 방법을 분명하게 구분하는 표징은 없다. 비록 과학적 방법, 즉 비판적 방법을 더 의식적으로 적용하는 것이 매우 중요할지라도 말이다. 두 접근 방법 모두 근본적으로는 시행과 착오의 방법을 활용한다고 말할 수 있다. 우리는 시행한다. 즉, 우리는 단지 관찰한 것을 기록하는 데 그치지 않고 실용적이고 구체적인 문제를 적극적으로 해결하려 한다. 그리고 우리는 **실수를 통해 배울** 각오가 되어 있을 경우, 오직 그 경우에만 발전한다. 달리 말해 자신의 잘못을 무작정 고집하는 대신 잘못을 깨닫고 그것을 비판적으로 활용할 각오가 되어 있는 경우에만 발전한다. 이런 분석은 사소하게 보일 수 있지만, 모든 경험과학이 사용하는 방법을 묘사하고 있다. 이 방법에 따르면, 우리가 아무런 제약 없이 의식적으로 위험을 무릅쓴 시도를 하면 할수록, 그리고 우리가 항상 저지르는 실수를 비판적으로 주시하면 할수록 우리가 하는 일은 점점 더 과학적인 성격을 띠게 된다. 더구나 이 같은 원리는 실험의 방법뿐만 아니라 이론과 실험의 관계에도 해당한다. 모든 이론은 일종의 시도이다. 왜냐하면 이론은 우리가 그것이 유효한지 알아보기 위해 시도하는 임시적 가설이기 때문이다. 그리고 실험적인 확인은 모두 단지 우리의 이론이 어디서 잘못되었는지 알아보기 위해 비판적인 관점에서 수행한 시험의 결과일 뿐이다.42)

이 견해가 점진적 과학기술자나 공학자에게 의미하는 바는 다음과 같다. 만약 그가 과학적 방법을 사회 연구와 정치학에 도입하려면, 그에게 가장 필요한 것은 비판적 태도를 취하는 것이며 시행에 더해 착오도 필요하다고 깨닫는 것이다. 또한 그는 자신이 실수를 범할 것이라는 것을 예상해야 할 뿐만 아니라 실수가 없었는지 의식적으로 찾는 법을 배워야 한다. 우리는 모두 자신이 항상 옳다고 생각하는 비과학적 약점을 갖고 있으며, 이 약점은 특히 직업적인 정치가와 아마추어 정치가 모두에게 공통적인 것으로 보인다. 그러나 정치학에 과학적인 방법을 적용하는 유일한 길은 정치적 행위에 어떤 흠이나 바람직하지 않은 결과가 있을 수밖에 없다고 가정한 상태에서 임하는 것이다. 정치적인 과학자는 물론 과학적인 정치가가 해야 할 일 또한 실수를 찾아내려고 노력하고, 그것을 발견하고, 천하에 공개하고, 분석하고, 그것으로부터 배우는 것이다. 정치에서 과학적 방법이 의미하는 것은 우리 스스로 어떤 실수도 저지르지 않았다고 확신하고, 실수를 무시하며, 실수를 감추고, 다른 이에게 책임을 전가하는 대신, 실수에 대한 책임을 인정하고, 그것을 통해 배우려 노력하며, 앞으로는 그런 실수를 저지르지 않을 수 있도록 배운 지식을 잘 적용하는 것이다.

이제 논점 (b), 즉 우리가 전체주의인 실험, 더 정확히 말해 전체주의자가 꿈꾸는('사회 전체'를 개조한다는 극단적인 의미에서의 전체론적 실험은 논리적으로 불가능하기 때문에) 대규모 조치에서 무엇인가 배울 수 있다는 견해를 비판해 보자. 주된 논점은 매우 단순하다. 우리가 자신의 실수에 대해 비판적인 태도를 갖는 것은 결코 쉽지 않다. 그러나 이를 넘어 많은 사람의 삶에 영향을 끼치는 행동에 대해 비판적 태도를 견지하는 것은 거의 불가능하다. 달리 말해 대단히 큰 실수로부터 배우기는 매우 어렵다.

이유는 이중적이다. 그것은 기술적일 뿐만 아니라 도덕적이다. 한꺼번에 매우 많은 일을 행하기 때문에, 어떤 결과가 어떤 조치로 인해 발생했는지 말할 수 없다. 좀 더 정확히 말해서 만약 우리가 어떤 결과를 어떤 조치 탓으로 돌리고자 한다면, 우리는 이미 전에 배운 이론적 지식에 기초해서만 그렇게 할 수 있다. 즉, 전체론적 실험만 갖고는 그렇게 할 수 없다. 이런 실험은 특정 조치 때문에 특정 결과가 발생했다고 판단하는 데 아무런 도움을 주지 못한다. 우리가 할 수 있는 것은 기껏해야 '결과 전체'를 실험에 귀속시키는 것뿐이다. 더구나 그것이 의미하는 바가 무엇이든 그것을 제대로 가늠하기는 더욱 쉽지 않아 보인다. 제아무리 실험 결과에 대해 정통하고, 독립적이면서도 비판적인 진술을 확보하려고 노력해도 성공할 가능성은 크지 않다. 누군가 그러한 노력을 경주할 가능성 또한 거의 없다. 오히려 전체주의적인 계획과 그 결과에 관한 자유로운 논의가 허용되지 않을 가능성이 크다. 매우 규모가 큰 계획을 실행에 옮기는 일은 큰 문제없이 진행해도, 꽤 오랜 기간 동안 수많은 사람에게 상당한 불편을 야기할 수밖에 없는 시도이기 때문이다. 이에 따라 언제나 계획에 반대하는 사람과 불평하는 사람이 존재하기 마련이다. 유토피아주의 공학자는 만일 그가 조금이라도 일을 진척시키려 한다면, 이 같은 불평 대부분에 귀를 닫을 수밖에 없다. 사실 불합리한 반대를 억누르는 것은 그가 해야 하는 일의 일부이다. 그러나 그는 합리적인 비판 또한 그렇지 않은 것과 마찬가지로 억누를 수밖에 없다. 불만족의 표현을 억눌러야 한다는 사실은 그 자체가 만족을 나타내는 그 어떤 열정적인 표현도 무색한 것으로 만든다. 그 결과 어떤 계획이 시민 각자에게 어떤 반향을 일으키는지 가늠하는 것은 매우 어려운 일이 된다. 그리고 그것이

110

불가능할 경우 과학적인 비판은 불가능하다.

그러나 전체론적 계획과 과학적 방법을 결합하는 일은 지금까지 우리가 보아왔던 것보다 더 근본적인 어려움을 갖고 있다. 전체주의적인 계획을 입안하는 사람은 쉽게 권력을 집중시킬 수 있을지 모른다. 그러나 그는 사람들이 각자 갖고 있는 지식을 집중시키는 것은 불가능하다는 것과, 이처럼 집중된 지식이 집중된 권력을 현명하게 행사하는 데 필요하다는 사실을 간과하고 있다.43) 하지만 이 같은 사실이 미치는 영향은 심대하다. 수많은 사람들이 개별적으로 무슨 생각을 하는지 가늠할 수 없기 때문에, 전체주의적인 계획을 입안하는 자는 사람들의 개별적 차이를 제거하여 문제를 단순화하려고 시도할 수밖에 없다. 그는 교육과 선전을 통해 관심과 믿음을 정형화해서 통제하는 노력을 꾀할 수밖에 없다.44) 그렇지만 권력을 통해 마음을 지배하려는 시도는 사람들이 실제로 생각하고 있는 것을 알아낼 마지막 가능성마저 말살한다. 왜냐하면 그것은 분명히 생각의 자유로운 표현, 특히 비판적인 사유의 자유로운 표현과 양립할 수 없기 때문이다. 궁극적으로 그것은 지식을 말살할 수밖에 없다. 그리고 권력의 이익이 커지면 커질수록 손실되는 지식의 양도 커질 것이다. (따라서 정치적 권력과 사회적 지식은 보어(Bohr)가 말한 의미에서 '상보적(complementary)'이라는 것을 알 수 있다. 어쩌면 이것이 근래 유행하고 있지만 그 뜻을 파악하기 쉽지 않은 '상보적'이라는 용어가 의미하는 바를 분명히 보여주는 단적인 사례일지도 모른다.45))

지금까지 우리는 과학적 방법을 둘러싼 문제에 국한해서 논했다. 그런데 우리는 유토피아주의 공학자가 거의 독재자에 못지않은 권위를 지녔지만, 기본적으로 자비롭다는 터무니없는 가정을 암묵적으로 받아들이고 있다. 역사학자 토니(Richard Henry Tawney)는 루터(Martin Luther)와 그의 시대에 관한 논의를 다음과 같은 말로 매듭지었다. '마키아벨리와 헨리 8세의 시대에 들어와 일각수와 불도롱뇽의 존재를 더 이상 믿기 어렵게 되자 사람들은 진기한 동물 대신에 신을 경외하는 독실한 군주(the God-fearing Prince)를 숭배의 대상으로 옹립했다.'[46] 우선 '일각수'와 '불도롱뇽'이란 말을 '신을 경외하는 독실한 군주'로 대체하고, 즉 두 단어를 그것에 상응하는 명백하게 근대적인 어떤 것으로 대체한 후, '신을 경외하는 독실한 군주'란 문구를 '자비로운 계획 당국(the benevolent planning authority)'으로 대체하면, 우리는 우리 시대가 맹목적으로 숭배하는 것이 무엇인지 보게 된다. 여기서 이 같은 맹신이 왜 문제인지 따지지는 않을 것이다. 그러나 설사 막강한 권력을 가진 입안자가 무한히 변함없이 자비롭다고 가정한다고 해도, 그들은 자신들이 취한 조치의 결과가 애초에 그들이 가지고 있는 좋은 의도에 부응하는지 결코 알아낼 수 없을지도 모른다.

나는 점진적 탐구 방법에 이에 상응하는 어떠한 비판도 적용할 수 없다고 생각한다. 점진적 탐구 방법은 (대체로 전체론자가 그러하듯이) 궁극적으로 선한 어떤 것을 찾아내서 그를 위해 투쟁하기보다는 사회가 안고 있는 가장 크고 시급한 악을 찾아내어 그것과 싸우는 데 특별히 요긴하다. 그러나 명백하게 잘못된 것에 대한 체계적인 투쟁, 예컨대 구체적인 불의나 착취 그리고 빈곤이나 실업과 같이 피할 수 있는 고통에 맞선 체계적인 투쟁은 먼 미래 사회에 대한 이상적인 청사진을 구현하려는 시도와 전혀 다른 것이다. 이 경우, 성공과 실패 모두 비교적 쉽게 가늠할 수 있다. 더구나 이런 방법이 내재적인 이유로 인해 권력의 축적이나 비판의 억압으로 귀착된다고 볼 근거도 없다. 또한 구체적인 악과 구체적인 위험에 맞선 투쟁은 유토피아를 건설하기 위한 투쟁보다 대중적 지지를 얻을 가능성이 더 크다. 비록 입안자에게는 후자가 이상적인 것처럼 보일 수도 있겠지만 말이다. 이 같은 사실은 아마도 다음과 같은 현상을 이해하는 데 도움을 줄 것이다. 민주주의 국가도 외세의 침략에 대항할 때 필요에 따라 광범위한 조치(경우에 따라서는 전체주의적인 계획과 유사한 성격을 띨 수도 있는)를 취할 수 있는데, 이러한 조치에 대한 지지는 **공적인 비판을 억압하지 않고도** 충분히 나타날 수 있다. 반면 공격이나 침략전쟁을 준비하는 나라는 통상 공적인 비판을 억눌러야 한다. 침략을 방어인 것처럼 가장하기 위해서는 여론의 지지가 있어야 하는데 공적 비판이 이를 저해하기 때문이다.

이제부터는 자신의 탐구 방법이야말로 사회학 분야에서의 진정한 실험적 탐구 방법이라고 주장하는 유토피아주의자로 다시 돌아가보자. 나는 이 같은 주장이 이미 지금까지의 비판에 의해 타파되었다고 생각한다. 물리공학과 전체론적인 공학의 유사성을 비교함으로써 이 같은 사실을 한층 더 예증할 수 있다. 우리는 물리적인 기계도 청사진에 따라 성공적으로 계획할 수 있으며, 그 청사진과 함께 그것을 생산하는 공장까지도 디자인할 수 있다는 사실을 기꺼이 받아들일 수 있다. 그러나 이 모든 것은 이미 수많은 점진적 실험이 수행되었기 때문에 가능한 일이다. 모든 기계는 수없이 많은 작은 개선의 결과이다. 모든 모형은 시행과 착오의 방법, 즉 셀 수 없이 많은 작은 교정을 거쳐 '개발되었음이 분명하다. 생산 공장의 계획에도 똑같은 원칙이 적용된다. 겉으로는 전체론적인 것처럼 보이는 계획이 성공할 수 있는 것도 우리가 이미 온갖 유형의 작은 실수를 저질렀기 때문이다. 만약 그렇지 않다면 그 계획은 우리가 커다란 실수를 범하게 할 것이다.

그러므로 물리공학과 사회공학의 유사성을 좀 더 면밀하게 들여다보면, 그것은 전체주의자의 입장에는 반하는 반면, 점진적 사회공학자의 입장에는 부합한다는 것을 알 수 있다. 유토피아주의자는 '사회공학'이라는 표현을 아무런 근거 없이, 자기 마음대로 마치 사회공학과 전체론이 유사성이 있는 것처럼 암시했다.

나는 이것으로 유토피아주의에 대한 비판적 논평을 마치고자 한다. 이후로는 그것의 동맹인 역사법칙주의의 논박에 집중할 것이다. 나는 이제 내가 사회적 실험에 관한 역사법칙주의자의 주장에 충분히 답했다고 본다. 단, 사회적 실험은 정확하게 유사한 조건 하에서 반복하는 것이 불가능하기 때문에 쓸모없다는 역사법칙주의자의 논증에 대해서는 아직 답하지 않았다. 이제부터는 이 논증을 검토할 것이다.

25. 실험 조건들의 가변성

역사법칙주의자는 사회 분야에서 엄밀하게 유사한 실험 조건을 임의로 재현할 수 없기 때문에 실험적 방법을 사회과학에 적용할 수 없다고 주장한다. 이것은 우리를 역사법칙주의 입장의 핵심에 좀 더 가까이 데려다준다. 나는 이 주장에 일리가 있다는 것을 인정한다. 분명 물리학적 탐구 방법과 사회학적 탐구 방법에는 어떤 차이가 있다. 그런데도 나는 역사법칙주의자의 주장이 물리학의 실험적 탐구 방법에 대한 중대한 오해에서 비롯되었다고 생각한다.

먼저 물리학의 탐구 방법에 대해 생각해 보자. 실험 물리학자는 누구에게나 정확하게 유사해 보이는 조건에서도 매우 다른 일이 일어날 수 있다는 것을 알고 있다. 어떤 전기 기구에서 서로 꼭 닮은 두 개의 전선 중 하나를 다른 하나로 교체했을 때 그 결과 일어나는 차이는 매우 클 수 있다. 좀 더 면밀한 검사를 해보면(예를 들어 현미경을 통해서), 그것들은 처음 보았을 때만큼 서로 닮지 않았다는 것을 발견할 수 있을 것이다. 그러나 서로 다른 결과를 낳은 두 개의 실험 조건에서 실제로 어떤 차이를 발견하는 것은 매우 어려운 일이다. 어떤 종류의 유사성이 관련이 있는지, 얼마나 유사해야 하는지 알기 위해서는 이론적인 연구는 물론이고 실험적인 연구도 장기간 수행해야 한다. 이 같은 연구는 우리가 실험을 위해 유사한 조건을 확보하기 전에, 그리고 우리가 해당 실험에서 '유사한 조건'이 도대체 무엇을 의미하는지 알기 전에 수행되어야 할지도 모른다. 하지만 그럼에도 불구하고 **실험적 방법은 언제 어디서나 적용된다.**

따라서 우리가, '유사한 조건'이란 말이 무엇을 의미하는가 하는 문제는 어떤 종류의 실험을 하는가에 의존적이며, 오직 실험을 통해서라고 대답할 수 있다고 볼 수 있다. 그 차이나 유사성이 아무리 두드러지게 보일지라도 우리는 그것이 실험을 재현할 때 관련이 있는지 아닌지를 **선험적으로** 결정할 수 없다. 그러므로 우리는 실험적인 방법이 문제를 스스로 해결하도록 내버려두어야 한다. 실험을 방해 요소로부터 인위적으로 **고립**시키는 문제에도 적용 가능하다. 기계장치가 어떠한 영향도 받지 않도록 고립시키는 것은 불가능하다. 예를 들어 우리는 행성이나 달의 위치가 물리적 실험에 미치는 영향이 큰지 미미한지 **선험적으로** 알 수는 없다. 과연 인위적 고립이 필요한지, 만약 그렇다면 어떤 종류의 인위적 고립이 필요한지를 우리는 실험 결과나 실험에 의해 시험된 이론을 통해서만 배울 수 있다.

이런 고찰에 비추어 볼 때, 사회적 실험은 필연적으로 사회적 조건의 가변성, 특히 역사적 발전에서 기인하는 변화에 방해받을 수밖에 없다는 역사법칙주의자의 논증은 힘을 잃게 된다. 역사법칙주의자가 그토록 골몰했던 차이, 즉 각각의 역사적 시대를 주도하는 조건의 차이는 사회과학에 고유한 어떤 문제를 일으키지 않는다. 물론 만약 어느 날 우리가 갑자기 다른 역사 시대로 보내진다면, 우리 사회에서 행해진 점진적 실험에 기초해서 우리가 형성한 사회적 기대 중 상당수는 아마 어긋날 것이다. 달리 말해 실험은 예상하지 않은 결과에 이르게 될 것이다. 그러나 우리로 하여금 사회적 조건의 변화를 발견하게 만드는 것은 **실험**일 것이다. 실험은 우리에게 어떤 사회적 조건은 **역사적 시대**에 따라 변한다는 사실을 가르쳐줄 것이다. 이는 물리학자가 실험을 통해 끓는 물의 온도는 **지리적인 위치**에 따라 변한다는 것을 알게 된 것과 같다.47) 달리 말해 역사적 시대 간의 차이에 관한 학설은 사회적 실험을 불가능하게 만들기는커녕, 만약 우리가 한 시대에서 다른 시대로 이동한다면, 우리는 놀랍거나 실망스러운 결과를 낳는 점진적인 실험을 계속해야만 한다는 생각을 표현한 것에 불과하다. 실제로 만일 우리가 상이한 역사적 시대의 상이한 태도에 관해 무엇인가를 안다면, 그것은 우리가 상상 속에서 행한 실험으로부터 나온 것이다. 역사학자는 사료 해석에 어려움이 있다는 사실을 깨닫거나, 몇몇 선배 역사학자들이 역사적 증거를 잘못 해석했다는 것을 보여주는 사실을 발견한다. 역사를 해석할 때 겪는 이런 어려움이 역사법칙주의자가 염두에 두었던 형태의 역사적 변화에 대해 우리가 가질 수 있는 유일한 증거이다. 그러나 이 같은 어려움은 단지 우리가 사고 실험을 통해 예상한 것과 실제 결과 사이의 불일치에 불과하다. 시행착오의 방법으로 생소한 사회적 조건을 해석하는 우리의 능력을 향상시켜 주는 것 역시 이처럼 뜻밖의 일에 대해 우리가 느끼는 놀라움과 실망이다. 그리고 우리가 역사 해석에서 사고 실험을 통해 이룬 것을 인류학자는 실질적인 현지 조사를 통해 이루었다. 현대 학자가 자신이 예상하는 바를 거의 석기시대에 버금갈 정도로 먼 옛날의 조건에 맞추어 조정할 수 있었던 것도 점진적 실험 덕분이다.

일부 역사법칙주의자는 그와 같은 조정이 성공 가능하다는 것을 의심한다. 그들은 심지어 사회적 실험이 쓸모없다는 교설을 옹호하기도 한다. 아주 오래전 역사적 시대로 옮겨 적용할 경우, 사회적 실험 중 대다수가 좌절에 이를 것이라고 보기 때문이다. 그들에 의하면, 우리는 사고 습관, 특히 사회적 사건을 분석하는 습관을 이처럼 우리를 당혹스럽게 만드는 조건에 맞출 수 없다. 이런 걱정이 역사법칙주의자의 히스테리(hysteria) — 사회 변화의 중요성에 대한 집착을 낳은 요인 중 하나인 듯하다. 그러나 이 같은 걱정을 **선험적인** 근거에 따라 일소하기는 어렵다. 어쨌든 새로운 환경에 적응하는 능력은 사람에 따라 다르며, 역사법칙주의자가 (이처럼 패배주의적 견해를 가진 자가) 자신의 생각을 사회 환경의 변화에 성공적으로 적응시킬 수 있을 것이라 기대할 이유는 전혀 없는 것 같다. 더구나 새로운 환경의 성격에 따라 답이 달라질 수 있다. 사회를 연구하는 학자가 시행착오를 거쳐 식인종의 식인 습관에 성공적으로 적응하기 전에 본인이 제물이 될 가능성을 배제할 수 없다. 이것은 '계획된' 어떤 사회에서 그의 연구가 집단 수용소에서 끝날 가능성을 배제할 수 없는 것과 마찬가지다. 그러나 물리학의 영역에서도 사정은 유사하다. 세상에는 물리학자가 생존할 기회가 아예 없거나, 시행착오를 거쳐 스스로 적응할 수 있는 가능성이 없는 물리적 조건을 가진 곳이 수두룩하다.

요약하면, 역사적 조건의 가변성 때문에 실험적인 방법을 사회문제에 적용할 수 없다는 역사법칙주의자의 주장은 그럴듯하게 들릴지 몰라도 어떠한 근거도 없는 것처럼 보인다. 또한 이 점을 감안할 때 사회에 대한 연구는 자연에 대한 연구와 근본적으로 다르다는 주장 역시 근거가 없는 것 같다. 과연 현실에서 사회과학자가 자신의 실험 조건을 마음대로 선택하거나 바꾸는 것이 매우 어려운지 아닌지 판단하는 것은 전혀 다른 문제이다. 물리학자 또한 때때로 유사한 난관에 직면하지만 그가 처한 상황은 그에 비해 낫다. 중력장이 변하는 조건 혹은 온도가 극단적인 조건에서 어떤 실험을 할 가능성은 매우 제한적이다. 그러나 오늘날 물리학자에게 열려 있는 가능성 중 상당수가 불과 얼마 전에는 물리적인 난관이 아니라 사회적 난관 때문에, 즉 탐구에 필요한 자금을 감당할 준비를 못했기 때문에 실행할 수 없었다는 사실을 잊지 않아야 한다. 그러나 이제는 수많은 물리적 연구가 더할 나위 없이 훌륭한 실험 조건 하에서 수행 가능하다. 반면 사회과학자의 처지는 그와 전혀 다르다. 유토피아적이 아니라 점진적 성격을 띠고 있는 많은 실험이 매우 바람직함에도 불구하고, 앞으로 오랫동안 꿈으로 남아 있을 것이다. 실제로 사회과학자는 지나칠 정도로 자주 정신적으로 수행된 실험에 의존해야 하며, 과학적 관점에서 볼 때 더 바랄 것이 많은 조건과 방식 하에서 수행한 정치적 조치에 대한 분석에 의존해야 한다.

26. 일반화는 한 시대에 국한되는가?

내가 사회학적 법칙, 이론, 가설, 혹은 '일반화'의 문제를 상세히 논의하기 전에 사회적 실험의 문제를 논의했다는 사실이, 관찰과 실험이 어떤 방식으로든 이론에 비해 논리적으로 우선한다고 생각한다는 것을 의미하지는 않는다. 그와 반대로 나는 이론이 실험은 물론이고 관찰에 우선한다고 믿는다. 실험과 관찰은 이론적인 문제와 연관해서만 의미를 갖기 때문이다. 또한 관찰이나 실험이 어떤 방식으로든 해답을 주는 데 도움이 되기 위해서는 그 이전에 먼저 문제를 갖고 있지 않으면 안 된다. 시행착오 방법의 관점에서 보자면, 시행은 착오에 우선해야 한다. 우리가 (24절에서) 보았듯이 잠정적인 성격을 지닌 이론이나 가설은 언제나 시행의 일부인 반면, 관찰과 실험은 이론이 어디서 오류를 범했는지 보여줌으로써 오류를 골라내도록 도와준다. 그래서 나는 '일반화의 방법'을 신뢰하지 않는다. 즉, 과학은 관찰에서 시작한다는 견해나, 과학은 일반화나 귀납과 같은 과정을 통해 관찰로부터 이론을 도출한다는 견해를 믿지 않는다. 나는 오히려 관찰과 실험의 기능은 소박하게도 우리로 하여금 이론을 시험하게 하고, 시험에 견디지 못한 이론을 제거하게 돕는 것이라고 믿는다. 비록 이런 선별 과정이 이론적 사변을 견제할 뿐만 아니라 다시 사변할 수 있도록 자극할지라도, 즉 다시 실수를 저지르고 새로운 관찰과 실험에 의해 반박될지라도 말이다.

이 절에서 나는 사회과학에서 일반화의 타당성, 적어도 가장 중요한 일반화의 타당성은 그와 연관된 관찰이 이루어진 구체적인 역사 시대에 국한된다는 역사법칙주의자의 주장(1절 참조)을 비판할 것이다. 나는 이른바 '일반화의 방법'을 옹호할 수 없다고 확신하지만, 그럼에도 불구하고 그것을 옹호할 수 있는지 혹은 없는지를 문제 삼지 않고 역사법칙주의자의 주장을 비판해 볼 것이다. 왜냐하면 이 방법이 부당하다는 것을 보이지 않고도 역사법칙주의자의 주장을 반박할 수 있다고 생각하기 때문이다. 일반화의 방법과 이론과 실험의 관계 일반에 관한 나의 생각은 잠시 미루어두었다가 이 책 28절에서 다시 거론할 것이다.

역사법칙주의자에 대한 나의 비판은 다음과 같은 사실을 인정하는 것으로 시작된다. 어떤 역사적 시대에 살고 있는 사람들 대부분은 자기 주변에서 발견한 규칙성이 모든 사회에 유효한 사회적 삶의 보편법칙이라는 잘못된 믿음을 갖기 쉽다. 우리가 외국에서 밥을 먹거나 인사를 할 때 우리의 습관적 행동이, 우리가 흔히 생각하는 것과 달리 당연하게 받아들여지지 않는다는 사실을 알게 될 때, 우리가 이런 믿음을 지나치게 소중하게 여긴다는 것을 알아차린다. 우리가 갖고 있는 다른 종류의 일반화된 믿음도, 의식적으로 믿든 그렇지 않든, 이와 크게 다르지 않을 것이라고 생각하는 것이 당연하다. (예를 들어, 헤시오도스도 이렇게 추론했다.[48]) 설령 우리가 다른 역사적 시대로 여행할 수 없기 때문에 그렇게 믿는 것이 별다른 문제를 일으키지 않을지라도 말이다. 달리 말해 사회적 삶에서 발견하는 규칙적인 것 중 많은 것이 우리 시대에만 특징적인 규칙일 수 있다는 것을 인정해야 한다. 또한 이런 한계를 간과하기 쉽다는 것도 인정해야 한다. 그 때문에 (특히 사회가 급변하는 시대에) 타당성을 잃어버린 법칙들에 우리가 의존해 왔음을 배울 수 있다는 것은 안타까운 일이다.[49]

만약 역사법칙주의자의 주장이 여기에 그치고 말았다면, 우리는 단지 그가 빤한 사실에 괜한 공을 들이고 있다고 비난할 수 있을 뿐이다. 그러나 불행히도 역사법칙주의자는 그 이상을 주장한다. 그는 역사적 상황은 자연과학에서 일어나지 않는 어려움을 일으킨다고 주장한다. 특히 자연과학과 달리 사회과학에서는, 결코 참으로 보편적인 법칙을 발견했다고 가정할 수 없다고 주장한다. 왜냐하면 그 법칙이 과거에도 언제나 유효했는지(우리의 사료가 불충분할 수 있기 때문에), 그리고 그것이 미래에도 항상 유효할 것인지 결코 알 수 없기 때문이다.

이런 주장과 달리 나는 앞에서 기술한 상황이 어떤 의미에서든 사회과학에 특유한 것이라거나, 그것이 어떤 특수한 어려움을 일으킨다고 인정하지 않는다. 그와 반대로 물리적 환경 변화 역시 사회적 환경의 변화나 역사적 환경의 변화에서 일어난 경험과 매우 유사한 경험을 야기할 수 있다는 것이 분명하다. 밤과 낮의 계기보다 더 명백하고 빠른 규칙적 사건이 어디에 있겠는가? 하지만 만약 우리가 극권을 지나간다면 그 규칙성은 와해된다. 어쩌면 물리적 경험을 사회적 경험과 비교하는 것이 다소 어려울 수는 있지만, 이같은 와해는 사회적 영역에서 일어날 수 있는 그 어떤 것에 못지않게 깜짝 놀랄 만한 일이다. 다른 예를 들면, 1900년 크레타 섬의 역사적, 사회적 환경과 3천 년 전 크레타 섬의 역사적, 사회적 환경의 차이가 크레타 섬의 지리적, 물리적 환경과 그린란드의 지리적, 물리적 환경의 차이보다 클 것이라고 말하기 어렵다. 나는 하나의 물리적 환경에서 다른 환경으로 아무 준비 없이 갑자기 이동하는 것이 그에 상응하는 사회적 환경의 변화보다 치명적 결과를 일으킬 가능성이 더 크다고 생각한다.

역사법칙주의자는 다양한 역사적 시대에서 볼 수 있는 극적인 차이에 과다하게 의미를 부여하는 반면, 사람들이 가진 과학적인 창의력에 대해서는 과소평가하는 경향이 있다. 케플러가 발견한 법칙은 행성 체계에서만 타당하지만, 그것의 타당성은 그가 살았던 그리고 그가 관찰했던 태양계에 국한되지 않는다.50) 뉴턴이 관성의 법칙의 중요성을 인식하기 위해 중력과 다른 힘의 영향을 받지 않는 유동체를 관찰할 수 있는 우주의 어떤 외진 곳으로 물러가야 했던 것도 아니다. 오히려 체계 내에서 어떤 물체도 그것에 따라 움직이지 않을지라도 관성의 법칙은 태양계에서 그 의미를 상실하지 않는다. 이와 마찬가지로 우리가 모든 사회적 시대에 두루 통하는 사회학적 이론을 만들어내지 못할 이유도 없는 것 같다. 사회적 시대 간의 극적인 차이가 있다는 사실이 이런 법칙을 발견할 수 없다는 것을 의미하지는 않는다. 이는 마치 그린란드와 크레타 섬의 극적인 차이가 두 지역 모두에 적용 가능한 어떤 물리적 법칙도 존재하지 않는다는 것을 증명하지 않는 것과 마찬가지이다. 반대로 이런 차이는 적어도 몇몇의 경우에서는 비교적 피상적인 성격(관습, 인사 예절, 의례 등의 차이와 같은)을 가진 것으로 보이며, 이와 거의 유사한 이야기가 어떤 역사적 시대나 사회의 특징이라고 일컬어지는 (일부 사회학자가 현재 **매개 원리**(*principia media*)51)[3]라고 부르는) 규칙에도 타당하다고 생각한다.

이에 대해 역사법칙주의자는 사회 환경의 차이가 물리적 환경의 차이보다 더 근본적이라고 응수할지도 모른다. 왜냐하면 만일 사회가 변하면, 사람도 변하기 때문이다. 그리고 이것은 모든 규칙의 변

---

[3] 역주. 만하임은 'principia media'를 '적절한 관찰들이 이루어진 구체적인 역사적 시대에 국한된 일반화들'을 지시하기 위해 이 원리를 도입했다. 또한 이것은 밀의 'axiomata media(매개 공리)'에서 가져온 것이다. 이것은 운동의 일반 법칙들은 아니지만, 주어진 시대의 어떤 종류의 '사회적 체계들'에 적합한 법칙들이라고 해석한다.

화를 함축하는데, 모든 사회적 규칙은 사회의 원자인 인간의 본성에 의존하기 때문이다. 이에 대한 우리의 답변은 이렇다. 물리적 원자 또한 환경과 함께(예컨대 전자기장 등의 영향 하에서) 변하지만, 물리적 법칙에 반하는 방식이 아니라 그 법칙에 따라 변한다. 게다가 소위 인간 본성의 변화가 갖는 의미는 그것이 무엇인지 의심쩍을 뿐만 아니라 평가하기가 매우 어렵다.

이제 우리는 사회과학에서 진정으로 보편적인 법칙을 발견했다고 가정하지 말아야 한다는 역사법칙주의의 주장에 주목해 보자. 역사법칙주의에 따르면, 우리는 어떤 법칙의 타당성이 우리가 그것이 지켜지는 것을 관찰한 시대를 넘어 확장 가능한지 확신할 수 없다. 그러나 그 주장은 자연과학에도 대등하게 적용할 수 있는 한에서 받아들일 수 있다. 자연과학에서 우리는 어떤 법칙이 실제로 보편적으로 타당한지, 아니면 일정한 시대(어쩌면 우주가 팽창하는 시대) 혹은 일정한 지역(어쩌면 비교적 중력장이 약한 지역)에만 적용 가능한지를 완전히 확신할 수 없다는 것은 분명하다. 법칙의 보편적 타당성을 확증할 가능성이 전혀 없음에도, 우리는 자연법칙을 표현할 때 그것이 유효하다고 관찰되었던 시대에만 통한다든지, 혹은 '현 우주론적 시대(the present cosmological period)' 내에서만 통한다고 부연하지 않는다. 만약 우리가 이런 조건을 부연한다면, 그 것은 과학적인 신중함을 나타내는 칭찬할 만한 징표라기보다는 우리가 과학을 이해하지 못하고 있다는 것을 나타내는 징표일 것이다.[52] 왜냐하면 영역의 제한 없이 타당한 법칙을 탐구하는 것이 과학적인 방법의 중요한 전제이기 때문이다.[53] 만약 그 자체가 변할 수밖에 없다는 법칙을 우리가 인정한다면, 법칙에 따라 변화를 설명할 수 없을 것이다. 그리고 그것은 변화가 단순히 기적에 지나지 않는다는 것을 인정하는 것과 다르지 않다. 또한 그것은 과학적 진보의 종말이 될 것이다. 왜냐하면 만일 예기치 않은 관찰이 이루어졌다 할지라도, 우리의 이론을 수정할 필요가 전혀 없을 것이기 때문이다. 법칙이 변했다는 **임시방편적**(*ad hoc*) 가설이 모든 것을 '설명할' 것이다.

이런 논증은 자연과학은 물론이고 사회과학에도 적용 가능하다.

이것으로 나는 역사법칙주의의 반자연주의 교설 중에 더 기본적인 것에 대한 비판을 마무리 짓겠다. 그보다 덜 기본적인 교설에 대해 논의하기 전에, 다음 장에서는 친자연주의 교설 중 하나, 즉 우리는 역사 발전의 법칙을 탐구해야 한다는 교설에 주목하고자 한다.

IV

친자연주의적 교설에 대한 비판

27. 진화의 법칙은 존재하는가? 법칙들과 추세들

내가 이른바 '**친자연주의적**'이라고 부른 역사법칙주의 교설은 반자연주의적 교설과 많은 공통점을 갖고 있다. 일례로 그것은 전체론적인 사고의 영향을 받았으며, 자연과학적 탐구 방법에 대한 오해에서 비롯되었다. 우리는 그것이 잘못된 방식으로 자연과학적 탐구 방법을 모방하려 하기 때문에 그것을 (하이에크 교수가 말한 의미에서1)) 과학적이라고 묘사할 수 있다. 친자연주의적 교설은 반자연주의 교설과 마찬가지로 역사법칙주의가 지닌 특징이며 어쩌면 더 중요한 특징이라고 볼 수도 있다. 특히 사회과학의 과제가 사회의 미래를 예고하기 위해(앞의 14절에서 17절까지 설명한 견해) **사회 진화의 법칙**을 해명하는 데 있다는 믿음이 아마 역사법칙주의의 중심 교설이라고 볼 수 있다. 왜냐하면 변하는 사회적 세계와 변하지 않는 물리적 세계 간의 차이를 불러일으키고 그 결과 반자연주의를 낳는 것이 바로 사회를 일련의 시대를 관통해 움직이는 것으로 보는 견해이기 때문이다. 다른 한편, 친자연주의적인 그리고 과학적인 믿음을 불러일으키는, 이른바 '계기의 자연법칙'에 대한 믿음 역시 동일한 견해이다. 그런데 그 믿음은 콩트와 밀의 시대에는 천문학의 장기 예측이, 좀 더 최근에는 다윈주의가 지지한다고 주장할 수 있다. 실제로 최근에 불고 있는 역사법칙주의의 인기는 단지 진화론이 누리는 인기의 일환이라고 볼 수도 있다. 여기에서 진화론은 지구상에 존재하는 다양한 동식물 종의 역사에 관한 기막힌 과학적 가설과 기성 종교의 신앙의 일부가 되어 버린 오래된 형이상학적 이론의 극적인 충돌로 인해 그 영향력이 커진 철학으로 이해할 수 있다.[2]

소위 진화론적 가설은 형태적으로 관련이 있는 것들이 공통 조상을 갖고 있다는 가정을 통해 일군의 생물학적 관찰과 고생물학의 관찰, 예컨대 다양한 종과 속이 일정한 유사성을 갖고 있다는 관찰을 설명하는 것이다.[3] 이 가설은 보편적 법칙이 아니다. 비록 그것이 유전, 형질분리 및 돌연변이의 법칙처럼 보편적인 자연의 법칙과 더불어 설명을 구성하고 있더라도 그렇다. 그것은 오히려 특수한 (단칭적 내지 구체적인) 역사적 진술의 성격을 갖고 있다. (진화론적 가설은 학문적으로 '찰스 다윈과 프랜시스 갤턴(Francis Galton)의 조상은 같다'는 역사적 진술과 같은 위상을 갖는다.) '가설'이란 용어가 보편적인 자연법칙이 갖고 있는 학문적 지위를 나타내는 데 너무나 자주 사용되면서, 진화론적 가설은 자연의 보편적 법칙이 아니라,[4] 지상에 존재하는 동식물의 조상에 관한 특수한 (더 정확히 말하면 단칭의) 역사적 진술이라는 사실이 희미해졌다.

그러나 우리가 아주 빈번하게 이 말을 다른 의미로 사용하고 있다는 것을 잊지 않아야 한다. 예를 들어 잠정적인 의료 진단을 가설로 묘사하는 것은 의심할 여지없이 올바르다. 설령 그와 같은 가설이 보편적 법칙의 성격보다는 단칭적이고 역사적인 성격을 띠고 있을지라도 말이다. 달리 말해서 모든 자연법칙은 가설이라는 사실로 인해, 모든 가설이 반드시 법칙인 것은 아니라는 사실을 간과해서는 곤란하다. 또한 특히 역사적 가설은 대체로 하나의 개별 사건이나 일군의 단칭적 사건에 대한 단칭 진술이라는 사실을 간과하지 말아야 한다.

그러나 과연 진화의 **법칙**이 있을 수 있는가? 과연 헉슬리(T. H. Huxley)가 다음과 같이 썼을 때, 그가 의도했던 의미의 과학적인 법칙이 존재할 수 있는가? '과학이 조만간 … 유기적 형체에 대한 진화 법칙을— 과거와 현재 존재하는 모든 유기적 형체가 연결고리인 … 거대한 인과 연쇄의 변하지 않는 질서의 법칙을— 갖게 될 것임을 의심하는 … 사람은 미온적인 철학자임에 틀림없다.'5)

나는 이 물음에 대한 답변은 '아니다'여야 한다고 믿는다. 또한 진화에서 '변하지 않는 질서'의 법칙을 추구하는 것은, 생물학이든 사회학이든 과학적 탐구 방법의 영역에 속할 수 없다고 믿는다. 이렇게 생각하는 이유는 매우 단순하다. 지상에 존재하는 생명의 진화나 인류 사회의 진화는 단 한 번 발생하는 독특한 역사적인 과정이다. 이런 과정은 온갖 유형의 인과법칙, 예컨대 역학, 화학, 유전과 형질분리, 자연선택 등의 법칙에 부합하는 방식으로 진행한다고 볼 수 있다. 그러나 그 과정에 대한 기술은 법칙이 아니라, 역사적인 단칭 진술일 뿐이다. 보편적 법칙은 헉슬리가 말한 대로 변하지 않는 질서, 즉 일정한 종류의 모든 과정에 관한 주장이다. 그리고 논리적으로는 단 하나의 관찰 사례로부터 보편법칙을 수립하지 못할 이유가 없지만, 또한 운이 좋아 진리에 도달하지 못할 이유가 없어도, 과학이 그 법칙을 진지하게 받아들이기 위해서는 그전에 만들어진 과정이 어떠하든지 그 법칙은 새로운 사례에 의해 **시험되어야** 한다. 하지만 만일 우리가 관찰할 수 있는 것이 단 한 번 발생하는 독특한 과정이라면, 우리는 보편법칙을 시험할 수도 없으며 과학이 인정할 수 있는 자연법칙을 발견할 수도 없을 것이다. 단 한 번 발생하는 독특한 과정을 관찰하는 것은 우리가 그것의 미래가 어떻게 개진될 것인지 내다보는 것에도 도움을 줄 수 없다. 아무리 주의 깊게 애벌레 **한 마리**의 성장 과정을 관찰해도 우리는 그것이 나비로 변신할 것이라는 사실을 예측하지 못할 것이다. 우리의 논증을 인류 사회의 역사에 적용할 때 — 또한 우리가 여기서 관심을 두고 있는 게 바로 이것인데 — 피셔(H. A. L. Fisher)는 그 논증을 다음과 같은 말로 정식화했다. '인간은 … 역사에서 줄거리, 규칙적 반복, 예정된 패턴을 가려내 왔다. … 그러나 내가 볼 수 있는 것은 단지 한 사건에 이어 또 다른 사건이 등장하는 것뿐이었다. … 그리고 이와 관련해서 **하나의 중요한 사실만을 알 수 있었을 뿐이다. 그것은 사건은 단 한 번 발생하는 독특한 것이기 때문에 어떤 일반화도 있을 수 없다는 것이다.** …'6)

이런 반대에 어떻게 대응할 수 있는가? 진화의 법칙을 믿는 사람이 취할 수 있는 입장은 크게 두 가지이다. 그는 (a) 진화적인 과정이 단 한 번 발생하며 독특하다는 주장을 거부하거나, (b) 설령 진화 과정이 단 한 번 발생하며 독특할지라도 그 과정에서 경향이나 추세 혹은 지향을 끄집어낼 수 있으며, 이에 더해 이런 경향을 진술하는 가설을 정식화하고 미래 경험으로 이 가설을 시험할 수 있다고 주장할 수 있다. 이 두 입장 (a)와 (b)가 상호 배타적인 것은 아니다.

입장 (a)는 태곳적 아이디어로 거슬러 올라간다. 즉, 탄생에서 시작하여 유년, 청년, 장년, 노년을 거쳐 죽음에 이르는 생의 주기가 개별적인 동식물뿐만 아니라 사회, 인종, 그리고 어쩌면 '세계 전체'에도 적용된다는 생각이다. 플라톤은 이 교설을 그리스 도시국가와 페르시아 제국의 쇠락과 몰락을 해석하는 데 이용했다.7) 마키아벨리(Machiavelli), 비코(Vico), 슈펭글러(O. Spengler) 또한 이 학설을 비슷한 용도로 사용했으며, 최근에는 토인비(A. Toynbee) 교수가 그의 역작 『역사의 연구』에서 이 아이디어를 활용했다. 이 학설에 따르면, 역사는 반복적이다. 그리고 문명의 생명 주기에 대한 법칙은 우리가 어떤 동물 종의 생명 주기를 연구하는 것과 같은 방식으로 연구할 수 있다.8) 이 교설의 창시자가 의도했던 바는 아니겠지만, 이 교설은 진화나 역사 과정의 독특함에 근거하고 있는 우리의 반론이 설득력이 없다는 것을 함의한다. 비록 이 교설의 창시자가 그것을 의도하지는 않았을지라도 말이다. 나는 역사가 때로는 어떤 측면에서 반복될 수 있다는 것을 부인할 생각이 없다. (인용된 구절을 보면 피셔 교수도 부인했을 것 같지 않다.) 또한 일정한 유형의 역사적 사건 사이의 유사성, 예컨대 고대 그리스 전제정치 발흥과 현대 전제정치 발흥의 유사성이 정치권력의 사회학을 연구하는 사람에게 중요할 수 있다는 것도 부인하고 싶지 않다.9) 그러나 이런 반복 사례는 향후 발전에 상당한 영향을 발휘할 수 있는, 서로 전혀 비슷하지 않은 상황을 포함하고 있다는 것이 분명하다. 그러므로 우리는 역사 발전이 명백하게 반복할 것이라고, 즉 역사가 원형이 지닌 유사성을 **계속 이어갈** 것이라고 예상할 만한 이유를 아무

것도 갖고 있지 않다. 물론 일단 생명 주기의 법칙을 믿게 되면 ─ 비유적 사변에 의해 갖게 되었든지 혹은 플라톤으로부터 물려받았든지 ─ 우리는 거의 모든 곳에서 그 법칙에 대한 역사적 증거를 발견할 수 있을 것이다. 그러나 이것은 단지 사실에 의해 보강되는 것처럼 보이는 수많은 형이상학 이론 중 하나에 불과하다. 좀 더 면밀히 살펴보면, 그 사실은 기실 그것이 시험하도록 전제된 바로 그 이론에 비추어 선택된 것이라는 것을 알 수 있다.10)

입장 (b), 즉 우리가 진화적인 운동의 경향이나 방향을 가려낼 수 있다는 믿음에 관해서는, 먼저 이런 믿음이 입장 (a)를 대표하는 주기 가설(the cyclical hypothesis) 중 어떤 것에 영향을 미쳤고 또한 그것을 지지하는 데 사용되었다는 것을 말할 수 있다. 예를 들면, 토인비 교수는 (a)를 지지하면서 (b)의 특징을 띤 다음과 같은 견해를 표명했다. '문명이란 사회의 정태적 조건이 아니라 진화하고 있는 일종의 동태적 운동이다. 그것은 정지해 서 있을 수 없을 뿐만 아니라, 자체적인 운동법칙을 깨트리지 않고는 그 운동 방향을 전도할 수 없다. …'11) 여기서 우리는 입장 (b)를 나타내는 진술에서 통상 볼 수 있는 거의 모든 요소를 발견하게 된다. 즉, 사회 **동역학**이란 아이디어(사회 **정역학**에 반하여), 사회가 진화론적으로 **운동한다**는 아이디어(사회적인 힘의 영향 하에서), 그리고 운동의 **방향**(그리고 **과정** 및 **속도**)은 **운동의 법칙**을 깨트리지 않고는 **되돌릴 수** 없다고 하는 아이디어가 그것이다. 강조한 용어는 모두 사회학이 물리학에서 이어받은 용어이며, 이러한 용어를 채택하여 놀랄 만큼 조야한 일련의 오해를 낳게 했다. 이는 물리학과 천문학의 사례를 과학만능주의적인 방식으로 오용할 때 나타나는 전형적인 결과이다. 물론 이런 오해가 역사법칙주의의 영역 밖에서도 문제가 되는 것은 아니다. 예를 들어 경제학에서 '**동역학**'(지금 유행하고 있는 '거시-동역학'이란 말과 비교)이라는 용어를 사용하는 것은 그 용어를 싫어하는 사람조차 인정해야만 했듯이 이의를 제기하기 어렵다. 그렇지만 심지어 물리학자가 정역학과 동역학을 구분한 것은 사회학에 적용하려고 했던 콩트의 시도에서 나왔으며, 이런 시도의 저변에는 심각한 오해가 있다는 사실은 의문의 여지가 없다. **왜냐하면 사회학자가 '정태적'이라고 부르는 사회 형태는 물리학자가 '동태적'이라고 (비록 '정태적'일지라도) 부를 만한 물리적 체계와 매우 비슷하기 때문이다.** 그 전형적인 예는 태양계이다. 그것은 물리학적 의미에서 동역학 체계의 원형이다. 그러나 그것은 반복적이기 (또는 '정태적'이기) 때문에, 성장하거나 발전하지 않기 때문에, 구조적으로 어떤 변화도 (천상의 동역학 영역에 속하지 않으므로 여기서 무시되어야 할 변화와는 별도로) 보여주지 않기 때문에, 의심할 여지없이 사회학자가 '정태적'이라 부르는 사회적 체계에 대응한다. 이 같은 사실은 역사법칙주의의 주장과 연관해서 상당히 중요하다. 왜냐하면 천문학의 장기 예측의 성공은 전적으로 태양계의 이런 반복적인 성격에 의존하고, 사회학자의 의미에서는 정태적인 성격에 의존하기 때문이다. 즉, 역사 발전의 징후로 여길 수 없는 사실에 전적으로 의존하기 때문이다. 그러므로 정태적인 체계에 대한 이런 동태적인 장기 예측이 비정태적인 사회 체계에 대한 대규모 역사적 예언을 정초할 수 있다고 상정하는 것은 명백한 잘못이다.

위에서 열거한 물리학의 용어를 사회에 적용할 때 이것과 상당히 유사한 오해가 발생한다. 하지만 이러한 적용이 항상 문제의 소지가 있는 것은 아니다. 예를 들어 사회조직의 변화나 생산방법의 변화 등을 **운동**으로 묘사한다고 해도, 별다른 해가 발생하지 않는다.

그렇지만 우리가 단지 비유를 사용하고 있으며, 그것도 상당히 오해의 소지가 많은 비유를 사용하고 있다는 사실을 명확하게 인식해야 한다. 왜냐하면 물리학에서는 어떤 물체 혹은 물리 체계의 운동에 대해 말하는 것이 곧 물체나 체계가 어떤 내적 변화나 구조적 변화를 겪는다는 것을 의미하지 않기 때문이다. 그 말은 단지 물체나 체계의 위치가 어떤 좌표 체계(임의로 선택된)에 대해 변했다는 것을 의미할 뿐이다. 이와 반대로 사회학자는 '사회의 운동'이라는 말을 어떤 구조적 혹은 내적 변화를 의미하는 것으로 사용한다. 이에 따라 사회학자는 사회의 운동을 **힘**으로 설명해야 한다고 생각하는 반면, 물리학자는 운동 그 자체가 아니라 운동의 **변화**만 그런 방식으로 설명해야 한다고 생각한다.[12] 사회적인 운동의 **속도**나 그것의 **경로** 또는 **과정** 또는 **방향**이란 아이디어도 그것들이 단지 직관인 인상을 전달하기 위해 사용되는 한에서는 마찬가지로 무해하다. 그러나 만약 그것이 과학적인 것처럼 사용된다면, 그것은 단순히 과학만능주의자의 전문적 횡설수설, 더 정확히 말해 전체론자의 전문적 횡설수설이 된다. 물론 사회적 요인의 측정 가능한 어떤 변화, 예컨대 인구 증가는 마치 운동하는 물체의 궤적처럼 그 경로를 그림으로 나타낼 수 있다. 하지만 인구가 정태적이어도 급진적인 사회적 격변을 겪을 수 있다는 사실을 고려하면, 이런 도식은 사람들이 흔히 사회운동이라는 용어를 사용해 의미하고자 하는 바를 나타내지 못한다. 우리는 물론 그런 여러 도식을 합쳐 하나의 다차원적 표상으로 만들 수 있다. 그러나 이렇게 결합된 도식도 사회운동의 경로를 표상한다고 볼 수 없다. 그것은 각각의 경로를 모아놓은 것 이상으로 우리에게 알려주는 것이 없다. 그것은 '전체 사회'의 어떤 운동을 표상하는 것이 아니라, 우리가 선택한 측면의 변화만을 표상할 뿐이다. 사회 자체가 운동한다는 생각, 즉 사회가 물체처럼 하나의 **전체로서** 일정한 경로를 따라 일정한 방향으로 움직일 수 있다는 생각은 단지 전체론적 혼란에 지나지 않는다.[13]

특히 뉴턴이 물체의 운동 법칙을 발견했던 것처럼, 우리도 언젠가는 '사회운동의 법칙'을 발견할 수 있다는 희망은 이런 오해에서 비롯한 것일 뿐이다. 그 어떤 의미에서도 물체의 운동과 유사하거나 비슷한 사회의 운동은 존재하지 않기 때문에, 그러한 법칙 또한 존재하지 않는다.

그러나 사회적 변화에 어떤 경향이나 추세가 존재한다는 것은 의심의 여지가 없지 않느냐고 질문할 수 있다. 통계학자는 누구나 그와 같은 추세를 계산해 낼 수 있다. 이 같은 추세를 뉴턴의 관성 법칙에 필적할 만한 것으로 생각할 수는 없는가? 대답은 이렇다. 추세는 존재한다. 더 정확히 말해 추세를 가정하는 것은 종종 유용한 통계적 장치가 된다. **하지만 추세는 법칙이 아니다.** 어떤 추세가 있다는 것을 주장하는 진술은 존재적이지, 보편적인 진술이 아니다. (반면 보편적인 법칙은 존재를 주장하지 않는다. 그와 정반대로 20절 끝에서 보여주었듯이 그것은 어떤 일의 불가능성을 주장한다.[14]) 그리고 일정한 시간과 장소에 어떤 추세가 존재한다고 주장하는 진술은 역사적 단칭 진술이지 보편적 법칙이 아니다. 이 같은 논리적 상황이 갖는 실질적 의미는 중요하다. 우리는 법칙에 의거해서 과학적 예측을 할 수 있지만, (신중한 통계학자라면 잘 알고 있듯이) 단순히 추세의 존재에 의거해서 과학적 예측을 할 수는 없다. 어떤 추세가 수백 년 혹은 심지어 수천 년 동안 지속되었다 하더라도(인구 증가를 그 예로 들 수 있다), 그것은 십 년 내에 혹은 그보다 훨씬 더 빨리 변할 수 있다.

법칙과 추세는 근본적으로 다르다는 사실을 지적하는 것은 중요하다.15) 추세를 법칙과 혼동하는 습관은 어떤 경향에 대한 직관적 관찰(예컨대 과학기술의 발전)과 함께 진화주의와 역사법칙주의의 핵심 교설, 즉 변하지 않는 생물학적 진화의 법칙과 불가역적인 사회운동 법칙에 대한 교설을 낳았다. 또한 아직도 그 영향력이 큰 계기의 법칙에 대한 콩트의 교설 역시 동일한 혼동과 직관에 의해 촉발되었다.

물론 콩트와 밀 이후에 유명해진 **공존의 법칙**(*laws of coexistence*)과 **계기의 법칙**(*laws of succession*)의 차이는 합리적 방식으로 해석될 수 있다. 전자는 흔히 정역학에 상응하고 후자는 동역학에 상응하는 것으로 알려져 왔지만, 전자는 **시간**의 개념을 포함하지 않은 법칙으로서, 그리고 후자는 그 정식화에 **시간**이 들어오는 법칙(예컨대 속도에 관한 법칙)으로서 해석될 수 있다.16) 그러나 이는 콩트와 그 추종자가 염두에 둔 것과는 사뭇 다른 구분이다. 계기의 법칙에 대해 말할 때, 콩트가 생각한 것은 현상을 관찰하는 순서와 일치하는 일련의 '동태적' 현상의 연쇄를 관장하는 법칙이었다. 여기에서 콩트가 생각했던 것과 같은 '동태적' 계기의 법칙은 존재하지 않는다는 것을 깨닫는 것이 중요하다. 그러한 것이 동역학 내에 존재하지 않는다는 것은 분명하다. (내가 **말하는 것**은 진정한 의미에서의 동역학이다.) 자연과학 분야에서 계기의 법칙에 가장 근접한 접근 방법은 — 그리고 아마 그가 염두에 두었던 것은 — 자연적인 주기성인데, 그 예로 계절, 달의 양상, 일식의 반복 혹은 진자의 운동을 들 수 있다. 그러나 물리학에서는 이런 주기성을 동적인 것으로 (정적인 것일지라도) 기술하겠지만, 콩트가 말한 의미에서 이 주기성은 '동태적'이 아니라 '정태적'일 것이다. 그리고 어떤 경우든 그것을 법칙이라 할 수 없다(왜냐하면 그것들은 태양계를 지배하는 특수한 조건에 의존하기 때문이다. 다음 절을 참조하라). 나는 그것을 '계기에 관한 준-법칙(quasi-laws of succession)'이라 부르겠다.

결정적인 논점은 이것이다. 설령 실제로 어떤 현상의 계기가 자연의 법칙에 따라 진행된다고 가정할 수 있을지라도, 사실상 **인과적으로 연관된 세 개 이상의 구체적인 사건의 연속도 어떤 하나의 자연법칙에 따라 진행되지 않음**을 깨닫는 것이 중요하다. 만일 바람이 나뭇가지를 흔들고 뉴턴의 사과가 땅에 떨어진다면, 이런 사건을 인과법칙으로 묘사할 수 없다고 주장하는 사람은 없을 것이다. 그러나 중력 법칙처럼 인과적으로 연관된 사건의 실제적 내지 구체적인 계기를 기술하는 단 하나의 법칙은 존재하지 않는다. 사실 이를 기술할 수 있는 그 어떤 법칙의 집합조차 존재하지 않는다. 우리는 중력 외에도 바람의 압력을 설명하는 법칙, 즉 나뭇가지의 갑작스러운 움직임, 사과 꼭지의 장력, 사과가 충격을 받아 생긴 멍 등을 설명하는 법칙을 고려해야 한다. 이 모든 것이 사과의 멍을 만드는 화학적 과정에 연이어 발생한다. 사건의 구체적 연속이나 계기를 (진자나 태양계의 운동과 같은 사례를 제외하고) 단 하나의 법칙이나 하나의 법칙의 집합으로 기술하거나 설명할 수 있다는 생각은 그저 잘못된 것이다. 계기의 법칙은 물론이고 진화의 법칙도 존재하지 않는다.

그러나 콩트와 밀은 자신들의 역사적 계기의 법칙을 사건의 실제 발생 순서에 따라 역사적 사건의 연속을 결정하는 법칙이라고 생각했다. 이는 밀이 탐구 방법에 관해 다음과 같이 말한 것에서 알 수 있다.

(탐구 방법은) 역사의 일반적 사실의 연구와 분석을 통해서 발전의 법칙을 … 발견하려고 시도하는 데 있다. 일단 법칙이 밝혀지면 … 우리는 틀림없이 미래 사건을 예견할 수 있다. **대수학에서 무한 수열의 몇 개의 항들을 접한 후에는 그 형태에서 규칙의 원리를 탐지하여 우리가 원하는 수의 항까지 그 수열의 나머지를 예측할 수 있는 것과 같은 것이다.**[17]

밀 자신은 이런 방법에 비판적이었다. 하지만 그가 '역사가 우리에게 제시하는 … 계기의 질서가' 수학의 수열과 충분히 비교될 정도로 '엄격히 일정한 규칙에 따르는' 것일 수 있는가 하는 의문을 표명했을지라도, 그의 비판(28절의 도입부 참조)은 수학적인 수열의 법칙과 유사한 계기의 법칙을 발견할 가능성을 충분히 인정하고 있다.[18]

우리는 이제 그와 같은 사건의 '동태적' 연속의 계기를 결정하는 어떤 **법칙**도 존재하지 않는다는 것을 알고 있다.[19] 다른 한편 이런 '동태적인' 성격의 추세가 존재할 수 있는데, 인구 증가를 그 예로 들 수 있다. 그러므로 밀이 '계기의 법칙'에 관해 말했을 때 염두에 둔 것이 이런 추세가 아니었는지 의심해 볼 수 있다. 그리고 이런 의문은 밀 자신에 의해 확인되는데, 그가 발전의 역사적 법칙을 어떤 경향으로 기술했기 때문이다. 이런 '법칙'에 대해 논의할 때, 그는 자신의 '믿음'을 이렇게 표현한다. '일반적 경향은, 우연적이고 일시적인 예외를 제외하고는, 개선의 경향 — **더 좋고 행복한 상태를 향한 경향**이다. 이것이야말로 … 과학(즉, 사회과학)의 정리(theorem) … 이다.' 밀이 인류 사회의 현상이 '어떤 타원 궤도를 따라' 공전하는지, 아니면 '어떤 궤적을 따라' 움직이는지와 같은 문제

를 진지하게 논하고 있다는 사실은20) 법칙과 추세에 대한 근본적인
혼동과 사회가 하나의 전체로서, 말하자면 '행성'처럼 움직일 수 있
다는 전체론자의 생각과 궤를 같이한다.

오해를 피하기 위해 분명히 하고 싶은 점이 있다. 나는 콩트와
밀이 철학과 과학의 탐구 방법론에 지대한 공헌을 했다고 믿는다.
나는 특히 법칙과 과학적 예측에 대한 콩트의 강조, 인과성의 본질
주의 이론에 대한 콩트의 비판, 그리고 과학적 방법의 통일성에 대
한 그와 밀의 교설을 기억한다. 그러나 계기의 역사법칙에 대한 그
들의 교설은 잘못된 비유를 모아놓은 것보다 별로 더 나을 것이 없
다고 본다.21)

28. 환원의 방법. 인과적 설명. 예측과 예언

계기에 대한 역사적 법칙 교설에 대해 제기했던 나의 비판은 중
요한 점에서 결정적이지 못하다. 나는 역사법칙주의자가 우리가 역
사라고 부르는 사건의 계기로부터 끌어내는 '방향'이나 '경향'이 법
칙이 아니라, 일종의 추세라는 것을 보여주려고 했다. 그리고 나는
법칙과 달리 추세는 어떤 이유에서 일반적으로 과학적 예측을 위한
토대로 사용하면 안 되는지 설명했다.

그러나 밀과 콩트는— 역사법칙주의자 중 오직 그들만이— 이
런 비판에 응수할 수 있을 것이다. 아마 밀은 법칙과 경향을 약간
혼동했다고 인정할지도 모른다. 그러나 그는 자기 자신이야말로 '역
사적 계기의 일양성'을 참된 역사법칙으로 오인한 사람들을 비판했
다고 변명할 수 있다. 또한 자신이 이런 일양성은 '단지 경험적 법

칙에 불과한'22)(이 말은 자칫 오해하기 쉽다) 것이라고 강조하느라 애썼다고 말할 수 있다. 더 나아가 역사적 계기의 일양성은 '**선험적으로**' 연역과 역사적 증거를 일치시킴으로써 참된 자연법칙의 지위를 얻기 전에는 확실하다고 간주할 수 없다고 말했다는 것도 상기시킬 수 있다. 끝으로 그는 또한 '만약 일반화를 위한 충분한 근거를 확보할 수 없다면', 즉, 일반화와 독립적으로 정당화할 수 있는 참된 자연법칙으로부터 그것을 연역할 수 없다면, '그 어떤 일반화도 역사로부터 추론해서 사회과학에 도입하지 말아야 한다'23)고 말했다는 것도 상기시킬 수 있다. (그가 생각했던 법칙은 '인간 본성'에 대한 법칙, 즉 심리학이었다.) 밀은 이처럼 역사적 일반화나 여타 일반화를 더 일반성이 높은 법칙의 집합으로 환원하는 절차를 '역 연역 방법(inverse deductive method)'이라고 불렀다. 그리고 그는 이것이 역사적 사회학에서 유일하게 올바른 방법이라고 주장했다.

이 같은 답변이 그럴듯하다고 인정하지 않을 수 없다. 만약 우리가 어떤 추세를 법칙의 집합으로 환원하는 데 성공한다면, 이 추세를 법칙처럼 예측의 토대로 사용하는 것이 정당화될 것이기 때문이다. 이런 환원이나 역 연역은 법칙과 추세의 간격을 메우는 데 큰 도움이 될 것이다. 밀의 '역 연역' 방법은 (비록 부분적이지만) 사회과학은 물론 모든 과학에서 사용되며, 밀 자신의 평가를 훨씬 넘어선 정도까지 광범위하게 사용되고 있는 사실에 비추어 볼 때 이 답변은 설득력을 갖는다.

그럼에도 불구하고, 나는 내 비판이 여전히 올바르며, 역사법칙주의자가 법칙을 추세와 혼동한 것은 변명이 불가능하다고 생각한다. 그러나 이것을 입증하려면, 환원이나 역 연역의 방법을 면밀하게 분석해야 한다.

과학이 발전하는 매 순간 여러 가지 문제에 당면해 있다고 할 수 있다. 과학은 일부 방법론 연구자가 믿는 것처럼 관찰이나 '수립된 자료'에서 출발할 수 없다. 자료를 수집하기 전에 먼저 **어떤 종류의 자료**에 대한 관심이 일어나야 한다. 다시 말해 항상 **문제**가 먼저 나온다. 그리고 문제는 실질적인 필요나 이런저런 이유에서 수정할 필요가 있어 보이는 과학적 혹은 전과학적 믿음에 의해 제시될 수 있다.

과학적 문제는 대체로 어떤 **설명**을 필요로 하기 때문에 발생한다. 밀을 좇아 두 개의 주요한 사례를 구별하자. 개별적 또는 단칭적인 구체적 사건에 대한 설명과 어떤 규칙이나 법칙에 대한 설명이 그것이다. 밀은 다음과 같이 말한다.

개별적인 사실은 그것의 원인을 지적함으로써, 즉 그 사실의 산출이 그것의 사례인 법칙이나 법칙들을 진술함으로써 설명된다고 한다. … 따라서 큰불은 불에 잘 타는 것의 무더기에 불똥이 떨어져서 발생했다는 것이 증명될 때 설명된다. 그리고 비슷한 방식으로 법칙은 … 그 자체가 다른 법칙이나 법칙들의 사례에 지나지 않거나 그 법칙들로부터 연역 가능할 때, 그 법칙이나 법칙들을 지목함으로써 설명된다.[24]

여기서 법칙에 대한 설명은 '역 연역'의 경우에 해당하며, 따라서 우리의 맥락에서 중요하다. 밀의 설명에 대한 설명 혹은 더 정확히 말해 인과적 설명에 대한 설명은 전반적으로 받아들일 만하다. 그러나 그것은 특정 목적에 대해서는 충분히 정확하지 않으며, 정확성의 결여는 우리가 여기서 다루고 있는 문제와 관련해서 중요한 의미를 갖는다. 따라서 나는 그 문제를 재정식화한 후 밀의 견해와 내 견해의 차이가 무엇인지 보이고자 한다.

어떤 **구체적 사건**을 인과적으로 설명한다는 것은, 이 사건을 묘사하는 진술을 두 종류의 전제에서 연역함을 의미한다. 다시 말해 보편적 법칙과 이른바 **구체적인 초기조건**이라 부를 수 있는 단칭 진술 내지 특정 진술에서 연역하는 것이다. 예를 들어 만약 어떤 줄이 지탱할 수 있는 무게는 1파운드인데, 그 줄에 2파운드의 무게를 가진 물건을 매단 것을 알게 된다면, 우리는 그 줄이 끊어지는 것을 인과적으로 설명한 것이라 말할 수 있다. 만일 이런 인과적 설명을 분석한다면, 우리는 두 개의 상이한 구성 요소가 포함되어 있다는 것을 발견할 것이다. (1) 보편적인 자연법칙의 성격을 가진 가설. 우리의 경우 '구조 S(그것의 재료, 두께 등에 의해 결정된)를 가진 모든 줄에는 특정 무게 W가 존재하는데, W를 초과하는 무게가 그 줄에 달린 경우, 그것은 끊어진다.' 그리고 '구조 S_1을 가진 모든 줄의 특정 무게 W는 1파운드이다.' (2) 이슈가 되는 특수한 사건과 관련 있는 구체적 (단칭) 진술, 즉 초기조건. 우리의 경우 두 진술이 있을 수 있다. '이 줄은 구조 S_1을 갖고 있다.' 그리고 '이 줄에 매단 무게는 2파운드이다.' 따라서 완전한 인과적 설명을 하기 위해서는 상이한 두 개의 구성 요소, 즉 서로 합쳐져 설명을 낳는 두 개의 상이한 종류의 진술이 필요하다. (1) **자연법칙의 성격을 띤 보편 진술**과 (2) **이른바 초기조건이라 불리는, 문제가 되고 있는 특수한 경우와 관련 있는 특수한 진술**이다. 우리는 보편법칙 (1)에서 초기조건 (2)의 도움을 받아 구체적 진술 (3) '이 줄은 끊어질 것이다'를 연역할 수 있다. 우리는 이 결론 (3)을 구체적인 예단

(prognosis)이라고 칭할 수도 있다. 우리는 통상 초기조건을 (더 정확히 말해 그것에 의해 묘사된 상황을) 이슈가 된 사건의 **원인**이라고 말한다. 그리고 예단을 (정확히 말해 그 예단에 의해 기술된 사건을) 결과라고 말한다. 예를 들어 1파운드의 무게를 지탱하는 줄에 2파운드의 무게를 매단 것이 원인이었고, 줄이 끊어진 것이 결과였다고 말한다.25)

물론 이런 인과적 설명은 보편법칙이 잘 시험되어 확인된 경우에만, 그리고 우리가 원인, 즉 초기조건을 지지하는 독립적 증거를 가지고 있는 경우에만 과학적으로 받아들일 수 있다.

규칙이나 법칙에 대한 인과적 설명을 분석하기 전에, 단칭 사건의 설명에 대한 우리의 분석에서 드러난 몇 가지 사실을 살펴보자. 첫째는 우리가 원인과 결과를 결코 절대적인 방식으로 말할 수 없으며 한 사건은 항상 어떤 보편법칙과 연관해서 다른 사건 — 그것의 결과 — 의 원인이라고 말해야 한다는 것이다. 하지만 이런 보편법칙은 (우리 사례에서 보듯이) 흔히 아주 사소한 것들이어서 우리는 통상 그것을 의식적으로 사용하는 대신에 당연한 것으로 여긴다. 두 번째는 어떤 구체적 사건을 **예측**하기 위해 어떤 이론을 사용하는 것은 이런 사건을 **설명**하기 위해 그 이론을 사용하는 것의 이면에 불과하다는 점이다. 그리고 우리는 실제로 관찰된 사건과 예측된 사건을 비교하여 이론을 시험하기 때문에, 우리의 분석은 또한 이론이 어떻게 **시험**될 수 있는지 보여준다. 우리가 이론을 어떤 목적에서, 즉 설명하기 위한 목적, 예측하기 위한 목적, 혹은 시험하기 위한 목적에서 사용하는가는 우리의 관심에 달려 있다. 다시 말해 그것은 우리가 어떤 문제를 주어진 것으로 혹은 문제가 없는 것으로 생각하는지, 아니면 더 많은 비판과 시험이 필요한 것으로 생각하는지에 달려 있다. (29절을 보라.)

보편법칙이 묘사하는 **규칙**에 대한 인과적 설명은 단칭 사건에 대한 인과적 설명과 다소 차이가 있다. 얼핏 보면 둘이 비슷하다고 생각할 수 있다. 그래서 문제의 법칙은 다음의 두 요소로부터 연역할 수 있어야 한다고 생각할 수 있다. (1) 좀 더 보편적인 법칙과 (2) 초기조건에 상응하지만 단칭이 **아니라** 어떤 상황의 **유형**에 대한 특수한 조건. 그렇지만 이러한 생각은 올바르지 않다. 왜냐하면 특수한 조건 (2)는 우리가 설명하고자 하는 법칙의 형태로 명백히 진술되어야 하기 때문이다. 그렇지 않다면 이 법칙은 (1)과 단적으로 모순될 것이기 때문이다. (예컨대 뉴턴 이론의 도움을 받아 모든 행성은 타원으로 움직인다는 법칙을 설명하려면, 우선 그 법칙의 타당성을 주장할 수 있는 조건을 이 법칙의 형식으로 분명히 말해야 한다. 예를 들어 다음과 같이 말해야 한다. 만약 상호 인력이 매우 작을 정도로 충분히 떨어져 있는 행성들이 훨씬 더 무거운 태양 주위를 돈다면, **그러면** 각 행성은 대략 태양을 하나의 초점으로 하는 타원으로 움직인다.) 달리 말해, 우리가 설명하려는 보편법칙의 형식은 그것을 타당하게 만드는 모든 조건을 포괄해야 한다. 그렇지 않다면 우리가 그것을 보편적으로 (혹은 밀이 말했듯이 무조건적으로) 주장할 수 없기 때문이다. 따라서 규칙성을 인과적으로 설명하기 위해서는 하나의 법칙을 그와는 독립적으로 시험되어 확증된 일군의 더 일반적인 법칙(주장된 규칙이 적용되는 조건을 포함하는)에서 연역해 내야 한다.

인과적 설명에 대한 우리의 해석과 밀의 해석을 비교할 때, 법칙을 더 일반적인 법칙으로 환원하는 한에서, 별다른 차이가 없다는 것을 알 수 있다. 즉, 규칙을 인과적으로 설명하는 것에는 별다른 차이가 없다. 그러나 **단칭 사건**을 인과적으로 설명할 때, 밀은 (1) 보편법칙과 (2) 구체적인 초기조건을 명확하게 구별하지 않는다. 이렇게 된 주된 이유는 그가 '원인'이란 용어를 명료하게 구분하여 사용하지 않았기 때문이다. 밀은 원인을 때로는 단칭 사건을 의미하는 것으로, 때로는 보편법칙을 뜻하는 것으로 사용했다. 앞으로 이것이 추세를 설명하거나 환원하는 데 어떤 영향을 미쳤는지 제시할 것이다.

추세를 환원하거나 설명할 수 있다는 것은 의심할 여지없이 논리적으로 가능하다. 예를 들어 모든 행성이 점진적으로 태양에 접근하고 있다는 것을 발견한다고 가정해 보자. 이 경우 태양계는 콩트가 말한 의미의 동태적인 체계가 될 것이다. 다시 말해 태양계는 일정한 추세를 띤 전개나 역사를 지니게 될 것이다. 그 추세는 뉴턴 물리학의 행성 간의 내부 공간이 어떤 저항 물질, 예를 들면 어떤 기체로 꽉 차 있다는 (우리가 독립적인 증거를 발견할 수 있는) 가정으로 쉽게 설명할 수 있다. 이 가정은 새로운 구체적인 초기조건이다. 우리는 이것을 특정한 시간에 행성의 위치와 운동량을 진술하는 통상적인 초기조건에 덧붙여야 할 것이다. 새로운 초기조건이 지속하는 한 우리는 체계적인 변화나 추세를 갖게 될 것이다. 나아가 그 변화가 클 것이라 가정한다면, 그것은 생물학과 인류 역사를 포함해서 지구상의 다양한 종의 역사에 매우 뚜렷한 체계적인 영향을 미쳐야 한다. 이것은 우리가 원리상 일정한 진화적 추세와 역사적 추세 — 심지어 '일반적인 추세', 즉 발전 과정을 통틀어 지속하는 추세를 어떻게 설명할 수 있는지 보여준다. 이런 추세는 분명 앞 절에서 언급한 계기(계절적인 주기 등)에 대한 준-법칙과 유사하다. 다만 추세는 '동태적'이란 점에서 준-법칙과 다를 뿐이다.

그러므로 추세는 '정태적인' 준-법칙보다 훨씬 더 밀접하게 연쇄에 대해 콩트와 밀이 모호하게 갖고 있던 진화적 법칙이나 역사적 법칙과 상응한다. 결국 만일 우리가 적절한 초기조건의 지속을 가정할 이유를 갖고 있다면, 우리는 이런 추세나 '동태적 준-법칙'이 존속할 것이며 그것을 법칙처럼 예측을 위한 기초로 사용할 수 있다고 가정할 수 있다.

이렇게 이미 **설명된 추세**이거나 (굳이 명칭을 붙인다면) 설명되기 직전에 있는 추세가 현대 진화 이론에서 상당한 역할을 한다는 것은 거의 의심의 여지가 없다. 조개와 코뿔소와 같은 생물 형태의 진화에 관계하고 있는 추세와 별도로, 점점 많은 수의 생물 형태가 점점 다양한 방식으로 점점 더 넓은 환경 조건으로 퍼져 나가는 **일반적** 추세를 생물학적 법칙으로 (유기체의 지구 환경에 관해 어떤 가정을 하는 초기조건과 함께, 그리고 법칙과 예컨대 '자연선택'이라 불리는 중요한 기제의 작용을 함의하는 초기조건과 함께) 설명할 수 있게 된 것으로 보인다.[26]

이 모든 것이 한편으로는 우리에게는 불리하고, 다른 한편으로는 밀과 역사법칙주의에게는 유리한 것처럼 보일 수 있다. 그러나 사실은 그렇지 않다. 설명된 추세는 존재하지만, 그것의 지속 여부는 (그 다음엔 때때로 추세가 될 수 있는) 구체적인 초기조건이 지속하는지에 의존한다.

밀과 그의 동료 역사법칙주의자는 **추세가 초기조건에 의존한다는 것을 간과했다.** 그들은 추세를 마치 법칙같이 무조건적인 것처럼 다뤘다. 그들은 법칙과 추세를 혼동[27]함으로써 무조건적인 (따라서 일반적인) 추세 혹은 소위 **'절대적인 추세'**를 믿었다.[28] 예컨대 그들은 역사가 일반적으로 진보한다는 추세 — 더 좋고 더 행복한 상태로 나아가는 경향을 믿었다. 그리고 그들은 또한 만약 이 같은 경향을 법칙으로 환원할 수 있다면, 그것은 심리학 (혹은 변증법적 유물론 등의) 법칙과 같은 보편법칙에서 직접 도출할 수 있다고 믿었다.

이 점이 바로 역사법칙주의가 범한 가장 중대한 실수이다. **역사법칙주의의 '발전 법칙'은 절대적인 추세로 판명되었다.** 다시 말해 법칙처럼 초기조건에 의존하지 않는 추세인 것으로, 그리고 우리를 미래의 어떤 방향으로 꼼짝 없이 끌고 가는 추세인 것으로 판명되었다. 그것은 조건부인 과학적 **예측**과는 달리 무조건적인 **예측**의 토대가 된다.

그렇지만 추세가 조건에 의존적이라고 보고 이런 조건을 발견해서 그것을 명확히 표현하려는 사람은 어떤가? 이에 대한 나의 답변은, 아무 문제가 없다는 것이다. 오히려 추세가 있다는 사실은 의심할 여지가 없다. 따라서 우리는 그러한 추세를 가능한 한 잘 설명하는 어려운 과제, 즉 그것이 지속할 수 있는 조건을 가능한 한 정확하게 결정하는 과제를 갖고 있다. (32절을 보라.)[29]

요점은 사람들이 이런 조건을 너무 쉽게 간과한다는 것이다. 예를 들어 (마르크스가 말했듯이) '생산 수단의 축적'을 지향하는 추세가 존재한다. 하지만 우리는 그러한 추세가 인구가 급속히 감소할 경우에도 지속할 것이라 예상하지 않는다. 그리고 그와 같은 인구 감소는 어쩌면 경제 외적인 조건, 예컨대 우연한 발명이나 어떤 산업 환경의 직접적인 생리학적 (어쩌면 생화학적) 충격 때문에 발생할지도 모른다. 실제로 수없이 많은 가능한 조건이 있다. 추세가 발생하는 참된 조건에 대한 가능성을 조사하려면, 항상 문제의 추세가 사라지는 조건을 상상하려고 노력해야 한다. 하지만 이것이야말로 역사법칙주의자가 할 수 없는 것이다. 그는 자신이 선호하는 추세가 존재한다고 확신하기 때문에 그 추세가 사라지는 조건을 생각할 수 없다. 그렇기에 역사법칙주의의 빈곤은 상상의 빈곤이라고 할 수 있다. 역사법칙주의자는 자신의 작은 세계에 갇혀 변화를 꿈꾸지 못하는 사람을 끊임없이 질책해 왔다. 그러나 역사법칙주의자 자신이야말로 상상력이 부족한 것 같다. 왜냐하면 그는 변화의 조건도 변할 수 있다는 것을 상상하지 못하기 때문이다.

29. 탐구 방법의 단일성

나는 앞 절에서 연역적 탐구 방법이 널리 사용되고 있으며 또한 중요하다고 — 예컨대 밀이 생각했던 것보다 훨씬 더 그렇다고 — 말했다. 자연주의와 반자연주의의 논쟁을 이해하는 데 다소 도움을 주기 위해서 지금부터 이 주장을 좀 더 정교하게 개진해 보겠다. 이 절에서 나는 탐구 방법의 단일성에 대한 교설, 즉 모든 이론적인 과학이나 일반화하는 학문은, 자연과학이든 사회과학이든, 동일한 방법을 이용한다는 견해를 제안할 것이다. (역사과학에 관한 논의는 31절에서 다루겠다.) 동시에 아직 충분히 검토하지 않은 역사법칙주의의 교설들, 예컨대 일반화 문제, 본질주의 문제, 직관적 이해의 역할 문제, 예측의 부정확 문제, 복잡성 문제 및 양적인 탐구 방법의 적용 문제에 대한 교설을 다룰 것이다.

나는 자연과 사회에 관한 이론적인 학문 방법에 그 어떤 차이도 존재하지 않는다고 주장할 생각이 없다. 차이는 분명 존재한다. 심지어 사회과학 내에서도, 자연과학 내에서도 그러한 차이는 존재한다. (예를 들어 경쟁 시장에 대한 분석과 라틴어 계통의 언어 분석을 비교해 보라.) 그러나 나는 두 분야의 탐구 방법이 근본적으로 동일하다는 콩트와 밀의 주장 — 또한 멩거(Carl Menger)와 같은 다수의 주장 — 에 동의한다(비록 내가 생각하는 탐구 방법이 그들이 생각했던 것과 다를지도 모르지만). 우리가 생각하는 탐구 방법은 언제나 연역적인 인과 설명을 제시하고 그것을 (예측을 통해) 시험하는 것이다. 우리는 때때로 이 방법을 가설-연역적 방법(the hypothetical-deductive method)이라고 부른다. 그러나 대부분은 가설의 방법(the method of hypothesis)이라 부른다.30) 왜냐하면 그 어떤 과학적 진술도 이 방법을 사용해서 절대적인 확실성을 얻지 못하기 때문이다. 이러한 탐구 방법의 시험 대상이 되는 진술은 오히려 언제나 잠정적인 가설의 성격을 지니게 된다. 비록 수없이 많은 엄격한 시험을 통과한 후에는, 더 이상 그것이 지닌 잠정적 성격이 명백하게 드러나지 않는다 할지라도 말이다.

방법론을 연구하는 학자 대부분은 가설의 잠정적 내지 임시적 성격 때문에 가설을 **종국에는 증명된 이론으로** (또는 확률 계산적 의미에서 '개연성이 매우 높다'고 입증된 이론으로) **대체해야 한다는 의미에서 임시적인**(*provisional*) **것으로** 여긴다. 나는 이 견해가 잘못된 것이며, 이로 인해 우리가 전혀 그럴 필요가 없는 일련의 문제에 봉착하게 된다고 생각한다. 그러나 여기서 이 문제는31) 그다지 중요한 문제가 아니다. 중요한 점은 과학에서 우리는 항상 설명, 예측 및 시험에 관여한다는 것과 가설을 시험하는 방법은 언제나 동일하다는 사실을 깨닫는 것이다(앞 절 참조). 우리는 시험할 가설 — 예컨대 보편적 법칙 — 과 지금 하고 있는 작업에 문제가 없다고 생각되는 몇몇 다른 진술 — 예컨대 초기조건 — 로부터 어떤 예측을 연역한다. 그런 다음 가능할 때마다 언제나 이 예측에 실험 관찰이나 다른 종류의 관찰 결과를 맞추어본다. 그것과 일치하면, 비록 최종적인 증명은 아닐지라도 가설이 확인된 것으로 간주한다. 반면 확실한 불일치는 반박이나 반증으로 간주한다.

이런 분석에 따르면, 설명, 예측 및 시험에는 커다란 차이가 없다. 그 차이는 논리적 구조의 차이가 아닌 강조의 차이다. 그것은 **우리가 과제라고 생각하는 것**과 과제가 아니라고 생각하는 것과 관련 있다. 만약 예측을 발견하는 것이 과제가 아니라, **이미 주어진** 예측을 연역할 수 있는 초기조건이나 보편적 법칙을 (혹은 둘 다를) 발견하는 것이 과제라고 생각한다면, 우리는 **설명**(이 경우 '예측'은 피설명항이 된다)을 찾고 있는 것이다. 만일 우리가 법칙과 초기조건을 주어진 것으로(발견해야 할 것이 아니라) 간주하고 어떤 새로운 정보를 얻기 위해 그것을 단지 예단을 연역하는 데 사용한다면, 우리는 **예측**을 하고자 애쓰는 것이다. (이 경우가 과학적 결과를 **적용하는** 경우이다.) 그리고 만약 우리가 전제 중의 하나, 즉 보편적 법칙이나 초기조건에 문제가 있다고 생각하고 예측을 경험한 결과와 비교해야 하는 어떤 것으로 생각한다면, 우리는 문제가 있는 전제의 **시험**에 관해 말하고 있는 것이다.

시험 결과는 시험을 견뎌낸 가설을 **선택**하거나 시험을 견뎌내지 못했기 때문에 기각된 가설을 **제거**하는 것이다. 이러한 견해가 함축하는 바를 깨닫는 것은 중요하다. 그것은 다음과 같다. 모든 시험은 거짓 이론을 솎아내는— 만일 어떤 이론이 시험에 의해 반증된다면 그것을 기각하기 위해 그 이론의 약점을 발견하는— 시도로 해석할 수 있다. 보기에 따라서 이 견해는 역설적일 수 있다. 우리의 목표는 거짓 이론을 제거하는 것이 아니라 이론을 입증하는 것이라고 생각할 수 있기 때문이다. 그러나 가능한 이론을 잘 확립하는 것이 우리의 목표이기 때문에, 할 수 있는 한 엄격하게 그것을 시험해야 한다. 다시 말해 우리는 이론이 가진 결점을 발견하려고 해야 하며, 그것을 반증하려고 노력해야 한다. 우리가 최선을 다했음에도 이론을 반증할 수 없을 경우에만, 그것이 엄격한 시험을 견뎌냈다고 말할 수 있다. 바로 이 때문에, 만약 우리가 어떤 이론을 반박하려고 시도하다가 실패한 일이 없었다면, 우리가 설사 그 이론에 부합하는 사례를 발견했다고 해도 별로 의미가 없는 것이다. 왜냐하면 만일 우리가 무비판적이라면, 우리는 항상 우리가 원하는 것을 발견할 것이기 때문이다. 즉, 이론에 부합하는 사례는 애써 찾고 발견하려 할 것이며, 선호하는 이론을 위협하는 것은 그것이 무엇이든 애써 회피하고 보지 않으려 할 것이다. 이럴 경우 만일 비판적으로 접근했더라면 반박할 수 있는 이론이라도, 어렵지 않게 그것을 지지하는 증거가 압도적으로 많은 것처럼 보이게 할 수 있다. 제거를 통한 선택 방법이 기능하도록 하기 위해서는 그리고 반드시 가장 적합한 이론만이 살아남도록 하기 위해서는 이론의 생존 경쟁이 처절해야 한다.

이것이 개략적으로 경험에 의해 지지된 모든 과학이 취하는 방법이다. 하지만 우리가 이론이나 가설을 **얻는** 방법은 어떤가? **귀납적인 일반화**와 우리가 관찰에서 이론으로 나아가는 방식은 어떤가? 이 같은 질문에 대해서는 (그리고 1절에서 논의했으며 26절에서 미처 다루지 못한 학설에 대해서는) 두 가지 답이 있다. (a) 나는 우리가 한 번도 귀납적 일반화를 한 적이 있다고 믿지 않는다. 귀납적 일반화가 관찰한 것에서 시작해서 그것으로부터 이론을 도출한다는 의미라면 말이다. 우리가 귀납적 일반화를 한다는 편견은 일종의 착시현상이다. 어떤 과학적 발전 단계에서도 우리는 이론적인 성격을 가진 어떤 것, 예를 들어 가설이나 편견 혹은 문제 — 종종 과학기술적 문제 — 없이 시작하지 않는다. 우리는 이들을 통해 무엇을 관찰할지 **알 수 있고** 수많은 관찰 대상 중에서 중요한 것을 선별해 낼 수 있다.[32] 그러나 만약 이것이 사실이라면, 우리는 언제 어디서나 제거의 방법 — 24절에서 설명한 대로 시행착오의 방법과 다르지 않은 방법 — 을 적용할 수 있다. 하지만 나는 지금 우리가 하고 있는 논의에서 이 점을 주장하는 것이 필요하다고 생각하지는 않는다. 왜냐하면 (b) 과학의 관점에서 볼 때 우리가 이론을 부당한 추론을 통해 얻었든지 혹은 단지 우연히 (즉, 직관에 의해) 발견했든지, 그것도 아니면 어떤 귀납적 과정을 걸처 얻었든지 무관하기 때문이다. '처음에 어떻게 해서 이론을 **발견했는가?**'라는 물음은 사실 전적으로 사적인 문제이다. 이와 달리 '이론을 어떻게 **시험했는가?**'라는 물음은 그리고 오직 그것만이 과학적으로 유관한 문제이다. 그리고 여기서 묘사한 시험 방법은 학문적으로 생산력이 풍부하기 때문에 우리를 새로운 관찰로 이끌고 이론과 관찰이 서로 협조할 수 있게 해준다.

나는 이 모든 것이 자연과학에서는 물론이고 사회과학에서도 참이라고 믿는다. 또한 우리가 대상에 관해 생각하기 전에는 대상을 볼 수도 관찰할 수도 없다는 것은 자연과학보다 사회과학에서 훨씬 더 분명하다. 왜냐하면 모두 다는 아닐지라도 사회과학의 대상 대부분은 추상적인 대상, 다시 말해 **이론적인** 구성물이기 때문이다. (사람에 따라서는 이상하게 생각할지 몰라도, '전쟁'이나 '군대'까지도 추상적인 개념이다. 구체적인 것은 남녀 군인처럼 죽임을 당하는 사람들이다.) 우리의 경험을 해석하는 데 사용하는 이와 같은 것, 즉 이론적인 구성물은 일련의 경험을 설명하기 위해 **모형**(특히 제도의)을 만든 결과이다. 이는 (원자, 분자, 고체, 액체 등의 모형을 구성한) 자연과학에서는 친숙한 이론적 방법이다. 그것은 환원 혹은 가설로부터의 연역을 통해 설명하는 방법의 일부이다. 우리는 우리가 매우 자주 가설이나 이론을 다루고 있다는 사실을 의식하지 못한다. 그 때문에 이론적인 모형을 구체적인 사물로 오인하는 잘못을 범한다. 이것은 매우 흔히 볼 수 있는 실수이다.33) 모형이 종종 이런 방식으로 이용된다는 사실은 한편으로는 방법론적인 본질주의 교설을 설명하지만 다른 한편으로는 그 교설을 파괴한다(10절과 비교하라). 그것이 방법론적 본질주의 교설을 설명하는 이유는 모형의 성격이 추상적 혹은 이론적이어서 우리가 그것을 마치 변모하는 관찰 가능한 사건의 근저나 그 배후에 있는 영구불변하는 유령이나 본질처럼 느끼게 될 가능성이 크다는 데 있다. 반면 그것이 방법론적 본질주의 교설을 파괴한다고 보는 이유는 사회 이론의 과제가 사실적 용어나 명목적인 용어를 주의 깊게 사용해서 사회학적 모형을 구성하고 분석하는 데 있다고 보기 때문이다. 다시 말해 **개인을 기초로**(*in terms of individuals*), 즉 개인의 태도, 기대, 관계 등으로 구성하고 분석해야 한다고 보기 때문이다. 이는 방법론적 본질주의가 아니라 '방법론적 개인주의(methodological individualism)' 라고 부를 수 있는 입장이다.

하이에크 교수의 『과학만능주의와 사회의 연구(*Scientism and the Study of Society*)』에서 두 구절을 인용해서 분석함으로써 자연과학과 사회과학적 방법의 단일성을 예증하고 옹호해 보자.34) 이 책의 첫 번째 구절에서 하이에크 교수는 다음과 같이 말했다.

자기 분야에서 무엇인가로부터 유추해서 사회과학의 문제를 이해하고자 하는 물리학자는 직접적인 관찰을 통해 원자의 내부를 알 수 있지만, 물질 덩어리로 실험을 할 가능성도 없고, 비교적 소수의 원자가 제한된 시간에서 상호작용하는 것 이상을 관찰할 기회도 갖지 못하는 세계를 상상해야 한다. 그는 상이한 종류의 원자에 대한 그의 지식으로부터 원자가 더 큰 단위로 결합할 수 있는 다양한 방식의 모형을 구성할 수 있으며, 또한 그는 이런 모형이 그가 더 복잡한 현상을 관찰할 수 있는 일부 사례가 보여주는 특징 모두를 더욱더 면밀하게 재현하게끔 할 수 있다. 그러나 그가 갖고 있는 소우주에 대한 지식에서 도출할 수 있는 대우주의 법칙은 항상 '**연역적으로**' 남아 있다. 복잡한 상황의 데이터에 관해 갖는 그의 지식이 제한적일 수밖에 없기 때문에, 그로서는 특정 상황의 정확한 결과를 예측할 수 없기 때문이다. 더구나 그는 통제된 실험을 통해 그 법칙을 검증할 수도 없다. 설령 그의 이론에 의하면 불가능한 사건을 관찰함으로써 그 법칙이 **틀렸다는 것을 입증할** 수는 있을지 몰라도 말이다.

이 구절의 첫째 문장은 사회과학과 자연과학 사이에 어떤 차이가 있는 듯이 말한다. 그렇지만 나머지는 모두 **방법의 단일성**에 관해 말하고 있다. 왜냐하면 만약 이것이 내가 생각하듯이 사회과학의 방법에 대한 정확한 기술이라면, 그것은 사회과학의 방법이 자연과학의 방법과 다를 수 있는 것은 오직 우리가 이미 기각했던 자연과학의 방법에 대한 해석을 받아들일 때뿐임을 보여주고 있기 때문이다. 내가 염두에 두고 있는 우리가 기각한 방법은 '귀납주의자'의 주장이다. 즉, 우리가 자연과학에서 일반화의 방법을 체계적으로 사용함으로써 관찰에서 이론으로 나아가며, 귀납의 방법을 통해 우리 이론을 검증하고 어쩌면 심지어 증명할 수 있다는 주장이다. 나는 이 책에서 이와 전혀 다른 견해를— 과학적 방법은 연역적, 가설적, 반증에 의거한 선택적이라는 해석을— 옹호했다. 자연과학의 방법에 대한 나의 생각은 사회과학의 방법에 대한 하이에크 교수의 생각과 완전히 일치한다. (과학의 방법에 관한 내 해석은 사회과학의 방법에 관한 어떤 지식에 영향을 받지 않았다. 사회과학의 방법에 영향을 받았다고 생각할 만한 그 어떤 이유도 없다. 왜냐하면 내가 그 해석을 처음 개진했을 때, 나는 오직 자연과학만을 염두에 두고 있었으며,35) 사회과학에 관해서는 아무것도 몰랐기 때문이다.)

그러나 인용문의 첫 문장이 암시하고 있는 차이조차 첫눈에 그렇게 보일 만큼 큰 차이는 아니다. 우리가 물리적 원자에 관해서 가지고 있는 지식보다 좀 더 직접적인 지식을 '인간 원자 내부'에 대해 갖고 있다는 것은 의심할 여지가 없다. 하지만 이런 지식은 직관적이다. 달리 말해 우리가 우리 자신에 대한 지식을 이용해서 다른 사람이나 모든 사람에 관한 가설을 세운다는 것은 확실하다. 하지만 이 같은 가설은 시험되어야 한다. 즉, 그것은 제거하는 과정을 거쳐 선택하는 방법을 사용해야 한다. (사람에 따라서는 직관 때문에 누군가 어쩌면 초콜릿을 싫어할 수도 있다는 것을 상상하지 못할 수도 있다.) 물론 물리학자가 직접적인 관찰의 도움을 받아 원자에 대한 가설을 세우는 것은 아니다. 그럼에도 불구하고 그는 매우 종종 일종의 공감적인 상상이나 직관을 이용하여 마치 그가 '원자의 내부'— 심지어 원자의 변덕이나 편애까지도 상세히 알고 있다고 느낄 수 있다. 하지만 이런 직관은 물리학자의 사적인 일에 속하는 것이다. 과학은 오직 그의 직관이 불러일으켰을지도 모를 가설에 관심을 두며, 과연 이것이 풍부한 결론을 가져오는지, 그리고 가설이 적절하게 시험될 수 있는지에만 관심을 쏟는다. (하이에크 교수의 첫 문장에 언급된 여타의 차이, 즉 실험의 어려움에 관해서는 24절을 보라.)

이와 같은 몇 가지 논평은 8절에서 소개한 역사법칙주의 교설, 즉 사회과학은 직관적 이해의 방법을 사용해야 한다는 교설을 비판할 방식 또한 제시하는 듯하다.

하이에크 교수는 둘째 구절에서 사회현상에 관해 다음과 같이 말했다.

… 우리가 이런 현상을 일으킨 원리를 안다고 해도 우리는 어떤 **구체적인 상황**이 정확하게 어떤 결과를 가져올지 좀처럼 예측하지 못할 것이다. 어떤 현상이 발생한 원리를 설명할 수 있고 이런 지식으로부터 **어떤 결과가 일어날 가능성**, 예컨대 어떤 사건들이 함께 일어날 가능성을 **배제할 수 있을지라도**, 우리의 지식은 어떤 의미에서 부정적인 것에 불과할 것이다. 다시 말해 그것은 단지 어떤 결과를 우리가 배제할 수 있게 할 뿐, 가능성의 영역을 충분히 좁혀서 단 하나의 가능성만 남게 할 수는 없다.

이 구절은 사회과학의 독특한 어떤 상황을 기술하기는커녕 자연법칙의 특징, 즉 자연법칙은 실제로 **어떤 가능성**을 **배제하는** 것 이상을 할 수 없다는 사실을 완벽히 기술하고 있다. ('체로 물을 나를 수 없다.' 앞의 20절을 보라.) 특히 우리는 대체로 '어떤 **구체적인 상황**이 정확하게 어떤 결과를 가져올지 좀처럼 예측할 수 없을 것'이라는 진술은 예측의 부정확성 문제를 열어놓는다(앞의 5절 참조). 나는 구체적인 물리 세계에서도 정확하게 똑같이 적용할 수 있다고 주장한다. 일반적으로 우리는 인위적으로 실험을 고립시키는 경우에만 물리적 사건을 예측할 수 있다. (태양계는 예외적인 경우인데,

이것은 인위적인 고립이 아닌 자연적인 고립이기 때문이다. 만약 태양계의 고립이 충분한 크기의 외계 물체의 침입에 의해 붕괴된다면, 모든 예보는 실패하기 쉽다.) 심지어 물리학에서도 폭풍우나 대화재에 대해 정확하게 예측하기에는 가야 할 길이 멀다.

여기서 복잡성의 문제에 관해 매우 간략한 논평을 부연하고자 한다(앞의 4절 참조). 어떤 구체적인 사회 상황을 분석하는 것은 그 복잡성 때문에 극히 어렵다. 그렇지만 구체적인 물리적 상황 또한 사정은 같다.36) 많은 사람들이 갖고 있는 편견, 사회적 상황이 물리적 상황보다 더 복잡하다는 편견은 두 가지 이유 때문에 발생하는 것 같다. 그 하나는 우리는 비교하지 말아야 할 것을 비교하려는 성향을 갖고 있다는 것이다. 내 말은 한편으로는 구체적인 사회 상황을, 다른 한편으로는 인위적으로 고립시킨 실험적인 물리적 상황을 비교하는 것이다. (후자와 비교할 만한 것은 감옥이나 어떤 실험적 공동체와 같이 인위적으로 고립시킨 사회 상황이다.) 편견을 낳는 다른 이유는 사회 상황에 대한 묘사는 관련자 모두의 심적 상태와 어쩌면 심지어 물리적 상태도 포함해야 한다는 (혹은 사회 상황을 그런 상태로 환원할 수 있어야 한다는) 오랜 믿음에서 비롯한다. 그러나 이 믿음은 정당하지 않다. 이 믿음은 구체적인 화학반응에 대한 묘사가 그와 관련된 모든 기본 입자의 원자 상태와 아원자 상태에 대한 기술을 포함해야 한다는 불가능한 요구보다 훨씬 더 정당하지 않다. (비록 화학이 실제로 물리학으로 환원될 수 있을지라도 그렇다.) 이 믿음은 또한 다음과 같은 통속적인 견해의 잔재, 즉 제도나 연합과 같은 사회적 실재는 우리가 선택한 추상적 관계를 해석하기 위해 개인 사이에 구성한 추상적인 모형이 아니라 인간의 무리와 같은 구체적인 자연적 실재라는 견해의 잔재를 담고 있다.

그러나 실제로는 사회과학이 물리학보다 덜 복잡할 뿐만 아니라 구체적인 사회 상황이 일반적으로 구체적인 물리적 상황보다 덜 복잡하다고 생각할 충분한 이유가 있다. 왜냐하면 모든 사회적 상황이 그런 것은 아니지만 대부분의 사회적 상황에 **합리성**의 요소가 존재하기 때문이다. 물론 사람들은 거의 합리적으로 (즉, 그들이 갖고 있는 목적이 무엇이든 그것을 달성하기 위해 이용할 수 있는 모든 정보를 최적화해서 이용할 수 있다면, 합리적일 수 있는 것처럼) 행동하지 않는다. 하지만 그럼에도 사람들은 어느 정도 합리적으로 행동하는데, 이것은 그들의 행동과 상호작용에 대해 비교적 단순한 모형을 구성해서 이런 모형을 근사치로 이용할 수 있게 해준다.

만약 자연과학과 사회과학 사이에 상당한 차이가 존재한다면, 이것은 아마도 마지막 논점이 지목하는 바일 것이다. 이 차이가 두 과학이 **방법에 있어 보이는 가장 중요한 차이**인 것처럼 보이는 중요한 이유는 다른 중요한 차이, 즉 실험을 하면서 겪는 특별한 어려움(24절의 마지막 부분 참조)이나 양적인 방법을 적용할 때 겪는 특별한 난관(후술 참조)은 종류의 차이가 아니라 정도의 차이이기 때문이다. 내가 말하고자 하는 것을 달리 표현하면, 사회과학에서 논리적 혹은 합리적 구성의 방법이라고 부를 수 있는, 혹은 어쩌면 '영의 방법(the zero method)'이라 부를 수 있는 방법을 채택할 수 있다는 것이다.37) 말하자면, 관련자 모두가 완전히 합리적이라는 가정 하에 (그리고 모두가 관련 정보를 완벽하게 보유했다는 가정 하에) 하나의 모형을 구성하고, 사람들의 실제 행동이 모형에서 얼마나 벗어났는가를 영의 좌표로 삼아 평가하는 방법이다.38) 이런 방법의 사례로 들 수 있는 것은 실제 행동(예를 들어, 전통적인 편견 등의 영향 하에 있는)과 경제학적 등식에 의해 기술된 '순수 선택 논리'에 기초해서 예상할 수 있는 모범적인 행동을 비교하는 것이다. 예를 들어 마삭(Jacob Marschak)의 흥미로운 이론, '통화 환상'을 이런 식으로 해석할 수 있다.39) 영의 방법을 다른 분야에 적용하는 시도는 산업에서 '대규모 작업의 논리'와 '실제 작업의 비논리'를 비교한 플로렌스(P. Sargant Florence)에서 발견할 수 있다.40)

이에 더해 나는 방법론적 개인주의도, 영의 방법을 활용한 합리적 모형 구성도 심리학적 탐구 방법을 함의하지는 않는다는 것을 지적하고자 한다. 나는 이들이 오히려 사회과학은 심리학적 가정과 비교적 독립적이라는 견해41)와 어우러질 수 있다고 믿는다. 또한 심리학은 모든 사회과학의 토대가 아니라 여러 사회과학 중 하나로 다룰 수 있다는 견해와도 조화를 이룰 수 있다고 믿는다.

이 절을 마치면서 이론적인 자연과학에 관한 탐구 방법과 이론적인 사회과학에 관한 탐구 방법의 또 다른 주요한 차이라고 생각한 것을 언급하고자 한다. 내가 말하고자 하는 것은 양적인 방법, 특히 측정 방법의 적용과 연관된 특수한 어려움이다.42) 이런 어려움 중 일부는 예컨대 수요 분석에서 했던 것처럼 통계적 방법을 적용하여 극복할 수 있으며 극복해 왔다. 그리고 예를 들어 수리경제학의 등식이 단순히 질적인 적용에 토대를 제공하도록 하려면, 이 어려움은 **극복되어야 한다.** 왜냐하면 이런 측정이 가능하지 않다면 반작용하는 어떤 영향이 단순히 질적인 용어로 계산된 어떤 결과를 초과하는지 그렇지 않은지 종종 알 수 없을 것이기 때문이다. 따라서 단순한 질적인 검토는 때때로 판단을 흐리게 할 수 있다. 프리슈(R. Frisch) 교수의 말을 빌리면, '어떤 사람이 배가 앞으로 가도록 노를 저을 때, 자신의 발이 가한 압력 때문에 배가 뒤로 밀려가게 될 것이라 말하는 것처럼' 판단을 흐리게 할 수 있다.43) 그러나 여기에 근본적인 어려움이 있다는 것은 의심의 여지가 없다. 예를 들어 물리학에서 방정식의 매개변수는 원칙적으로 소수의 자연 상수로 환원 가능하다. 많은 중요한 경우에서 성공적으로 수행해 왔던 환원이다. 그러나 경제학에서는 그렇게 하지 못한다. 여기서는 중요한 몇몇 경우에 매개변수 자체가 빨리 변하는 변수가 되기 때문이다.44) 이 점은 분명히 측정의 중요성, 해석 가능성 및 시험 가능성을 감소시킨다.

30. 이론과학과 역사과학

나는 방금 과학적 방법의 단일성 논제는 이론과학에 적용해야 한다는 것을 옹호했다. 그런데 이 논제는 제한적이긴 하나 역사과학의 분야까지 확장 가능하다. 그리고 이것은 이론적 학문과 역사적 학문 사이의 근본적인 구분을 포기하지 않고도 할 수 있다. 예를 들어, 한편으로 사회학이나 경제 이론 혹은 정치 이론을, 다른 한편으로 사회사, 경제사 및 정치사의 구분을 포기하지 않고도 할 수 있다. 이론과학과 역사과학의 구분은 훌륭한 역사학자에 의해 매우 종종 강조되고 재차 확인되었던 것이다. 이 구분은 보편적 법칙에 대한 관심과 특수한 사실에 대한 관심의 구분이기도 하다. 나는 역사법칙주의자가 진부하다는 이유로 자주 공격했던 견해를 지지하고자 하는데, 그것은 **역사는 법칙이나 일반화에 대한 관심보다는 오히려 실재하는, 단칭적이거나 특정한 사건에 대한 관심에 의해 특징지어진다**는 것이다.

이 견해는 앞에서 소개한 과학적 방법의 분석, 특히 인과적 설명에 대한 분석과 완벽하게 양립 가능하다. 요약해서 말하면 다음과 같다. 이론과학은 주로 보편적 법칙을 발견하여 시험하는 것에 관심을 갖는 반면에, 역사과학은 모든 종류의 보편적 법칙을 당연시하는 대신 주로 단칭 진술을 발견하여 시험하는 데 관심을 갖는다. 예를 들어 어떤 단칭적인 '피설명항' ― 어떤 개별 사건 ― 이 주어지면, 역사과학은 그 피설명항을 설명하는 (거의 관심을 갖지 않는 온갖 종류의 보편적 법칙과 함께) 단칭적인 초기조건을 찾는다. 역사과학은 또한 주어진 단칭적 가설을 초기조건으로 상정하고 다른 단칭적 진술과 함께 주어진 단칭적 가설을 **시험**할 수 있다. 그리고 이런 초기조건에서 (또다시 거의 관심을 갖지 않는 온갖 유형의 보편적 법칙의 도움을 받아) 어떤 새로운 '예측'을 연역하여 주어진 단칭적 가설을 시험할 수 있는데, 여기서 말하는 예측은 먼 과거에 일어났으며 또한 경험적인 증거, 아마도 기록이나 비문 등에 비추어 볼 수 있는 사건을 기술한 것일 수 있다.

이와 같은 분석의 관점에서 볼 때, 단칭적 사건에 대한 **모든** 인과적 설명은 '원인'을 항상 단칭적인 초기조건으로 기술하는 한, 역사적이라고 말할 수 있다. 그리고 이것은 어떤 일을 인과적으로 설명하는 것은 그것이 어떻게 왜 일어났는지를 설명하는 것, 즉 그것에 대한 '이야기'를 하는 것이라는 통속적인 생각과 완전히 일치한다. 그러나 우리가 실제로 어떤 **단칭적인** 사건의 인과적 설명에 관심을 기울이는 것은 오직 역사에 한해서이다. 이론과학에서 이런 인과적 설명은 주로 다른 목적 ― 보편적 법칙의 시험을 위한 수단이다.

만약 이런 고찰이 옳다면, 일부 진화주의자와 역사법칙주의자가 기원의 문제에 대해 보이고 있는 열렬한 관심은 다소 부적절한 것이다. 그들은 진부한 역사 연구 방식을 경멸하기 때문에 역사를 이론과학으로 개혁하고자 한다. 반면 **기원의 문제는 '어떻게 그리고 왜'의 문제이다.** 그래서 **이론적으로는 비교적 중요하지 않으며,** 또한 통상 단지 특정한 역사적인 관심만을 갖는다.

역사적 설명에 대한 나의 분석에 반대하여,45) 역사 **또한** 보편적 법칙을 이용하고 있다는 주장을 할지도 모른다. 많은 역사학자가 역사란 그런 법칙에 어떠한 관심도 쏟지 않는다고 강조해서 말한 것과는 반대로 말이다. 이에 대해 우리는 어떤 개별 사건은 단지 약간의 보편법칙에 관련해서만 (그것의 결과인) 다른 개별 사건의 원인이라고 답할 수 있을지도 모른다.46) 그러나 이런 법칙은 매우 사소한, 즉 대부분 상식의 일부분이기 때문에 우리는 그것을 언급할 필요가 없으며 거의 그것을 알아차리지도 못한다. 브루노(Giordano Bruno)의 사인이 화형에 처해진 것이라고 말할 때, 우리는 모든 생명체는 강렬한 열에 노출되면 죽는다는 보편법칙을 언급하지 않아도 무방하다. 이런 법칙은 암묵적으로 우리의 인과적 설명에 전제되어 있기 때문이다.

정치사학자가 전제하고 있는 이론 중에는 사회학 이론, 예컨대 권력의 사회학 같은 것이 있다. 그렇지만 역사가는 통상 이러한 이론도 의식하지 않은 채 사용한다. 그는 이들 이론을 자신의 특정 가설을 시험하는 데 요긴한 보편법칙으로 사용하는 것이 아니라, 주로 자신이 쓰는 학술 용어에 내포된 것으로서 사용한다. 역사가가 정부, 국가, 군대를 말할 때, 대개는 무의식적으로, 과학적인 사회학적 분석이나 전과학적 사회학적 분석에 의해 제공된 '모형'을 사용한다(앞 절 참조).

보편법칙에 대한 태도의 관점에서 볼 때, 역사과학은 다른 과학과 전혀 다르지 않다고 볼 수 있다. 과학이 단칭적인 혹은 특정한 문제에 실제로 적용될 때마다 역사적 과학과 유사한 상황을 접할 수 있다. 예를 들어 어떤 복합물 — 예컨대, 바위 조각 — 을 분석하려는 화학자는 거의 아무런 보편법칙도 고려하지 않는다. 그 대신 그는 아마 별 생각도 없이 일상적인 테크닉을 사용할 것이다. 그 테크닉은 논리적 관점에서 보면 '이 복합물은 유황을 포함하고 있다'와 같은 **단칭적인** 가설의 시험이나 마찬가지이다. 화학자의 관심은 주로 역사적인 관심, 즉 특정한 사건의 집합이거나 하나의 개별적인 물체에 대한 기술이다.

나는 이와 같은 분석이 역사 방법론 학자들 사이에서 벌어졌던 유명한 논쟁을 명료하게 하는 데 도움을 줄 수 있을 것으로 생각한다.47) 일단의 역사법칙주의자에 따르면, 역사는 단지 사실을 열거하는 것이 아니라 그것을 일종의 인과적 관계로 제시하는 것이다. 따라서 역사는 역사적 법칙을 정식화하는 것에 관심을 가져야 한다. 왜냐하면 인과란 근본적으로 법칙에 따른 결정을 의미하기 때문이다. 반면 역사법칙주의자를 포함하는 다른 집단에 따르면, 심지어 '독특한 사건', 즉 단 한 번 일어났으며 '일반적'이라고 할 수 있는 것이라고는 아무것도 갖고 있지 않은 사건도 다른 사건의 원인이 될 수 있다. 이들은 역사학이 관심을 갖는 것은 바로 이런 종류의 인과라고 주장한다. 우리는 이제 두 집단 모두 부분적으로 옳고 부분적으로 틀렸다는 것을 알 수 있다. 인과적 설명을 위해서는 보편적 법칙과 특정한 사건 모두가 필요하지만, 이론과학을 벗어나서는 대개 아무도 보편법칙에 대해 관심을 갖지 않는다.

이는 우리를 역사적 사건의 **독특함**에 대한 문제로 이끈다. 우리가 전형적인 사건의 역사적 설명에 관심을 갖는 한, 그 사건은 반드시 전형적인 것, 다시 말해 사건의 종류나 집합에 속한 것으로서 다루어져야 한다. 왜냐하면 그런 다음에야 인과적 설명의 연역적 방법이 적용될 수 있기 때문이다. 그러나 역사는 특정한 사건을 설명하는 데 관심을 둘 뿐만 아니라, 특정한 사건의 유형을 기술하는 데도 관심을 두고 있다. 흥미로운 사건을 독특하고 고유하게 기술하는 것이 역사의 주요 과제 중 하나라는 사실에는 의문의 여지가 없다. 다시 말해 인과적으로 설명하려고 하지 않는 측면, 예컨대 인과적으로 관계가 없는 사건의 '우연적인' 동시 발생을 포함한다는 것 또한 중요하다. 이와 같은 역사의 두 과제는, 즉 인과적 실마리를 푸는 것과 이런 실마리가 뒤섞여 있는 '우연적' 방식에 대한 묘사는 모두 필요하며 상호 보완적이다. 하나의 사건이 어떤 때에는 전형적인 것으로 생각될 때도 있고, 즉 인과적 설명의 관점에서 생각될 때도 있고, 어떤 때에는 독특한 것으로 생각될 때도 있다.

이런 고찰은 3절에서 논의한 **새로움**의 문제에 적용될 수 있다. 거기서 논의한 '배열의 새로움'과 '본질적 새로움'의 구분이 현재 우리가 인과적 설명과 독특함에 대한 인식을 구분한 것에 상응하기 때문이다. 새로움은 그것이 합리적으로 분석되고 예측될 수 있는 한에서, 결코 '본질적'일 수 없다. 그러나 이러한 사실은 역사법칙주의자의 교설을 무산시켜 버린다. 왜냐하면 사회과학은 본질적으로 새로운 사건의 창발을 예측해야 한다는 역사법칙주의의 입장이 궁극적으로는 예측과 인과적 설명에 대한 불충분한 분석에 기초하고 있기 때문이다.

31. 역사에서의 상황논리. 역사적 해석

이것이 전부인가? 역사학을 개혁해야 한다는 요구, 사회학이 이론적인 역사의 역할을 해야 한다는 요구, 그리고 역사 발전에 대한 이론이 있어야 한다는 역사법칙주의자의 요구(12절과 16절 참조)에는 아무런 의미도 없는 것인가? 역사법칙주의자가 내놓은 아이디어들, 예컨대 '역사적 시대', 시대 '정신'이나 '양식', 거스를 수 없는 역사적 경향에도 아무런 의미가 없는가? 질풍노도처럼 사람들을 휘몰아가는 역사적 흐름이 있다는 역사법칙주의의 아이디어는 어떤가? 이것 역시 아무런 의미가 없는가? 톨스토이가 동양을 향해 밀려오는 서양의 세력과 서양에 대한 러시아인의 대항에 관해48) 자신이 생각한 바를 솔직하게 써놓은 『전쟁과 평화』를 읽은 사람은 누구도 역사법칙주의가 어떤 실제적인 필요에 부응하고 있다는 사실을 부인할 수 없을 것이다. 만약 진정으로 역사법칙주의가 제거되길 원한다면, 우리는 먼저 더 나은 대안을 제시함으로써 이 같은 필요를 충족시켜야 한다.

톨스토이의 역사법칙주의는 리더십이 역사를 지배하는 요인이라는 생각을 암묵적으로 전제하는 역사 서술 방법에 대한 반동이었다. 즉, 지도자인 위대한 인물에게 많은 것을, 톨스토이가 생각하기에는 너무 많은 것을 귀속시킨 역사 탐구 방법에 대한 반동이었다. 톨스토이는 소위 사건의 논리에 비추어 볼 때, 나폴레옹, 알렉산드르 1세, 쿠투조프 장군 등 1812년을 풍미했던 위대한 지도자의 행동과 결정이 역사에 얼마나 미미한 영향을 미쳤는지 보여주려고 했다. 나는 이 점에 있어 그가 성공적이었다고 생각한다. 톨스토이는 전장을 누비고, 모스크바를 불태우고, 유격전 전술을 고안해 냈던 수없이 많은 무명인의 결정과 행동이 역사적으로 매우 중요한데도 불구하고 우리가 이를 간과해 왔다는 사실을 잘 지적했다. 그러나 그는 더 나아가 이런 일련의 사건에서 일종의 역사적 결정, 운명, 역사적 법칙 혹은 계획까지 찾아낼 수 있다고 믿었다. 톨스토이의 역사법칙주의는 방법론적 개인주의와 집단주의를 조합한 것이다. 즉, 그는 당대에 상당히 전형적이었던 조합, 그리고 내 생각에는 불행히도 우리 시대에도 여전히 전형적인 조합인 민주적-개인주의적 요소와 집단적-국가주의적 요소의 조합을 대변하고 있다.

이러한 예를 통해 우리는 역사법칙주의에도 **조금은** 건전한 요소가 있음을 상기할 수 있다. 역사법칙주의는 정치사를 단순히 위대한 독재자와 위대한 장군의 이야기로 해석하는 소박한 방법에 대한 반동이다. 역사법칙주의자는 이런 방법보다 더 훌륭한 대안이 있을 수 있다고 느낀 점에 있어 옳았다. 시대 '정신', 국가 '정신', 군대의 '정신'과 같은 그들의 아이디어가 그토록 매혹적일 수 있었던 것도 바로 이 때문이었다.

나는 이 같은 '정신'에 대해 전혀 공감하지 않는다. 그것이 이상화된 원형이든지, 혹은 변증법적이고 유물론적인 육화이든지 공감하지 않는다. 오히려 그것을 경멸하는 사람에게 완전히 공감한다. 그러나 나는 그것이 적어도 어떤 공백이 존재하고 있다는 사실을 지적하고 있다고 생각한다. 즉, 사회학에는 전통 내에서 일어나고 있는 문제에 대한 분석과 같이 좀 더 분별 있는 어떤 것으로 채울 책무를 갖고 있는 공백이 있다는 사실을 지적하고 있다고 생각한다. **상황의 논리**(*logic of situation*)를 더 상세히 분석할 여지가 있다. 뛰어난 역사학자들이 종종 다소 무의식적으로 상황의 논리를 활용해 왔다. 예컨대 톨스토이가 러시아 군대가 전투 없이 모스크바를 포기하고 식량을 발견할 수 있었던 장소로 후퇴한 것은 결정이 아니라 '필연성'이었다고 서술할 때, 그 역시 상황의 논리를 이용한 것이다. 이런 **상황의 논리**를 넘어서거나 어쩌면 그것의 일부로서 우리는 사회운동의 분석과 비슷한 무엇인가를 필요로 한다. 방법론적 개인주의를 토대로 우리는 다음의 세 가지를 연구할 필요가 있다. 먼저, 사회제도에 대한 연구이다. 그것을 통해 아이디어가 개인에게 퍼지고 개인을 사로잡는 사회제도에 대한 연구이다. 둘째, 새로운 전통이 창출될 수 있는 방식에 대한 연구이다. 셋째, 전통이 작동하는 방식과 붕괴하는 방식에 대한 연구이다. 달리 말해 국가나 정부 또는 시장과 같은 집단적 실재에 대해 우리가 갖고 있는 개인주의적이고 제도주의적인 모형은 과학과 산업의 발전 같은 사회적 운동은 물론이고 정치적 상황에 대한 모형으로 보완해야 할 것이다. (발전에 대한 분석의 개요는 다음 절 참조.) 그런 다음 이와 같은 모형은 역사가에 의해, 부분적으로는 다른 모형처럼, 그리고 부분적으로는 그가 사용하는 다른 보편적인 법칙과 함께 설명하기 위한 목적에 사용될 수 있다. 그렇지만 이것으로는 아직 충분치 않은데, 왜냐하면 이것만으로는 역사법칙주의가 만족시키려 노력하는 모든 실제적인 필요를 만족시키지 못할 것이기 때문이다.

만약 앞서 역사과학과 이론과학을 비교한 것에 비추어 역사과학을 고찰한다면, 역사과학은 보편법칙에 대한 관심의 부재로 인해 어려운 처지에 놓인다는 것을 알 수 있다. 왜냐하면 이론과학에서 법칙은 무엇보다 관찰과 관련 있는 관심의 중심으로 작용하거나 관찰이 행해지는 관점으로 작용하기 때문이다. 하지만 역사에서 보편법칙은 대부분 사소하고 무의식적으로 사용되기 때문에 이와 같은 기능을 수행할 방법이 없다. 다른 무엇이 그 기능을 이어받아야 한다. 왜냐하면 관점이 없는 역사란 존재할 수 없기 때문이다. 자연과학처럼 역사도, 아무 쓸모없고 서로 무관한 자료에 의해 질식되지 않으려면, **선택적**이어야 한다. 먼 과거로 거슬러 올라가 인과적 연쇄를 더듬는 시도는 전혀 도움이 되지 않는다. 왜냐하면 우리가 갖고 시작하는 모든 구체적 결과는 수많은 상이한 부분적인 원인을 가지고 있기 때문이다. 다시 말해 초기조건은 매우 복잡하며 대부분 거의 흥미롭지 않다.

이 같은 어려움에서 벗어나는 유일한 방법은 의식적으로 **미리 생각했던 선택적 관점**을 자신의 역사에 도입하는 것이다. 즉, **자신이 흥미롭게 생각하는 역사**를 쓰는 것이다. 그렇다고 미리 생각했던 아이디어의 틀에 들어맞도록 사실을 왜곡할 수 있다거나, 그 틀에 부합하지 않는 사실을 간과할 수 있다는 것은 아니다.49) 그와 반대로 자신의 관점과 관련 있는 이용 가능한 모든 증거를 조심스럽게 그리고 객관적으로 (다음 절에서 논의할 '과학적 객관성'의 의미에서) 고려해야 한다. 그러나 이 말은 자신의 관점과 어떤 관계도 없기 때문에 관심을 끌지 못하는 사실과 양상에 관해서는 걱정할 필요가 없다는 것을 의미한다.

이러한 선택적 접근법은 역사 연구를 할 때, 과학에서 이론이 하는 기능과 여러 면에서 유사한 기능을 수행한다. 그러므로 이런 접근법이 종종 이론으로 간주되어 왔다는 것도 납득할 만하다. 또한 실제로 드물기는 하지만, 단칭적이든 보편적이든 **시험할 수 있는 가설**의 형태로 만들 수 있는 이런 접근법에 내재하는 아이디어는 과학적 가설처럼 다루어도 무방하다. 하지만 대체로 이러한 역사적 '접근'이나 '관점'은 **시험될 수 없다.** 그것은 반박될 수 없으며, 비록 그것이 하늘의 별들만큼 수없이 많다고 해도 겉으로 부합하는 것처럼 보이는 사례들은 가치가 없다. 우리는 이와 같은 선택적 관점이나 역사적인 관심의 초점을, 시험할 수 있는 가설로 만들 수 없을 때, **역사적 해석**이라 부를 것이다.

역사법칙주의는 이 같은 해석을 이론으로 혼동한다. 이것이 역사법칙주의의 가장 중대한 오류 중 하나이다. 예컨대 '역사'를 계급투쟁이나 종족 간의 패권 다툼의 역사로, 또는 종교적 이념의 역사로, 혹은 '열린사회'와 '닫힌사회' 간의 갈등의 역사로, 또는 과학과 산업 발전의 역사로 해석할 수 있다. 이 모든 것은 다소 흥미로운 관점이며 **그 자체**로는 전혀 이의가 있을 수 없다. 그러나 역사법칙주의자는 그것을 그 자체로 제시하지 않는다. 그들은 시사적이라는 점에서 그리고 자의적이라는 점에서 근본적으로 차이가 없는 (비록 어떤 해석은 다산성(fertility)에서 남다르게 뛰어날 수 있지만. 이는 상당히 중요한 사실이다) 다수의 해석이 반드시 존재한다는 것을 이해하지 못한다. 대신에 그들은 '모든 역사는 계급투쟁의 역사'와 같은 주장에서 볼 수 있는 것처럼 해석을 학설이나 이론인 것처럼 제시한다. 또한 그들은 실제로 자신의 관점이 다산이어서 많은 사실을 그 관점에 따라 정리하고 해석할 수 있다는 것을 깨닫게 되면, 자신의 교설이 확증되었다고 혼동하거나 심지어 증명되었다고까지 잘못 생각한다.

한편 이와 같은 사고 과정이 지닌 문제를 알고 이에 반대하는 전통적인 역사학자는 다른 오류에 빠지기 쉽다. 그들의 목표는 객관성이기 때문에 어떤 선택적 관점도 피해야 한다고 생각한다. 그러나 이것은 불가능하다. 그 결과 그들은 통상 관점을 의식하지 못한 채 관점을 채택한다. 이것이야말로 객관적이고자 하는 그들의 노력을 헛되게 한다. 왜냐하면 누구도 자신이 어떤 관점을 갖고 있는지

의식하지 않으면서 자신의 접근법에 대해 비판적일 수 없으며 그것의 한계에 대해서도 알 수 없기 때문이다.

물론 이런 딜레마를 벗어나는 방법은 어떤 관점을 채택할 필요성을 분명하게 인식하는 것이다. 그리고 그 관점을 분명하게 진술하고 그것이 많은 관점 중 하나라는 것과 그 관점이 설령 어떤 이론과 비슷할지라도, 그것은 시험할 수 없다는 것을 항상 의식하고 있는 것이다.

32. 진보에 관한 제도주의 이론

나는 우리의 고찰이 좀 더 구체적일 수 있도록 이 절에서 **과학과 산업의 진보 이론**을 매우 간략히 소개하고자 한다. 나는 이를 통해 앞의 네 절에서 전개했던 생각, 특히 상황논리에 대한 관념과 심리학으로부터 자유로울 수 있는 방법론적 개인주의에 대한 관념을 예증할 것이다. 과학과 산업의 진보 사례를 택한 이유는 그것이 의심할 여지없이 근대 19세기 역사법칙주의를 고무했으며 이미 앞에서 이 주제에 관한 밀의 견해를 논의했기 때문이다.

이미 보았듯이 콩트와 밀에 의하면, 진보는 **인간 본성의 법칙으로 환원 가능한** 무조건적 혹은 절대적 추세이다. 콩트는 다음과 같이 말했다. '계기의 법칙을 인간 본성에 대한 실증적 이론으로 환원할 수 있기 전에는 … 계기의 법칙이 역사적 관찰 방법에 의거한 권위 모두에 의해 지지받을 때조차 그것을 궁극적인 것으로 받아들여서는 안 된다.'[50] 그는 진보의 법칙을 사람들 개개인이 지니고 있는 성향에서 도출할 수 있다고 믿었으며, 사람들은 그 성향으로 인해 자신의 본성을 점점 더 완전하게 만들 수 있다고 생각했다. 밀은 이 모든 점에 있어 콩트를 완전히 계승했다. 그는 콩트의 진보 법칙을 그가 '인간 정신의 진보성'이라고 부른 것으로 환원시키려 했다. 밀에 의하면, 인간 정신의 진보성이 지닌 제일의 '추진력은 … 물질적 안락을 증가시키려는 욕구이다.'[51] 콩트와 밀 모두 우리는 초기 역사에 대한 조건이나 관찰 혹은 자료가 없어도 이런 경향이나 준-법칙에서 역사의 초기 단계나 국면을 연역할 수 있다고 믿었다.[52] 이 같은 경향이나 유사 법칙은 무조건적이거나 절대적인 성격을 갖고 있다고 보았기 때문이다. 따라서 원칙적으로 역사의 전 과정을 연역할 수 있다. 밀의 표현을 빌리면, 유일한 어려움은 '인간 능력으로는 그렇게 긴 계열을 …, 각각의 계기 기간마다 그보다 더 많고 더 다양한 부분으로 구성된 계열을 감히 계산해 낼 수 없다'[53]는 것이다.

밀의 '환원'이 지닌 약점은 분명해 보인다. 설령 우리가 밀의 전제와 연역을 허용해도, 사회적 또는 역사적 결과가 의미 있을 것이란 결론은 따라 나오지 않는다. 예를 들어, 진보는 통제 불가능한 자연 환경에 기인하는 손실로 인해 그 성과가 무효화될 수도 있다. 게다가 전제들은 '인간 본성'이 지닌 한쪽 측면에만 토대를 두고 있다. 망각이나 게으름 같은 다른 측면은 고려하지 않고 있다. 따라서 만약 우리가 밀이 진보라고 기술한 것에 상반되는 것을 관찰한다고 해도, 우리는 똑같이 이런 관찰 결과를 '인간 본성'으로 '환원할 수 있다. (실제로 역사 이론이 사용하는 가장 통상적인 방법 중 하나가 제국의 쇠락과 몰락을 게으름과 과식하는 성향 같은 것으로 설명하는 것 아닌가?) 사실 '인간 본성'의 어떤 경향에 의존해서 그럴듯하게 설명될 수 없는 사건은 거의 없다고 우리는 생각할 수 있다. 그러나 일어날 수 있는 모든 것을 설명할 수 있는 방법은 아무것도 설명하지 못한다.

만약 이와 같이 의외로 소박한 이론을 더 지지할 수 있는 이론으로 만들려면, 두 가지의 주요 개조를 단행해야 한다. 첫째, 진보의 **조건**을 발견하려고 시도해야 한다. 그리고 28절에서 소개했던 원칙을 이 목적에 적용해야 한다. 즉, **진보가 멈추게 되는 조건**을 상상하려고 애써야 한다. 이것은 **심리적 경향만으로는** 진보를 설명하기에 충분하지 않다는 것을 깨닫도록 한다. 왜냐하면 그러한 경향이 의존적인 조건을 우리가 발견할 수 있기 때문이다. 따라서 우리는 다음으로 심리적 경향에 대한 이론을 그보다 더 좋은 것으로, 즉 진보의 조건에 대한 **제도적** (그리고 과학기술적) 분석으로 대체해야 한다.

우리는 어떻게 과학과 산업의 진보를 저지할 수 있는가? 연구를 위한 실험실을 폐쇄하거나 통제함으로써, 과학의 정기간행물과 다른 논의 수단을 억제하거나 통제함으로써, 과학적인 대회와 회의를 억누름으로써, 대학이나 여타 교육기관을 억압함으로써, 도서, 인쇄, 저술을 억압하고 결국에는 표현을 억압함으로써 저지할 수 있다. 실제로 억압될지도 모르는 (또는 통제될지도 모르는) 이 모든 것이 사회적인 제도이다. 언어도 사회적인 제도이다. 그것 없이 과학의 진보는 생각할 수 없다. 언어가 없다면 과학 자체가 있을 수 없고 성장하고 진보하는 전통도 존재할 수 없다. 저술도 사회적 제도이며, 또한 인쇄하여 출판하는 조직과 과학적 방법을 사용하는 여타 제도적 도구 역시 그렇다. 과학적 방법은 그 자체로 사회적인 면을 지니고 있다. 과학 그리고 특히 과학의 진보는 고립된 노력의 결과가 아니라, **사고의 자유로운 경쟁** 결과이다. 왜냐하면 과학은 여러 가설의 치열한 경쟁과 그보다 훨씬 더 엄격한 시험을 필요로 하기 때문이다. 그리고 서로 경쟁하는 가설은 말하자면, 그것을 대변할 수 있는 인간을 필요로 한다. 즉, 옹호하는 사람을 필요로 하며, 배심원 또한 필요로 한다. 심지어 대중을 요구하기도 한다. 이와 같은 과학을 하는 사람들이 제대로 작동하기 위해서는 제도적으로 조직되어야 한다. 이 같은 제도들은 또한 법에 따라 지원받고 보호되어야 한다. 결국 진보란 대부분 정치적 요인, 사상의 자유를 보장하는 정치적 제도, 즉 민주주의에 의존적이다.

통상 '**과학적 객관성**'이라고 불리는 것도 어느 정도 사회제도에 기반하고 있다는 사실은 흥미롭지 않을 수 없다. 과학적 객관성이 개별 과학자의 정신적 혹은 심리적 태도에, 그가 받은 훈련, 그의 세심함 및 과학에 대한 그의 초연함에 의존한다는 소박한 견해는 그에 대한 반발로서 과학자는 결코 객관적일 수 없다는 회의적인 견해를 낳았다. 이 견해에 따르면 과학자의 열정을 자극할 것이 없는 자연과학에서는 객관성 결여가 크게 문제 될 것이 없지만, 사회적 편견, 계급적 선입견 및 개인적인 이해가 결부되기 쉬운 사회과학에서는 객관성의 결여가 치명적일 수 있다. 소위 '**지식 사회학**'에 의해 세밀하게 발전한 이 교설은(6절과 26절 참조) 과학적 지식의 사회적 혹은 제도적 성격을 완전히 간과하고 있다. 객관성이 개별 과학자의 심리에 의존한다는 소박한 견해를 토대로 하고 있기 때문이다. 이 교설은 자연과학의 논제가 무미건조하다는 것, 현실과 동떨어졌다는 것 또한 개별 과학자의 믿음에 편파성과 사익이 개입하는 것을 막지 못한다는 사실을 간과하고 있다. 그리고 만일 우리가 과학자의 초연함에 의존해야 한다면, 과학 심지어 자연과학은 완전히 불가능할 것이란 사실 또한 간과하고 있다. '**지식 사회학**'이 간

과하고 있는 것이 바로 지식에 대한 사회학이다. 다시 말해 과학의 사회적 혹은 공공적 성격을 보지 못하고 있는 것이다. 지식 사회학은 개별 과학자에게 정신적인 규율을 부과하는 것도, 과학의 객관성과 새로운 생각을 비판적으로 논의하는 과학의 전통을 보존하는 것도, 바로 과학과 과학 제도의 공공적 성격이라는 사실을 간과하고 있다.54)

이와 연관해서 6절(**객관성과 평가**)에서 제시한 교설에 대해 생각해 볼 만하다. 거기서 논의했던 것은 다음과 같다. 사회문제에 대한 과학적 연구는 그 자체로 사회적 삶에 영향을 끼치기 때문에, 이런 영향을 알고 있는 사회과학자가 과학 특유의 사심 없는 객관성을 견지하는 것은 불가능하다. 물리학자나 물리공학자도 동일한 처지에 있다. 사회과학자가 아니더라도 그는 새로운 항공기나 로켓의 발명이 사회에 지대한 영향을 미칠 수 있다는 것을 알 수 있다.

나는 방금 과학과 산업의 진보가 달려 있는 제도적인 조건에 대해 서술했다. 이제 이런 조건 대부분이 필수적이지 않다고 하는 것과 그것 모두를 함께 취한다 해도 충분치 않다는 것을 깨닫는 것이 중요하다.

이러한 조건이 필수적이지 않은 이유는 이런 제도가 없더라도 (아마 언어를 제외하고는) 과학적 진보가 전혀 불가능한 것은 아닐 것이기 때문이다. 결국 구어에서 문어로 '진보'가 이루어져 **왔으며**, 심지어 더 많은 '진보'가 이루어져 **왔다.** (정확히 말해 이런 초기의 진보가 어쩌면 **과학적 진보**는 아니었을지라도 말이다.)

다른 한편 그보다 더 중요한 것은 세상에서 가장 좋은 제도적 조직을 갖고도 어느 날 과학적 진보가 멈출 수 있다는 사실을 깨닫는 것이다. 예를 들어 신비주의가 전염병처럼 만연할 수 있다. 이런 일은 분명 있을 수 있다. 지성인 중 일부가 과학의 진보에 대해 (또는 열린사회의 요구에) 신비주의로 회귀하는 방식으로 **반발**했다는 사실은 모든 사람이 **그럴** 수 있다는 것을 의미하기 때문이다. 이런 가능성에 대응해서 어쩌면 교육제도와 같은 일련의 사회제도를 고안함으로써 사람들이 한 가지 조망만을 갖는 것을 지양하고 다양성을 고무할 수 있을지도 모르겠다. 또한 진보에 대한 생각을 고무하고 그것을 열정적으로 선전하는 것도 모종의 효과를 거둘 것이다. 그러나 이들 중 어떤 것도 진보를 확실하게 만들 수는 없다. 왜냐하면 열반에 대한 염원을 퍼트리는 박테리아나 바이러스가 존재할 논리적 가능성을 배제할 수 없기 때문이다.

따라서 우리는 아무리 좋은 제도라도 절대 완벽할 수 없다는 사실을 깨닫게 된다. 내가 전에 말했던 것처럼, '제도는 요새와 비슷하다. 둘 다 잘 디자인되어야 한다. 그리고 사람들이 적재적소에 배치되어야 한다.' 그러나 우리는 과학을 연구하는 데 적합한 사람이 과연 과학 연구에 매혹될지 결코 확신할 수 없다. 또한 우리는 새로운 가설을 고안하는 재주가 있는 상상력이 풍부한 사람이 미래에도 존재할 것이라 확신할 수 없다. 그래서 결국 이와 관련해서는 많은 것이 순전히 운에 달려 있다. 왜냐하면 진리는 **스스로 드러나지 않기** 때문이다. 콩트와 밀이 믿은 것처럼 일단 '장애물'(암암리에 교회를 가리킴)이 제거되면, 진정으로 진리를 원하는 모든 사람에게 진리가 눈에 보일 것이라 믿는 것은 잘못이다.

나는 이 분석의 결과를 일반화할 수 있다고 생각한다. 인간적 요인이나 개인적 요인은 제도적 사회 이론 대부분에서 혹은 모두에서 **유일하게** 비합리적인 요소로 존재할 것이다. 이에 반해 화학을 물리학으로 환원하는 방식으로 사회 이론을 심리학으로 환원해야 한다고 거꾸로 가르치는 교설은 잘못된 이해에 기초하고 있다. 그 교설은 방법론적 개인주의로부터 '방법론적 심리학주의'가 마땅히 추론해 낼 수 있는 결과라는 잘못된 믿음에서 비롯되었다. 다시 말해 모든 집단 현상을 개별 인간의 행동, 상호작용, 목표, 희망 및 사상에 기인한 것으로, 또한 개개 인간에 의해 창조되고 보존되어 온 전통에 기인한 것으로 이해하도록 노력해야 한다는, 전혀 논파할 수 없는 교설에서 필연적으로 추론해 낼 수 있는 결과라는 잘못된 믿음에서 비롯된 교설이다. 그러나 우리는 심리학주의를 받아들이지 않고도 개인주의자가 될 수 있다. 합리적 모형을 구성하는 '영의 방법'은 심리학적 방법이 **아니라** 논리적 방법이다.

사실 심리학은 사회과학의 토대가 될 수 없다. 왜냐하면 첫째, 그것은 그 자체가 사회과학의 하나에 불과하기 때문이다. '인간 본성'은 사회제도에 따라 상당히 가변적이기 때문에 그에 대한 연구는 사회제도에 대한 이해를 전제한다. 둘째, 사회과학은 대체로 인간 행동에 있어 의도하지 않은 결과나 반향에 관련 있기 때문이다. 여기에서 '의도하지 않은'이란 말은 '의식적으로 의도하지 않은'을 의미하지 않는다. 그것은 오히려 의식적이든 무의식적이든 행위자의 관심 **모두**와 상충할 수 있는 반향을 특징짓는 말이다. 설령 혹자의 말처럼 산과 고독을 좋아하는 것은 심리학적으로 설명 가능할지 몰라도, 만약 지나치게 많은 사람이 산을 좋아하게 되면, 그들이 거기서 고독을 즐길 수 없다는 사실은 심리학적 사실이 아니다. 바로 이런 종류의 문제가 사회 이론의 근저에 있는 문제이다.

이제 우리는 아직도 인구에 회자되고 있는 콩트와 밀의 방법과 놀랄 만큼 뚜렷한 차이를 보이는 결론에 이르렀다. 사회학적 고려를 인간 본성에 뿌리를 두고 있는 확고한 심리학적 토대로 환원하는 대신, 인간이 궁극적으로 불확실한 **유일한** 요인이며 사회생활과 사회적 제도 속에서 다루기 힘든 요소라고 말할 수 있다. 실제로 인간적 요인은 제도에 의해 완전히 통제될 **수 없는** 궁극적인 요소 이다(스피노자가 최초로 인식했던 것처럼55)). 왜냐하면 그것을 완전히 통제하려는 시도는 모두 전제정치, 즉 인간적 요인이 전능한 상태로, 다시 말해 소수의 변덕 혹은 단 한 사람의 변덕이 모든 것을 좌우하는 상태로 이끌 수밖에 없기 때문이다.

그러나 변덕의 반대인 **과학**은 인간 요인을 통제할 수 있는가? 아마 머지않아 생물학과 심리학은 '인간 개조 문제(the problem of transforming man)'를 해결할 수 있을 것이다. 하지만 이런 일을 하는 사람은 과학의 객관성을 파괴하고 과학 자체를 못쓰게 만들 수밖에 없다. 왜냐하면 과학의 객관성과 과학 자체 모두 사고의 경쟁, 즉 자유를 토대로 하고 있기 때문이다. 만약 이성이 계속해서 성장하려면 그리고 인간의 합리성이 살아남으려면, 개인의 다양성과 개인의 의견, 목표 및 목적의 다양성은 결코 방해받지 않아야 한다(정치적 자유가 위협하는 극단적인 경우를 제외하고는). **공동의 목적**에 호소하는 것과 같이 우리 마음을 정서적으로 만족시키는 호소도 제아무리 훌륭할지라도 경쟁적인 도덕적 의견과 그로 인해 제기되는 상호 비판과 논증을 포기하라고 호소하는 것이나 마찬가지이다. 그것은 합리적 사유를 그만두라는 호소이다.

인간 본성에 대한 '과학적' 통제를 요구하는 진화주의자는 자신의 요구가 얼마나 자멸적인지 깨닫지 못하고 있다. 진화와 진보의 주된 요인은 선택받을 수 있는 재료의 다양성이다. 인간의 진화에 관한 한, 그것은 '자신의 이웃과 달리 이상하게 될 자유', 즉 '다수와 의견을 달리하고 자신만의 길을 갈 자유'이다.56) 권리의 평등화가 아니라 마음을 평등하게 하려는 전체론적 통제는 진보의 종말을 의미한다.

33. 결론. 역사법칙주의의 정서적 호소

역사법칙주의는 매우 오래된 운동이다. 도시와 민족의 생명 주기에 대한 교설처럼 오래된 역사법칙주의는 원시적인 목적론, 즉 맹목적인 것처럼 보여도 운명적 심판의 이면에는 감추어진 목적이 있다는 견해보다 먼저 생겨났다.57) 비록 감춰진 목적을 읽어내려는 시도는 과학적 사고방식과 완전히 동떨어진 것이지만, 그것은 가장 현대적인 역사법칙주의자의 이론에도 영향을 미쳤다는 것은 의심할 수 없다. 역사법칙주의는 그 형태가 어떻든 모두 다 우리를 미래로 이끌고 나아가는 어떤 저항할 수 없는 힘에 대한 느낌을 표현하고 있다.

그러나 현대 역사법칙주의자는 자신의 교설이 그렇게 진부한 것인지 모르는 것 같다. 그들은 자신들의 역사법칙주의가 인류가 성취한 것 중 가장 최신이며 가장 담대한 것이라고 믿고 있기 때문이다. 그들은 심지어 자신들의 업적이 어마어마할 정도로 새로워서 극소수만이 그 사실을 파악할 수 있다고 믿는다. 사실 모더니즘의 신격화를 통해 그들이 할 수 있는 것이 이 밖에 다른 무엇일 수 있겠는가? 실제로 그들은 변화의 문제를 발견한 사람이 바로 자신들이라고 믿는다. 사실 그것은 사변적인 형이상학적 문제 중 가장 오래된 것인데도 말이다. 그들은 한편 자신들의 '동태적' 사유를 이전세대의 '정태적' 사유와 대비시키면서, 자신들이 진전을 이룰 수 있었던 것은 우리가 지금 '혁명 속에' 살고 있기 때문이라고 생각한다. 왜냐하면 혁명은 발전의 속도를 엄청나게 가속화하여 단지 한 생애에 사회적 변화를 직접 경험할 수 있도록 한다고 보기 때문이다. 물론 이런 이야기는 순전히 신화에 불과하다. 중요한 혁명은 우리가 살고 있는 시대에 앞서 일어났으며, 변화는 헤라클레이토스 이래 몇 번이고 되풀이해서 발견되었다.58)

그처럼 오래된 관념을 마치 대담하고 혁명적인 것처럼 제시하는 것은 역사법칙주의가 가지고 있는 무의식적인 보수주의를 무심코 드러낸 것에 다름 아니라고 나는 생각한다. 변화에 대한 역사법칙주의자들의 엄청난 열정을 바라보면서 우리는 그것이 양면적인 태도의 한 측면에 불과한 것은 아닌지 생각하게 된다. 그리고 그에 못지않게 극복해야 할 어떤 내적인 저항이 없는 것은 아닌지 생각해 보게 된다. 만약 그렇다면, 그것은 이들이 왜 이처럼 진부하고 위태로운 철학을 마치 과학이 가장 최근에 밝혀낸 가장 위대한 계시라고 종교적 열의를 다해 주장하는지 이해할 수 있게 해준다. 결국 진정 변화를 두려워한 자들이 바로 역사법칙주의자들이 아닐까? 역사법칙주의자가 비판에 비합리적으로 반응할 수밖에 없게 만들고, 다른 사람들이 그들의 가르침에 감응하게 만드는 것도 어쩌면 바로 이런 변화에 대한 두려움 때문은 아닌가? 역사법칙주의자들이 전력을 다해 매달리는 믿음이 '변화는 불변하는 법칙에 지배되기 때문에 그 변화를 예견할 수 있다'인 것을 보면, 그들이 불변하는 세계를 잃어버린 것에 대해 보상받기 위해서 안간힘을 쓰는 듯이 보인다.

역사법칙주의는 왜 정당화될 수 없는가? [1]

이한구

1. 머리말

이 책은 칼 포퍼(Karl R. Popper)의 책 *The Poverty of Historicism* (London: Routledge, Kegan Paul, 1961)을 번역한 것이다. 이 책은 출간 연혁에서 밝힌 대로 *Economica New Series*(1944년 11권 42호 와 43호, 1945년 12권 46호)에 발표한 것을 책으로 묶은 것이다.

이 책의 구상은 1919-20년 겨울까지 거슬러 올라가며, 몇 차례의 발표를 거쳐 *Economica* 에 연재되었고, 1954년에 이탈리아어 번역 이, 그리고 1956년에 프랑스어 번역이 단행본으로 나왔으며, 1957 년에는 영어 단행본이 나오게 되었다. 그 후 1960년에 재판이 나왔 고, 1961년에 개정판이 나왔다.

---

[1] 이 글은 「K. Popper의 역사주의 비판(I)」(『철학연구』 11집)을 기초로 하 여 새로 쓴 것이다.

이 책의 기본 주제는 역사적 운명에 대한 믿음은 순전히 미신이며, 인류의 역사의 행로는 어떤 합리적 방법으로도 예측할 수 없다는 것이다.

이 책의 표제 『역사법칙주의의 빈곤』은 마르크스(K. Marx)의 책 『철학의 빈곤(*Poverty of Philosophy*)』을 암시하기 위해서 붙여졌는데, 마르크스의 이 책은 프루동(Proudhon)의 『빈곤의 철학(*Philosophy of Poverty*)』을 암시하는 것이었다.

먼저 이 책을 읽는 독자는 'historicism'이 '역사주의'가 아니라 '역사법칙주의'로 번역된 것에 어리둥절할 가능성이 높다. 지금까지 우리 학계에서 'historicism'을 '역사주의'로 번역해 왔기 때문이다.

'역사주의'란 말은 처음 사용될 때부터 혼란스럽고 다의적인 개념이었다. 용어상으로만 보면 독일어 'Historismus'(영어 'historism')가 19세기 중엽부터 사용되기 시작했고, 19세기 말엽부터는 'Historizismus'란 말도 사용되기 시작했다. 이 말은 니체(F. Nietzsche)나 캘러(M. Kähler)에서 보듯 'Historismus'에 대해 더 강한 비판적 의미가 담긴 용어였다. 후설(E. Husserl)은 이 말로써 딜타이의 상대주의를 지칭하고, 그것을 비난하는 뜻으로 사용했다.[2] 그런데도 불구하고 이 말은 포퍼가 새롭게 규정할 때까지는, 비난의 의미가 강하다는 것 외에는 'Historismus'와 구별되는 것이 아니었다.[3]

영미 학계에서는 역사주의를 의미하는 말로서 20세기를 전후해서 'historism'이 사용되다가, 1930년대 후기부터 1940년대에 걸쳐 'historicism'이 등장하여 이것이 더욱 일반적인 용어로서 정착되었

---

[2] E. Husserl, *Philosophie als strenge Wissenschaft*(Frankfurt am Main: Vittorio Klostermann, 1965), p.49.

[3] J. Ritter, hrsg., *Historisches Wörterbuch der Philosophie*, Band 3.

다. 이 말들은 모두 독일어 'Historismus'나 'Historizismus'의 번역이라 할 수 있다. 그런데 어째서 'historicism'이 'historism'보다 더 일반적인 용어가 되었는가? 이에 대해 역사주의의 의미로 크로체(B. Croce)가 사용한 이탈리아어인 'storicismo'가 다시 'historicism'으로 영역되어 학계에 널리 알려졌기 때문이라는 설명도 있다.[4] 말하자면 크로체의 영향 때문에 'historicism'이 더욱 일반적인 용어가 되었다는 것이다.[5]

그러나 'historicism'은 포퍼에 의해 'historism'과는 매우 다른 의미를 나타내게 되었다. 그는 'historism'으로는 독일의 전통적인 역사주의를 나타내는 것으로 사용했고, 'historicism'으로는 자신이 새로이 규정한 역사법칙주의를 표현했다.

나는 'historism'과 'historicism'을 함께 사용하는 것이 좋다고 보고, 우리말에서도 이 두 가지를 구별할 수 있어야 혼란을 막을 수 있다고 생각한다. 이런 논리에서 나는 'historism'은 '역사개성주의'로, 'historicism'은 '역사법칙주의'로 번역하고자 한다. 이렇게 번역되어야 강조점이 다른 역사주의의 두 흐름이 극명하게 드러날 수

---

[4] D. E. Lee and R. N. Beck, "The Meaning of Historicism", *American Historical Review*, vol. 59, no. 3(1954), p.568. 예컨대 볼드윈(J. M. Baldwin)의 *Dictionary of Philosophy and Psychology*(2nd. ed., New York: 1918)에는 'historism'은 있지만, 'historicism'은 없다. 그런데 런즈(D. D. Runes)가 편집한 *Dictionary of Philosophy*(New York: 1942)에는 반대로 'historicism'은 있지만 'historism'은 없다.

[5] 역사주의와 관련된 크로체(B. Croce)의 저서는 『사고와 행동으로서의 역사(*La storia come Pensiero e come azione*)』(1938)인데, 이 책은 1941년 『자유의 이야기로서의 역사』라는 제목으로 영역되어 널리 읽혔다. B. Croce, *History as the Story of Liberty*, trans. by Sylvia Sprigg(London: George Allen & Unwin, 1941).

있다고 보기 때문이다. 'historism'을 '역사상대주의'로 번역하는 경우도 가끔 있었지만, 그것은 'historism'의 상대주의적인 인식론적 측면만을 지나치게 부각시키고 개성을 강조하는 존재론적 측면을 사장시키는 폐단이 있기 때문에 적절한 번역이 아니라고 생각된다.

이러한 구분에 반대하는 사람들은 독일의 전통적인 역사주의만을 역사주의로 고집하면서 역사법칙주의는 아예 역사주의로부터 배제해야 된다고 주장한다. 그렇지만 이것은 역사주의가 실제로 사용되는 현실을 무시하고 혼란만 가중시키는 공허한 주장일 뿐이다.

랑케(L. Ranke)나 마이네케(F. Meinecke) 등이 대표하는 독일의 전통적 역사주의는 역사적 사건들의 개성과 발전을 강조하는 이론이며, 포퍼에 의해서 새로이 규정된 역사주의는 역사가 거시적인 역사의 법칙에 의해 지배된다는 이론이다. 이들은 강조하는 초점이 다르므로 한 단어로 포괄하기에는 무리가 따른다. 이것이 포퍼의 역사주의를 역사법칙주의로 번역한 이유이다.

2. 역사법칙주의를 둘러싼 문제들

인간은 역사를 가진다. 왜냐하면 인간은 시간의 흐름 속에 탄생하여 그 흐름에 따라 발전하며, 과거를 계승하고 미래를 향해 나아가기 때문이다. 또 인간은 언제나 특정한 문화를 가진 사회 속에서 탄생하여 부단히 새로운 사회를 형성하고 창조해 간다. 그러므로 우리가 사는 현실은 사회적, 문화적, 역사적 연관의 복합적인 실재이며, 이것은 동시에 변화와 발전에 의해서 지배되고 있다. 물론 물질적 세계도 변화한다. 그러나 그것은 동일한 것의 반복일 뿐 창조적 발전은 아니다.

진정한 발전은 생명의 역사세계에서만 가능하다. 이것은 자기의 식적 삶 속에서만 과거와 미래가 함께 포괄되기 때문이다. 현재가 과거로 채워지고 그 자신 속에 미래를 동반할 때만 진정한 발전은 가능하다.

역사가 의식적 삶의 창조적 발전 과정이며 전개 과정이라면, 우리가 역사를 통해 인간을 이해하고자 하는 것은 자연스러운 일이다. 특히 서양 중세의 종말과 더불어 초월적인 유일신에 대한 기독교적 세계관이 와해되면서 인간의 본질과 운명에 대한 궁극적 문제의 해답을 역사 속에서 구하고자 한 것은 이 때문이다. 인간이 자연의 한 사물로서 존재하지 않고 자연의 과정과는 다른 역사를 창조했다면, 그것은 결국 역사 과정 속에서 인간이 스스로를 만들었다는 이야기가 된다.

인간이 역사를 창조한다고 했을 때, 거기에는 우선 인간이 의도하는 목적이 있을 것이며, 그 목적을 실현하고자 했던 어떤 질서나 규칙, 혹은 실현의 어떤 단계가 있을 것으로 추측할 수 있다. 이리하여 인간의 본질을 이성에 두었던 많은 철학자들은 이성의 힘으로 역사의 전체상을 사변적으로 구성해 보려고 노력해 왔다.

이와 같이 역사 전체의 본질적 구조나 역사의 단계적 발전 법칙을 탐구한 근대의 대표적인 철학자로는 헤겔(G. W. F. Hegel)을 들 수 있다. 그는 세계사를 "자유의식의 진보" 과정으로 파악하고 그의 변증법적 방법에 따라 그 발전 단계를 세 단계로 나누었다. 인류사를 지식의 발달 과정으로 본 콩트(A. Comte) 역시 신학적 단계, 형이상학적 단계, 실증적 단계를 거쳐 역사가 발전한다고 보았다. 마르크스에 의하면 생산력과 생산관계의 경제적 모순에 의해 역사는 다섯 단계를 거쳐 발전한다.

그러나 이런 식의 역사 탐구가 과연 학적 타당성을 지닐 수 있겠는가? 그것들이 설사 부분적으로 경험적 사실을 근거로 해서 이루어졌고, 현실의 일부를 설명한다고 할지라도 어떻게 보편적 지식으로서 보장받을 수 있겠는가? 포퍼는 역사를 지배하는 법칙의 존재를 승인하고 이 법칙에 따라 미래의 역사가 전개될 것을 믿으며, 이 역사법칙을 실천의 원리로 삼는 교설을 역사법칙주의(historicism)라고 명명한다. 동시에 그는 이러한 역사법칙주의를 본질적으로는 방법론적 원리로서 규정할 수 있다고 본다. 방법론적 개체주의(methodological individualism)에 대립되는 방법론적 전체론(methodological holism)이 그것이다. 이러한 규정에 따라 플라톤(Platon), 헤겔, 마르크스 등이 대표적인 역사법칙주의자로서 등장하며, 이들에겐 전체론적 방법론이 지닌 다음 몇 가지의 원리가 공통된 것으로 간주된다.

첫째, 인간 개체들의 활동에 환원될 수 없는 사회 전체가 존재하며, 이것은 개체주의적 방법으로서는 파악될 수 없다.

둘째, 이런 사회 전체의 발전 법칙들이 존재한다.

셋째, 이런 법칙들에 의해서 미래에 일어날 사건의 방향에 대한 예측이 가능하다.

이와 같이 포퍼는 역사법칙주의를 방법론적 전체론 및 역사적 예언에 대한 신념과 동일시하여 역사법칙주의를 다음과 같이 정의한다. "역사법칙주의는 역사적인 예측들이 사회과학의 주요한 목표라고 가정하며, 또한 이런 목표는 '주기적 반복들'이나 '형태들', 다시 말해 역사의 진화에 근저하고 있는 '법칙들'이나 '추세들'을 발견함으로써 달성될 수 있다고 상정한다."[6]

포퍼의 설명에 따르면 이러한 역사법칙주의의 기원은 고대에까지 거슬러 올라가며, 무엇을 역사의 법칙으로 규정하느냐에 따라 종류에 있어서도 다양하다.[7] 이 중에서도 가장 오래되었고 동시에 가장 단순한 형태의 역사법칙주의는 유신론적 역사법칙주의로서, 그것은 "선민사상(the doctrine of the chosen people)"에 기반을 두고 있다. "선민사상은 하느님이 어떤 민족을 그의 뜻을 실현키 위한 도구로서 선택했으며, 이 민족이 지상을 다스려 갈 것이라는 가정이다."(OS1, 8)

이러한 선민사상에 기반한 유신론적 역사법칙주의의 특징은 근대의 가장 중요한 두 역사법칙주의에 의해서 전승된다. 하나는 인종주의의 역사철학인 우파의 파시즘(fascism)이요, 다른 하나는 좌파인 마르크스의 역사철학이다(OS1, 9). 선민의 자리에 인종주의는 선택된 인종(the chosen race)을, 마르크스주의는 선택된 계급(the chosen class)을 대체한다. 두 이론 모두 그들의 역사적 예언을 역사법칙의 발견으로 인도하는 역사 해석에 의존하고 있다. 인종주의의 경우 역사 발전의 법칙은 자연의 법칙과 같은 것으로 간주된다. 선택된 인간의 생물학적 피의 우수성이 역사 과정의 과거, 현재, 미래를 설명하기 때문이다. 마르크스주의의 경우 역사 발전의 법칙은 경제적 법칙이다. 모든 역사는 경제적 패권을 위한 계급 사이의 투쟁으로 해석되기 때문이다.

---

[6] K. Popper, *The Poverty of Historicism*(New York: Harper & Row, 1964), p.3. 이하 본문에 *PH*로 약술함.

[7] K. Popper, *The Open Society and its Enemies*, vol. 1(Princeton University Press, 1971), p.8. 이하 본문에 *OS1*로 약술함.

포퍼는 현대세계에 절대적 영향을 미친 이 두 역사법칙주의가 헤겔의 철학에 연원을 두고 있으며, 헤겔 철학은 다시 헤라클레이토스(Heraclitus), 플라톤, 아리스토텔레스(Aristoteles)의 철학에 기초하고 있다고 해석한다. 그러므로 역사법칙주의는 고대의 선민사상에서 출발하여 헤라클레이토스, 플라톤, 아리스토텔레스, 헤겔, 콩트, 밀(J. S. Mill), 마르크스 등으로 이어지는 뿌리 깊은 오류의 사상이다. 이것은 인간의 전체 역사가 냉혹한 법칙에 의해 규정된다는 운명의 신화이며, 수많은 선량한 인간들을 제물로 요구하는 전체주의의 미신이다. 여기서 포퍼는 역사적 운명에 대한 역사법칙주의의 신념이란 미신에 불과하며, 과학적 방법이나 다른 어떤 합리적 방법에 의해서도 인간의 역사 과정은 예측될 수 없다고 하는 그의 사상을 다음과 같이 밝히고자 한다.

첫째, 인간의 역사 과정은 인간의 지식의 성장에 크게 영향을 받는다.

둘째, 우리는 합리적 또는 과학적 방법에 의해서 우리의 과학 지식이 미래에 어떻게 성장할 것인가를 예측할 수 없다.

셋째, 그러므로 우리는 인간 역사의 미래 과정을 예측할 수 없다.

넷째, 이것은 이론 역사학(theoretical history)의 가능성, 즉 이론 물리학에 대응하는 역사적 사회과학의 가능성이 부인됨을 의미한다. 역사적 예측의 근거가 될 수 있는 역사 발전에 관한 과학적 이론이란 있을 수 없다.

다섯째, 그러므로 역사법칙주의적 방법들의 기본적 목표는 오해에서 기인하는 것이며, 역사법칙주의는 붕괴한다(*PH*, 7).

포퍼의 의도는 "역사법칙주의의 빈곤"이란 그의 저서명이 암시하듯 이론 물리학에 대응되는 이론 역사학의 가능성을 부정함으로써 역사법칙주의를 결정적으로 붕괴시키고자 함에 있다. 이를 위해 포퍼는 먼저 매혹적인 지적 구성물로서의 역사법칙주의의 의미를 밝힌다. 그러고 나서 이것이 지닌 불치의 약점을 논증코자 한다.

3. 역사법칙주의에 대한 포퍼의 해석

1) 반자연주의적 교설

포퍼는 역사법칙주의의 방법이 지닌 치명적인 약점을 비판하기에 앞서 그 증상의 진단부터 시작한다. 그에 의하면 역사법칙주의자가 자연과학과 상이한 사회과학의 독자성을 주장하는 반자연주의적(anti-naturalistic) 방법은 대략 다음과 같은 몇 가지의 특성을 지닌다.

(1) 사회과학에서는 일반화(generalization) 및 실험이 불가능하다. 사회에는 언제나 새로운 사실이 생성되기 때문이다(*PH*, 6-11).

자연과학에서의 일반화의 가능성과 그 성공은 자연의 일반적 제일성에 기인한다. 그러나 사회과학에서는 이러한 원리가 적용되지 아니한다. 사회적 제일성은 하나의 역사적 시대에서 다음의 역사적 시대로 변화하는 것이요, 인간의 활동은 사회적 제일성을 변화시키는 힘이기 때문이다. 즉, 사회적 제일성은 자연의 법칙이 아니라 인간이 만드는 것이기 때문이다.

물리학은 실험의 방법을 사용한다. 그러나 실험적 방법이 사회학에 적응될 수는 없다. 왜냐하면 유사한 조건이란 어떤 동일한 시대 안에서만 일어날 수 있을 뿐만 아니라, 사회적 실험 자체가 사회의 조건을 변화시키기 때문이다. 따라서 엄밀하게 같은 조건 하에서의 실험은 불가능하다.

물질적 세계에는 본질적으로 새로운 것이란 일어날 수 없다. 새로운 기계는 발명될 수 있다. 그러나 우리는 그것을 언제나 새로운 것이 아닌 요소들의 재배열로서 분석할 수 있다. 이와 반대로 사회과학에서는 생물학적 새로움과 마찬가지로 본질적인 새로움이 나타난다. 따라서 우리는 사회생활을 분석함으로써 어떤 개별적인 사건들이 어떻게, 그리고 왜 일어났는가를 발견하고 직관적으로 이해할 수는 있지만, 그와 같은 인과적 연쇄의 전칭적 진술이 될 수 있는 일반적 법칙을 정식화할 수는 없다.

(2) 사회는 물질적 세계보다 훨씬 더 복잡하여 예측이 부정확할 뿐만 아니라 사회적 문제의 판단에는 언제나 가치의 문제가 개재되어 있다(*PH*, 12-16).

사회과학에서 우리는 이중의 복잡성에 직면한다. 그 하나는 인위적 고립화가 불가능한 데서 오는 복잡성이요, 또 하나는 사회생활의 특수성에서 오는 복잡함이다. 다시 말하면 사회생활은 개인의 정신생활, 즉 심리학을 전제하는 자연현상이며, 차례로 심리학은 다시 생물학을 전제하고 생물학은 또 화학과 물리학을 전제한다는 사실에서 기인하는 복잡성이다. 그러므로 설사 물리학의 분야에서의 제일성과 같은 불변적인 사회적 제일성이 존재한다 할지라도 이러한 이중의 복잡성 때문에 그것을 발견하기가 용이하지 않다. 따라서 사회학에 있어서 예측이 정확하지 못하다는 것은 자명한 일이다.

또한 사회적 예측의 어려움은 단지 사회구조의 복잡성 때문만이 아니라 예측과 예측된 사건과의 상호 관련에서 일어나는 특이한 복잡성 때문이기도 하다. 그러므로 물리학에서 보는 바와 같이 진리에 대한 객관적이며 이상적인 탐구와 유사한 것이 사회과학에는 있을 수 없다. 사회학적 교설들은 특정한 역사적 시대의 지배적인 편애나 이해관계와 관련을 가지며, 그렇지 않으면 정치적 또는 경제적 이해관계와 관련을 갖는다. 이것은 전통적 역사주의(historism)나 지식사회학(sociology knowledge)이라고 불리는 입장이다.

(3) 사회과학에는 원자론적 사고방식 대신에 전체론적 사고방식(holistic method)이, 법칙적 설명 대신에 직관적 이해의 방법이 타당하다(*PH*, 17-26).

사회학은 살아 있는 대상을 다루는 모든 생물학적 과학과 마찬가지로 원자론적 방식으로 연구되는 것이 아니라, 오늘날에는 전체론적 방법이라고 불리는 방식으로 이해되어야 한다. 왜냐하면 사회학의 대상, 즉 사회적 집단은 결코 사람들의 단순한 집합으로 간주되어서는 안 되기 때문이다. 사회적 집단은 성원들의 단순한 총체 이상의 것이요, 또한 개인적인 관계의 단순한 총체 이상의 것이다.

모든 사회적 집단은 그 자신의 전통과 그 자신의 제도, 그 자신의 의식을 갖는다. 그러므로 우리가 그것을 설명하고 그것을 이해하려고 한다면, 그 집단의 역사와 전통, 제도를 연구하지 않으면 안 된다. 이것은 자연과학의 방법과는 대립되는 것으로서 사회과학은 사회현상의 깊은 이해에 의거한다고 하는 이론이다. 물리학은 인과적 설명을 목표로 하고, 사회과학은 목적과 의미의 이해를 목표로 한다. 물리학에 있어서는 사건들이 수식의 도움으로 엄밀하게 정량적으로 설명된다. 그러나 사회과학은 역사적 발전을 더 정성적인 관점에서, 예컨대 상술되는 경향과 목적이라는 관점에서 또는 국민성이나 시대정신이라는 관점에서 이해하려고 한다.

(4) 따라서 사회과학은 본질주의(essentialism)의 입장에 선다(*PH*, 26-34). 본질주의는 보편적 대상의 존재를 믿을 뿐만 아니라, 또한 과학에 대한 보편의 중요성을 강조한다. 즉, 방법론적 유명론자들이 우리가 사용하는 말을 단지 기술의 유용한 도구로 간주하는 데 반해, 방법론적 본질주의자들은 단칭 명사가 개별적 사물을 지시하는 것과 똑같이 보편적 명사는 보편적 대상을 지시한다고 주장한다. 그러므로 모든 중요한 사회학적 실체는 그것을 기술하기 위한 보편적 명사들을 전제하는 것이요, 사회과학의 임무는 그러한 실체들을 명석하고 정확하게 기술하는 것이며, 그 본질을 인식하는 것이다.

또한 변화와 본질은 상관 개념으로 출현하며, 어떤 의미에서는 본질도 역사를 전제한다. 본질이란 어떤 사물이 변화하는 때에도 동일한 것으로 또는 불변적인 것으로 남아 있는 그 사물의 원리라면, 그 사물이 갖는 변화는 그 사물의 본질의 다른 측면이나 가능성을 드러내는 것이기 때문이다. 따라서 변화는 그 본질의 숨은 잠재력의 실현 또는 현실화라고 해석될 수 있다. 결국 한 사물의 불변적 본질은 그것의 변화를 통해서만 인식될 수 있다는 이 원리가 사회학에 적용될 때는 한 사회집단의 본질 또는 참된 성격은 그 사회집단의 역사를 통해서만 드러나고 인식될 수 있다는 결론에 이른다. 따라서 사회과학은 역사적 방법을 채택하지 않으면 안 된다.

2) 친자연주의적 교설

포퍼에 의하면 역사법칙주의가 근본적으로는 반자연주의라고 하지만 자연주의적 요소를 완전히 배격하고자 하는 것은 아니다. 역사법칙주의자들도 사회학이 물리학과 마찬가지로 이론적임과 동시에 경험적임을 목표로 하는 지식의 한 분야라는 것을 인정하기 때문이다. 사회학이 이론적 학문이라는 것은 이론이나 보편적 법칙의 도움으로 사건들을 설명하고 예측하려는 것을 의미하며, 경험적이라 부르는 것은 설명하고 예측하고자 하는 사건들이 관찰될 수 있다는 것을 의미한다. 역사법칙주의의 친자연주의적(pro-naturalistic) 방법은 다음과 같은 특징을 갖는다.

(1) 천문학과 사회적 역학은 모두 관찰적 기초 위에 존립한다. 그러므로 천문학의 장기 예측과 사회과학의 대규모 예측은 동일한 것이다(*PH*, 36-40).

역사법칙주의자는 천문학과 사회학의 유사성을 강조한다. 둘 다 비실험적 관찰적 기초에 의존하고 있으며, 장기 예측을 노리기 때문이다. 만약 천문학이 일식과 월식을 예측할 수 있다면 왜 사회학은 혁명을 예측하는 것이 불가능한가? 천문학이 관찰의 연대기에 의존하고 있듯이 사회학의 관찰적 기초도 여러 가지 사건들, 즉 정치적, 사회적 사건들의 연대기라는 형태로만 주어진다. 따라서 역사가 사회학의 기초가 되며, 나아가 정치적, 사회적 역사만이 사회학의 유일한 경험적 원천이라고 간주하는 역사법칙주의자는 사회학을 이론적 역사학이라고 주장한다.

(2) 필연적인 역사의 발전 법칙이 존재하며 사회는 그 법칙에 따라 발전한다(*PH*, 41-48).

사회적 법칙은 제일성에 기초를 둔 통상적인 일반화와는 좀 다른 구조를 갖지 않으면 안 된다. 왜냐하면 모든 시대를 통한 사회적 제일성이란 존재하지 않으므로 사회에 보편적으로 타당한 유일한 법칙은 한 시기로부터 다른 시기에로의 이행을 규정하는 역사적 법칙이 아니면 안 되기 때문이다. 사회란 바꿀 수 없는 예정된 행로를 따라 변화하며, 냉혹한 필연성에 의해 예정된 단계를 거쳐 변화한다. 따라서 한 사회가 자신의 운동을 규정하는 자연법칙을 발견했을 때에도 그 사회는 자신의 발전 단계를 뛰어넘을 수 없고, 어떤 수완으로도 그것을 제거할 수 없다. 그러므로 이것은 다분히 예언적(prophecy) 성격을 띤다. 역사법칙주의자에게 있어서 사회학은 집단과 인류의 미래를 예고하려는 시도인 것이다.

(3) 따라서 사회과학의 임무는 사회를 변화시키려는 계획 대신에 사회적 발전을 해석하는 일이다(*PH*, 49-52).

역사법칙주의는 역사의 주류와 합치하는 계획만이 유효한 것일 수 있다고 본다. 즉, 다가오는 변화와 합치하여 그것을 촉진하는 활동만이 합리적인 것이다. 사회적 산파술만이 우리에게 개방되고 완전히 합리적인, 그리고 과학적 예견에 힘입을 수 있는 유일한 활동이다. 그리하여 역사의 예언과 역사의 해석이 현실적 사회 행동의 기초가 되지 않으면 안 된다. 그 결과 역사의 해석이 역사법칙주의적 사색의 중심과제가 되지 않을 수 없으며, 모든 사색과 모든 활동은 미래를 예측하기 위하여 과거를 해석하는 것을 목표로 한다. "철학자들은 세계를 여러 가지로 해석해 왔을 뿐이다. 그러나 문제는 세계를 변혁하는 것이다"라는 역사법칙주의자의 능동주의적 권고도 다가오는 발전을 바꿀 수는 없고 그 발전에 조력할 수 있을 뿐임을 의미한다.

4. 역사법칙주의에 대한 포퍼의 비판

1) 반자연주의적 교설의 비판

역사법칙주의자들이 주장하는 사회과학의 독자적인 반자연주의적 교설의 오류는 결국 세 개의 도그마(dogma)와 연결되어 있다. 전체론(holism)과 본질주의(essentialism), 그리고 유토피아주의(utopianism)가 그것이다. 이 중에서도 가장 기본적인 것은 전체론이다. 그러므로 전체주의의 붕괴와 더불어 반자연주의적 교설을 주장하는 역사법칙주의는 동시에 붕괴되고 만다.

(1) 전체론(holism)의 오류

이 전체주의 오류에는 두 개의 문제가 관련되어 있다. 전체의 정의 문제와 실험의 문제가 그것이다.

포퍼는 먼저 역사법칙주의자들의 전체(whole)라는 말의 사용에 근본적인 애매성이 있음을 지적한다. 이 말은 두 가지 의미로 사용되는데, 하나는 ① 한 사물의 모든 성질이나 양상의 총체, 그리고 특히 그 사물의 구성 부분 사이에 성립하는 모든 관계의 총체를 지시하는 경우와, 다른 하나는 ② 문제 되는 사물의 어떤 특수한 성질이나 양상, 즉 그 사물로 하여금 단순한 집적보다는 오히려 유기적 구조로 보이게 하는 성질이나 양상을 지시하기 위해서 사용되는 경우이다(*PH*, 76). 여기서 포퍼는 ②의 경우는 형태 심리학(Gestalt psychology)에서 보는 것과 같이 학적 탐구의 대상이 되는 전체이며, ①의 경우는 전연 학적 탐구의 대상이 될 수 없는 전체임을 증명코자 한다. 여기서 역사법칙주의자들이 사용하는 전체의 의미는

①의 경우이다.

만약 우리가 멜로디를 단일한 음들의 단순한 모음이나 또는 연속 이상의 것이라고 정의할 때, 우리는 어떤 전체를 의미하고 있다. 그러나 이때 고려되는 것은 음들의 연속이 나타내는 여러 양상 중의 하나인 것이다(*PH*, 77). 그것은 어떤 음의 절대적 음조나 그들의 평균적인 절대적 강도와 같은 양상과는 구별된다. 더욱이 멜로디라는 양상보다 더 추상적인 양상도 있다. 이와 같이 과학적 연구의 대상이 되는 의미에서의 전체에 관한 연구는 언제나 선택적이다. "어떤 것을 연구하고 싶다면, 우리는 그것이 지닌 양상 일부를 선택할 수밖에 없다. 우리는 세계 전체나 자연 전체를 한 덩어리로서 관찰할 수도, 기술할 수도 없다."(*PH*, 77) 제아무리 작은 단편이라 할지라도 그것의 전 국면을 기술할 수는 없다. 모든 기술은 필연적으로 선택적이기 때문이다. 따라서 한 사물의 모든 성질이나 모든 국면의 총체라는 의미에서의 전체는 과학적 활동이나 그 밖의 다른 활동을 막론하고 그 어떤 활동의 대상도 될 수 없다.

전체론자들의 오류는 바로 형태 심리학에서 이야기하는 어떤 양상으로서의 형태(Gestalt)와 사회 전체라고 했을 때의 총체(totality)라는 의미에서의 전체(whole)가 같다고 생각하는 데에 기인한다. 그들은 이 둘 사이의 차이를 다만 다음과 같은 사실에만 국한시킨다. 즉, 형태는 직접적인 직관적 지각(direct intuitive perception)에 의해서 파악될 수 있지만, 사회적 전체는 한눈에 이해되기에는 너무나 복잡하여 모든 요소들을 주의하고 비교하고 결합하는 오랜 사고를 거친 후에야 비로소 점차로 파악될 수 있다고 하는 사실이다.[8] 그

---

[8] K. Mannheim, *Man and Society in an Age of Reconstruction*, p.184.

러나 형태와 전체는 근본적으로 구분되지 않으면 안 된다. 형태는 총체라는 의미에서의 전체와는 아무 관계도 없으며, 직관적이냐 논증적이냐를 막론하고 모든 지식은 반드시 추상적 양상을 띨 수밖에 없다. 따라서 사회적 현실 전체의 구조는 결코 파악될 수가 없는 것이다. 그러므로 전체주의적 방법은 필연적으로 단순한 프로그램에 그치고 만다. 그럼에도 불구하고 전체주의자들은 불가능한 방법에 의해서 사회 전체를 연구하려고 시도할 뿐만 아니라, 그들은 또한 우리의 사회를 하나의 전체로서 통제하고 개조하려고 계획하기도 하는 것이다(*PH*, 79).

역사법칙주의적 전체론자들은 "역사적 방법"을 총체라는 의미에서의 전체를 다루기에 충분하다고 주장한다. 그러나 여기서도 사정은 마찬가지다. "역사가 관심을 쏟는 구체적인 개인은 구체적인 전체와 같은 것일 수 없다. 왜냐하면 여타의 탐구와 마찬가지로 역사 역시 그것이 관심을 갖는 대상의 선택된 양상을 다룰 수밖에 없기 때문이다."(*PH*, 80) 사회적 유기체의 전체나 한 시대의 모든 역사적 사건을 나타내는 사회의 상태라는 관념은 인류의 역사를 하나의 거대하고도 포괄적인 발전의 흐름으로 보는 직관적 견해에서 연유된 오류에 불과하다.

실험과 관련된 문제에서도 전체주의는 오류를 벗어날 수 없다. 포퍼에 의하면 "형태의 의미에서의 전체는 주조하거나 통제하거나 혹은 창조할 수 있다. 예를 들어 우리는 선율을 만들어낼 수 있다." (*PH*, 80) 즉, 그것은 실험 가능한 것이다. 그렇지만 그것은 총체적 통제라는 유토피아적 몽상과는 무관한 것이다. 유토피아주의와 마찬가지로 전체주의자는 사회적 실험이 현실적으로 되기 위해서는 반드시 사회 전체를 개조하려는 유토피아주의적 시도의 성격을 띠지 않으면 안 된다고 생각한다. 즉, 사회 실험은 전체론적 규모로 수행되는 경우에만 가치를 가질 수 있다. 그러나 실은 "사회공학자의 전체론적인 청사진은 물리공학자의 청사진에 상응하는 어떤 실질적 경험에도 기초하지 않는다."(*PH*, 84) 물리공학자의 청사진이 실험적 공학에 기초를 둔 것이며 그의 활동의 근거에 있는 모든 원리는 실제적 실험에 의해서 검증된 것임에 반해서 역사법칙주의자의 청사진은 역사의 해석에 기초하고 있다. 그것은 현실적으로 실험이 불가능하기 때문이다.

실험이라는 말이 도달된 성과를 소기의 성과와 비교함으로써 지식을 획득해 가는 수단을 가리킨다면, 전체론적 실험은 실험이라고 불릴 수 없다. 그뿐만 아니라 전체주의적 견해는 전과학적 지식과 과학적 지식을 막론하고 모든 사회적 지식은 기본적인 점차적 실험에 의존하고 있다는 사실을 간과하고 있다.

우리는 사회생활에 관한 수많은 실험적 지식을 가지고 있다. 실업가나 정치가 또는 장군 중 경험을 쌓은 사람과 경험이 없는 사람은 차이가 있다. 그것은 그들이 가지고 있는 사회적 경험에 있어서의 차이며, 그 경험은 치밀하게 계획된 과학적 실험에 의해서 획득된 지식은 아니라 할지라도, 실험에 기초를 둔 지식이다. 새로이 개점하는 식료품상이나 극장 앞에서 줄을 서는 사람이나 모두 하나의 사회적 실험을 하고 있는 것이다(*PH*, 86). 우리는 좀 더 대규모의 점차적 실험의 실례로서 독점업자가 생산품의 가격 변동에 대한 결정을 내린다든가, 또는 보험회사가 새로운 유형의 건강보험이나 고용보험을 신설하는 것 등을 들 수 있다. 이러한 방법이 더욱 개량되어 궁극적으로는 더욱 과학적 정신이 깃든 공학으로 대체되는 것이다.

196

점진적 공학에 따르면 "전과학적 접근 방법과 과학적 실험적 접근 방법을 분명하게 구분하는 표징은 없다."(PH, 87) 두 접근 방법은 기본적으로 시행착오의 방법(method of trial and error)을 이용하는 것이다. 즉, 우리는 자신의 과오로부터 배우려고 하는 경우에만 전진할 수 있는 것이다. 이러한 정식은 실험의 방법에만 적용되는 것이 아니라 이론과 실험의 관계에도 적용된다. "모든 이론은 일종의 시도이다. 왜냐하면 이론은 우리가 그것이 유효한지 알아보기 위해 시도하는 임시적 가설이기 때문이다. 그리고 실험적인 확인은 모두 단지 우리의 이론이 어디서 잘못되었는지 알아보기 위해 비판적인 관점에서 수행한 시험의 결과일 뿐이다."(PH, 87)

실험적 방법이 사회과학에는 적용될 수 없다고 하는 역사법칙주의의 근거는 우리가 엄밀하게 유사한 실험의 조건을 임의로 재현할 수 없다는 데 있다. 즉, 역사적 발전에 따르는 변혁에 의해서 사회적 조건이 변하기 때문에 실험이 불가능하다는 것이다. 그러나 여기에는 논점 절취의 오류, 즉 선결문제 요구의 오류가 간과되어 있다. 다시 말하면 우리가 "유사한 실험의 조건"을 재현할 수 없으므로 실험적 방법을 적용할 수 없다고 했을 때, 우리는 이미 "유사한 조건"이 무엇임을 알고 있어야 한다. 그러나 "우리는 유사한 조건의 의미를 결코 선험적으로 알 수는 없다."(PH, 94) 상이한 결과에 이르는 두 가지 실험의 조건에서 어떤 차이를 탐지하기란 참으로 어려운 일이다. 어떤 종류의 유사성이 적절한 것이며, 어느 정도의 유사성이면 충분한 것인가를 알자면 오랜 동안의 이론적 연구와 실험적 연구가 필요한 것이다. 그러므로 유사한 조건을 알기 이전에 이미 실험의 방법은 시종 적용되고 있는 것이다. 사회적 조건의 변화를 강조함으로써 사회 실험의 불가능을 주장하는 원리는 사회

"변화의 중요성에 대한 집착", 즉 역사법칙주의자의 히스테리(hysteria)가 낳은 부산물에 불과하다(*PH*, 96).

또한 물리적 환경에서 일어나는 변화는 사회적, 역사적 환경의 변화에 기인하는 경험과 아주 유사한 경험을 일으킬 수 있다. "밤과 낮의 계기보다 더 명백하고 빠른 규칙적 사건이 어디에 있겠는가? 하지만 만약 우리가 극권을 지나간다면 그 규칙성은 와해된다." (*PH*, 100) "1900년 크레타 섬의 역사적, 사회적 환경과 3천 년 전 크레타 섬의 역사적, 사회적 환경의 차이가 크레타 섬의 지리적, 물리적 환경과 그린란드의 지리적, 물리적 환경의 차이보다 클 것이라고 말하기 어렵다."(*PH*, 100) 한 물리적 환경에서 다른 물리적 환경으로 준비도 없이 갑자기 이동한다면, 사회 환경에서 그에 상응하는 변화가 일어날 때보다 더욱 치명적인 결과가 예상된다. 역사법칙주의자는 역사적 시기들 사이에 다소 눈에 띄는 차이에 대해서는 그 의의를 과대평가하고 과학적 창의력의 가능성에 대해서는 과소평가한다. "케플러(J. Kepler)가 발견한 법칙은 행성 체계에서만 타당하지만, 그것의 타당성은 그가 살았던 그리고 그가 관찰했던 태양계에 국한되지 않는다. 뉴턴(I. Newton)이 관성의 법칙의 중요성을 인식하기 위해 중력과 다른 힘의 영향을 받지 않는 유동체를 관찰할 수 있는 우주의 어떤 외진 곳으로 물러가야 했던 것도 아니다. … 이와 마찬가지로 우리가 모든 사회적 시대에 두루 통하는 사회학적 이론을 만들어내지 못할 이유도 없는 것 같다."(*PH*, 101)

포퍼에 의하면 사회과학의 법칙의 타당성이 일정한 시기를 넘어서 확장되는지 어떤지를 확신할 수 없으므로 우리가 참으로 보편적인 원리를 발견했다고 생각해서는 안 된다는 원리는, 자연과학에도 마찬가지로 적용된다. 자연과학에서 우리의 법칙이 참으로 보편적으로 타당한지, 또는 일정한 시대(어쩌면 우주가 팽창하는 시대) 혹은 일정한 지역(어쩌면 비교적 중력장이 약한 지역)에만 적용 가능한지를 우리는 전연 알 수 없다. 그러나 우리는 자연법칙의 정식화에서 이러한 조건들을 붙이지 않는다. 왜냐하면 우리는 타당성의 범위가 무제한한 법칙들을 탐구해야 하는 것이 과학적 방법의 중요한 "공준"(*PH*, 103)이기 때문이다.

결국 전체주의의 오류가 폭로됨으로써 사회과학에는 일반화 및 실험의 방법이 적용될 수 없다는 이론, 사회현상은 자연 현실보다 더욱 복잡하여 예측이 불가능하다는 이론, 분석적이며 실험적인 접근법 대신에 직관적 이해의 방법을 사용해야 한다는 이론 등은 그 근거를 상실하고 만다.

(2) 본질주의(essentialism)의 오류

본질론의 오류는 멀리 플라톤의 "이데아론이나 형상 이론(theory of forms or ideas)"(*OS1*, 21)에까지 거슬러 올라간다. 이데아 이론은 모든 같은 종류의 사물에는 오직 하나의 이데아가 있을 것을 요구한다. 이것은 우리의 감각으로는 파악할 수 없는 사물들의 본질이다.

이것은 실재론(realism)이란 이름으로 오랜 전통을 자랑하는 이론인데, 모든 보편적 말이 지칭하는 본질이 실제로 존재한다는 견해이다. 포퍼는 이를 "본질주의"라 명명한다. 이 이론은 보편은 단지 단일한 사물들의 집합 또는 부류의 구성원들에 붙여진 명칭에 불과하다는 유명론(nominalism)에 정반대된다. 예컨대 본질주의자들은 우리가 우선 단일한 사물들의 한 집단을 모으고, 다음에 그것들이 '희다'고 하는 명칭을 붙인 것을 부정한다. 오히려 우리가 어떤 사

물을 희다고 부르는 것은 그 사물이 다른 흰 사물들과 공유하고 있
는 어떤 본질적 성질, 즉 '하양(whiteness)' 때문이라고 주장한다. 이
성질이 보편적 명사에 의해서 지시되어 개별적 사물들과 꼭 마찬가
지로 탐구될 가치가 있는 대상으로 간주되는 것이다.

이러한 "방법론적 본질주의(methodological essentialism)"(OS1,
31)에 의하면 과학의 당면 과제는 사물의 참된 본성, 즉 사물의 숨
겨진 실재나 본질(the hidden reality or essence)을 발견하고 서술하
는 일이다. 그리고 이런 본질은 지적 직관(intellectual intuition)의
힘으로만 발견될 수 있다. 모든 본질은 그것에 적합한 이름을 가지
며, 감각적 사물들은 그 이름에 따라 불린다. 이때 어떤 사물의 본
질의 서술이 정의(definition)이다. 따라서 방법론적 본질주의에 따
르면 어떤 사물을 아는 데는 세 갈래의 길이 있을 수 있다. 즉, 그
것의 불변적 실재나 본질을 아는 방법, 그 본질의 정의를 아는 방
법, 그것의 이름을 아는 방법이 그것이다(OS1, 31).

방법론적 본질주의는 아리스토텔레스에 의해서 확립되었는데, 이
것은 주로 "정의의 문제",[9] 즉 정의의 본질주의적 방법(essentialist
method of definition)을 중심으로 해서였다.

플라톤을 따라 우리의 지식을 진지(episteme)와 의견(doxa)으로
구별한 아리스토텔레스는 지식을 다시 두 종류로 나눈다. 하나는
논증적(demonstrative) 지식이고, 다른 하나는 직관적(intuitive) 지식
이다. 논증적 지식은 삼단논법의 추리에 의한 지식이며, 직관적 지
식은 어떤 사물의 본질이나 불가분의 형상(indivisible form)을 파악
하는 데서 성립한다. 모든 논증에는 전제가 필요하며, 전제의 전제

---

[9] K. Popper, *The Open Society and its Enemies*, vol. 2(Princeton University
    Press, 1971), p.9. 이하 본문에 OS2로 약술함.

를 거슬러 올라가면 결국 더 이상 전제될 수 없는 기본적 전제(basic premises)에 부딪친다. 그러면 이 기본적 전제는 어떻게 가능하겠는가? 여기서 플라톤과 마찬가지로 아리스토텔레스도 우리의 모든 지식은 궁극적으로 사물들의 본질에 대한 직관적 파악에 의해서만 이루어진다는 데 동의한다. "그것의 본질을 알았을 때만 우리는 어떤 사물을 알 수 있다."[10] 즉, 어떤 사물을 안다는 것은 그것의 본질을 아는 것이다. 기본적 전제란 어떤 사물의 본질을 기술한 진술에 불과하며 이것이 곧 사물의 정의이다. 따라서 모든 논증의 기본전제는 정의들이다.

"강아지는 어린 개다(A puppy is a young dog)"라는 정의의 예를 들어보자. 이때 정의 문장의 주어인 강아지(puppy)는 피정의항이며 어린 개(young dog)는 정의항이라 불린다. 규칙상 정의항은 피정의술어보다 더 길고 복잡하다. 아리스토텔레스는 피정의항 술어, 즉 정의되는 술어를 어떤 사물의 본질에 붙인 이름이라 생각하고, 정의항, 즉 정의하는 술어들을 그 본질의 기술로서 간주한다.[11] 정의항은 문제 되는 사물의 본질을 남김없이 서술하지 않으면 안 된다. 그러므로 예컨대 "강아지는 네 다리를 가진다"는 진술은 비록 참이라 할지라도 충분한 정의라고 하기는 어렵다. 왜냐하면 그것은 강아지(puppiness)의 본질이라고 불릴 수 있는 것을 충분히 나타내지 못했기 때문이다.

소크라테스(Socrates)에서부터 시작해서 플라톤을 거쳐 아리스토텔레스에서 완성을 본 이런 본질주의적 정의에는 어떤 문제점이 내

---

[10] Aristoteles, *Metaphysics*, 1031b7, 1031b20. "There is knowledge of each thing only when we know its essence."
[11] 같은 책, 1030a14, 1030b24.

포되어 있는 것인가? 포퍼는 바로 이 본질주의적 정의의 문제에 서양 사상사를 오류에 빠트린 치명적 결함이 내재되어 있다고 지적한다. 그에 의하면 아리스토텔레스식의 정의는 한꺼번에 두 개의 밀접히 관련된 물음에 답하고 있다(OS2, 13). 하나는 "그것은 무엇인가?(What is it?)"의 물음에 대한 답이고, 다른 하나는 "그것은 무엇을 의미하는가?(What does it mean?)"라는 물음의 답이다. 첫 번째 것은 피정의 단어에 의해서 지시되는 본질(essence)이 무엇인가에 대한 물음이고, 두 번째 것은 본질을 지시하는 단어의 의미에 대한 물음이다. 이 두 물음의 공통된 특성은 "두 질문들이 모두 정의에서 왼쪽에 있는 술어에 의해서 제기되고 오른쪽에 있는 정의항에 의해서 대답하는 것이다."(OS2, 14) 즉, '강아지 → 어린 개'의 식으로.

바로 여기에 문제가 있다. 포퍼에 의하면 현대 과학에서 사용되는 정의는 이것과 정반대가 되지 않으면 안 된다. 즉, 오른쪽에서 왼쪽으로 향하지 않으면 안 된다(OS2, 14). 즉, '강아지 ← 어린 개'의 식으로. 왜냐하면 정의는 결국 정의항에서 출발하여 그것에 대한 짧은 부호를 요구하는 것이기 때문이다. 이러한 지시적 정의의 관점에서 볼 때, "강아지는 어린 개다"라는 정의는 "강아지란 무엇인가?(What is a puppy?)"에 대한 답이라기보다는, "우리는 어린 개를 무엇이라 부르는가?(What shall we call a young dog?)"에 대한 대답이다. 이러한 정의의 과학적 사용은 본질주의적 해석에 대립하는 유명론적 해석(nominalist interpretation)이다. 현대 과학에서는 유명론적 해석만이 타당하다. 말하자면 긴 이야기를 짧게 하기 위해서만 짧은 상징이나 부호가 도입된다. 그러므로 과학에서 정의란 그다지 중요한 역할을 하지 못한다. 우리의 과학적 지식은 모든 정의를 제거한다 해도 조금도 영향을 받지 않고 그대로 존재한다. 유명론적 정의는 다만 새로운 인위적인 부호를 도입하여 긴 이야기를 짧게 할 뿐이다(OS2, 15).

본질주의적 정의는 두 개의 이유에서 불합리하다(OS2, 15). 하나는 본질주의자들이 주장하는 지적 직관의 신비적 원리(the esoteric doctrine of intellectual intuition) 때문이고, 다른 하나는 우리가 아무리 원한다 해도 우리의 술어들을 엄밀히 정의할 수 없는 이유 때문이다. 어떤 관념이나 어떤 관점, 혹은 산술적 방법(arithmetical method)을 이해하는 사람은 누구나 그것을 직관적으로 이해한다고 할 수도 있다. 그리고 그런 종류의 지적 경험은 수없이 많다. 그렇지만 이런 경험들은 비록 중요하다 하더라도 어떤 이론의 진리를 보장할 수는 없다. 언제나 그에 정반대되는 직관의 가능성을 우리는 부정할 수 없기 때문이다. "과학의 길은 한때는 자명한 것으로 선언되었던 이론들의 폐기로써 포장되어 있다."(OS2, 16) 직관은 과학자에 있어서도 시인의 경우와 마찬가지로 중요한 역할을 수행한다. 그러나 그것은 언제나 개인적이고 주관적인 일에 불과하다. 과학은 그가 어떻게 그의 생각을 얻었는지에 관해서는 묻지 않고, 모든 사람들에 의해서 검토될 수 있는 논증에만 흥미를 가진다.

비판의 대상이 되는 두 번째 원리는 언어적 표현의 문제(verbalism)에 연관되어 있다. 우리가 모든 진술들을 증명할 수 없다는 것은 일찍부터 알려져 온 사실이다. 왜냐하면 이렇게 한다면 우리는 결국 증명의 무한 퇴행(finfinite regression)에 빠지지 않을 수 없기 때문이다. 이와 마찬가지로 "우리가 모든 술어의 의미를 정의하려는 시도 역시 정의의 무한 퇴행에 빠지지 않을 수 없게 된다."(OS2, 16) 우리가 사용하는 말의 의미를 엄밀하게 정의하지 않는 상태에서 무익한 논쟁이 계속된다는 것이 비트겐슈타인(L. Wittgenstein)의 사상이다. 그러나 우리가 어떻게 사용하는 모든 말의 의미를 정의할 수 있을 것인가? 결국 끝없는 순환만이 존재하지 않겠는가?

그렇다면 어떻게 해서 우리는 우리의 지식을 체계화시킬 수 있으며, 정의의 무한 순환에서 벗어날 수 있겠는가? 이것은 유명론적 입장에서만 가능하다. 왜냐하면 이미 밝힌 대로 과학은 사용하는 술어의 의미를 규정하기 위해서 정의를 사용하지 않고 간편한 부호를 도입하기 위해서만 정의를 사용하기 때문이다. 그리고 그 부호는 정의에 의존해 있지 않다. "모든 정의는 알려진 정보에 손실을 끼치지 않고 생략될 수 있다."(OS2, 18) 왜냐하면 과학에서 실제로 필요한 모든 술어들은 정의되지 않은 술어들임에 틀림없기 때문이다. 그렇다면 과학은 어떻게 술어들의 의미를 확인하는가? 포퍼에 의하면 과학에서의 진술들은 결코 술어의 의미에 의존해 있지 않다. 술어들이 정의된다 해도 그것으로부터 어떤 지식을 끌어내려고도 하지 않으며, 그것에 어떤 논증의 기반을 두려고도 하지 않는다. 과학에서는 사용되는 술어와 그 의미가 문제 되는 것이 아니라 사실만이 문제 될 뿐이다(OS2, 18).

결론적으로 아리스토텔레스주의자들 — 즉, 본질주의자들 — 이 지지하고 있는 정의의 두 원리가 모두 부정된 셈이다. 아리스토텔레스에 의하면 우리가 지식을 획득하는 데는 두 개의 방법, 즉 논증적 방법과 정의적 방법이 있었고, 이들은 모두 그 기본전제를 직관에 기반하고 있었다. 그런데 직관은 결국 진정한 지식의 원천이 되지 못한 셈이었다. 따라서 "물질은 어떻게 움직이는가?" "진공 속에서의 두 물체의 낙하속도는 어떤가?" 등의 물음 대신에 "물질이란 무엇인가?" "국가란 무엇인가?" 등의 본질주의적 물음은 처음부터 과학적 물음이 되지 못한다. 물질이나 국가의 본질이란 원래 존재하지 않는 허구이기 때문이다.

(3) 유토피아주의(utopianism)의 오류

유토피아적 접근법은 합리적 행위는 어떤 목적을 가져야 된다는데서부터 출발한다. 합리적 행위는 그것의 목적을 의식적이고 지속적으로 추구하는 그만큼, 그리고 그것의 수단을 이 목적에 따라서 규정하는 그만큼 합리적이다. 우리는 우리의 중간 목적과 궁극적 목적을 주의 깊게 구분해야만 한다. 우리가 이런 구분에 실패한다면 합리적으로 행위한다고 할 수 없다. 이런 원리가 정치적 행위의 영역에 적용된다면 우리는 먼저 우리의 궁극적인 정치적 목적이나 이상국가(the ideal state)를 설정해 놓은 후에 정치적 행위를 취할 수 있다. 즉, 우리가 추구하는 사회의 청사진 같은 것을 소유한 연후에라야 그것의 실현을 위한 수단을 생각해 볼 수 있고 실천의 계획을 세울 수 있게 된다. 이것이 합리적이라고 불릴 수 있는 사회공학이다. 포퍼에 의하면 얼핏 보기에 매우 설득력 있고 매력적인 이 유토피아적 사회공학은 점진적 사회공학과 완전히 대립적인 위치에 선다. 그러므로 이것은 "심미주의(aestheticism)" 내지는 "완전주의(perfectionism)"(OS1, 157)라고 불릴 수 있다.

이것의 오류는 어디에 있는가? 포퍼에 의하면 이것이 건전한 방법이 되지 못한 이유는 다음 몇 가지로 나누어질 수 있다. 첫째로, 전체로서의 사회 청사진을 사용하여 이상사회를 실현코자 하는 유토피아적 시도는 소수의 강력한 중앙집권적 지배를 요구하며, 이것은 독재로 흐르기 쉽기 때문이다(OS1, 159).

둘째로, 유토피아적 접근법이 가진 오류는 최초의 청사진을 설계한 사람들에게는 이상 상태로 보였던 것이, 그들의 후계자들에게는 그렇게 보이지 않을 수도 있다는 점이다. 만약 이것이 용인된다면 전체적 접근법은 부정되고 만다. 궁극적인 정치 목적을 설정하고 그것을 향해서 나아가는 방법은 그 목적이 그것의 실현 과정에서 변한다면 무용한 것이다. 어떤 순간에는 여태껏 밟아온 과정이 새로운 목적의 실현과는 멀리 빗나가 있을지도 모른다. 여태껏 바쳐 온 온갖 노력에도 불구하고 우리는 전혀 아무것도 얻지 못할지도 모른다. 그러므로 유토피아적 접근법은 다만 하나의 절대적이고 불변적인 이상에 대한 플라톤적 믿음과 다음 두 개의 전제에 의해서만 정당화될 수 있다(OS1, 161). 하나는 이상이 무엇인가를 단번에 그리고 확실히 규정할 수 있는 합리적 방법이 있다는 전제이며, 다른 하나는 이것을 실현하는 최상의 방법이 무엇인가를 단번에 규정할 수 있는 합리적 방법이 있다는 전제이다. 이 두 전제가 성립할 때만 유토피아적 접근법은 타당성을 보장받을 수 있다. 그러나 플라톤 자신과 가장 열렬한 플라톤주의자들까지도 이상 상태를 단번에 규정하는 합리적 방법이 있다고는 보지 않는다. 궁극적 목적이나 이상을 규정하는 어떤 것이 있다면 그것은 다만 어떤 종류의 직관일 것임에 틀림없다. 그러므로 결국 유토피아주의자들 사이의 어떤 의견 차이는 이성 대신에 힘의 사용에 의해서만 해결될 것이다.

셋째로 유토피아적 접근법이 가진 오류는 그것이 대규모의 사회 실험에 기반하고 있다는 점이다(PH, 84). 유토피아주의자들 역시 그들의 이론이 공상적이라는 비판에 대해 실제적 경험의 필요성을 인정하며, 사회공학이 실제적 경험에 기반을 두어야 한다는 점을 긍정한다. 그러나 이때 실험은 사회 전체를 포괄하는 대규모 실험이 아니면 안 된다. 왜냐하면 부분적이고 단편적인 실험의 결과는 우리가 필요로 하는 정보를 제공해 주지 못하기 때문이다. 이 접근법이란 다름 아닌 전체주의적 접근법이다. 이 전체주의가 바로 역사법칙주의를 점진적 공학으로부터 철저하게 구별시켜 주고, 역사법칙주의와 유토피아적 사회공학과의 어설픈 동맹을 가능하게 한다.

역사법칙주의와 유토피아주의를 결합시키는 기본적인 요소는 양자가 공유하고 있는 "전체론적 접근법"이다. "역사법칙주의는 사회적 삶이 지닌 개별적 양상의 발전이 아니라 '전체로서의 사회'의 발전에 관심을 둔다. 이와 유사하게 유토피아적 공학 또한 전체론적이다."(*PH*, 74) 양자는 모두 "조금씩 수선하는" 것과 "그럭저럭 헤쳐 나가는" 것에는 만족하지 않으며 더 급진적인 방법을 취하려고 한다. 그뿐만 아니라 양자는 모두 그들의 목표나 목적이 선택의 문제나 도덕적 결단의 문제가 아니라 그들의 탐구 분야 안에서 과학적으로 발견할 수 있는 것이라고 믿는다. 그들은 모두 사회의 역사적 방향을 규정함으로써 또는 그 시대의 필요를 진단함으로써 사회의 참된 목표나 목적을 찾아낼 수 있다고 믿으며, 낡은 사고나 습관을 타파하고 변화하는 새로운 세계를 이해하기 위한 새로운 관건을 발견하는 것이 그들의 중요한 임무라고 믿는다.

이것은 비타협적인 "급진주의(radicalism)"(*OS1*, 164)이다. 포퍼에 의하면 플라톤적 접근법의 과격한 급진주의는 그의 심미주의(aestheticism), 말하자면 우리가 사는 세계보다 좀 더 좋고, 좀 더 합리적인 세계뿐만이 아니라 온갖 악으로부터 해방된 세계를 건설코자 하는 욕망과 연결되어 있다. 이것은 완전에 대한 꿈이다. 그리고 우리 모두가 이러한 꿈 때문에 어느 정도 고통을 받고 있는 것도 사실이다. 그러나 이 심미적 열광은 이성과 책임감에 의해서 길들여질 때만 가치 있게 된다. 그렇지 못할 때 그것은 신경증이나 병적 흥분의 상태로 발전하기 쉽다.

이러한 심미주의는 플라톤에 있어서 가장 강하게 표현되어 있다. "플라톤은 예술가였고, 다른 많은 일급의 예술가들과 마찬가지로 그는 한 모형, 즉 그의 작품의 신성한 원형(divine original)을 마음속에 구상화하고 그것을 충실히 복사하고자 했다."(*OS*1, 165) 플라톤이 변증법으로써 서술한 것은 주로 순수한 미적 세계의 지적 직관이었다. 그에 있어서 정치학은 하나의 예술이다. 그러나 그것은 비유적 의미에서가 아니라, 음악이나 회화, 건축과 꼭 같은 예술이다. 플라톤적 정치가는 미 자체를 위해서 도시를 구상한다.[12]

그러나 이것이 어떻게 가능하겠는가? 포퍼에 의하면 플라톤의 심미적 급진주의(aesthetic radicalism)는 다음의 근본적인 두 오류에서 출발한다(*OS*1, 167). 그 하나는 그림과 사회제도를 유사한 것으로 보는 착각이며, 다른 하나는 비합리주의적 오류이다. 그림과 사회제도에는 근본적인 차이점이 존재한다. 만약 그림과 사회제도를 동일시한다면 우리는 우리 자신과 우리의 유토피아적 계획까지도 파괴하게 될 것이다. 정치 예술가들은 아르키메데스(Archimedes)의 점과 같은 사회 밖의 어떤 위치를 요구하지만 그런 장소란 존재하지 않는다. 그러므로 우리는 사회공학에 더 많은 경험을 쌓을 때까지 사회제도를 점진적으로 개량하지 않으면 안 된다. 또한 우리는 모든 일에서 다만 시행착오에 의해서만 배울 수 있고 실수에 의해서만 개선될 수 있다. 우리는 결코 영감에만 의존할 수 없다. 따라서 우리 사회의 완전한 재건이 즉시 움직일 수 있는 체계로 될 것이라고

[12] Platon, *Republic*, 500d-501a.

가정함은 합리적이 아니다. 우리는 차라리 경험의 부족 때문에 많은 잘못이 일어날 것이며, 그것은 작은 조정들의 길고 힘든 과정에 의해서만 제거될 수 있다고 기대해야 한다. 점진적 사회공학의 관점에서 보면 점진적 공학의 합리적 방법을 불충분하다고 해서 배척하는 사람들은 새로이 건설된 사회를 계속해서 말살해야만 할 것이다. 왜냐하면 여러 가지 이유 때문에 새로운 출발은 결코 완전함에는 이르지 못할 것이기 때문이다. 결국 유토피아주의의 오류는 전체주의의 오류와 같은 기반 위에서 존립한다.

2) 친자연주의적 교설의 비판

역사법칙주의의 친자연주의적 교설은 자연주의적 방법의 오해에서 출발한다. 그것은 역사법칙주의의 반자연주의적 교설과 마찬가지로 전체주의적 사고의 영향을 받고 있다. 따라서 이 교설은 과학의 방법과 용어를 노예적으로 모방하는 태도라고 해도 무방하다 (*PH*, 105).[13]

이 교설의 오류는 어디에서 기인하는가? 포퍼는 두 개의 근본적 혼동을 제시한다. 하나는 법칙과 추세의 혼동이며, 다른 하나는 이론과 해석의 혼동이다.

(1) 법칙과 추세의 혼동

미래를 예고하기 위해서 사회의 진화법칙을 드러내는 것이 사회과학의 과제라고 하는 신념은 역사법칙주의의 중심적 과제이다. 사

---

[13] cf. F. A. von Hayek, "Scienticism and the Study of Society", *Economics*, N.S., vol IX, p.269.

회란 연속적인 일련의 시기들을 통해서 움직여 나간다고 하는 이 이론은, 한편으로는 변화하는 사회적 세계와 변화하지 않는 물리적 세계를 대조시켜 반자연주의를 낳은 것이며, 다른 한편으로는 소위 계기의 자연법칙에 대한 자연주의적 신념을 탄생시킨 것이기도 하다. 이 신념은 콩트와 밀의 시대에는 천문학의 장기 예측에 의해서 지지되었고 최근에는 다윈주의에 의하여 지지된 신념이다. 포퍼에 의하면 "역사법칙주의의 인기는 단지 진화론이 누리는 인기의 일환에 지나지 않는다."(*PH*, 106)

그러나 고대와 현대의 모든 유기적 형태를 연결하는 원인과 결과의 거대한 연쇄의 법칙인 진화의 법칙이란 존재하는 것인가? 포퍼는 이에 대해 단연 부정적 입장을 취하며, "진화에서 '변하지 않는 질서'의 법칙을 추구하는 것은, 생물학이든 사회학이든 과학적 탐구 방법의 영역에 속할 수 없다"(*PH*, 108)고 주장한다. 왜냐하면 지구상의 생명의 진화나 또는 인간 사회의 진화는 하나의 특이한 역사적 과정인 것이며, 그 과정의 서술은 하나의 법칙이 아니라, 하나의 단칭적인 역사적 언명에 지나지 않기 때문이다. 보편적 법칙은 어떤 불변적 질서에 관해서, 다시 말해서 일정한 부류의 과정에 관해서 주장하는 것이 아니면 안 되며, 무엇보다 먼저 새로운 사례에 의해서 검증되지 않으면 안 된다. 그러나 우리가 특이한 어떤 과정의 관찰에만 국한되어 있다면 보편적 가설을 검증하는 것은 바랄 수도 없고 따라서 과학이 받아들일 수 있는 법칙을 발견할 수도 없다. "아무리 주의 깊게 애벌레 한 마리의 성장 과정을 관찰해도 우리는 그것이 나비로 변신할 것이라는 사실을 예측하지 못할 것이다."(*PH*, 109)

포퍼는 진화의 법칙을 믿는 사람들이 대략 다음의 두 가지 종류의 입장을 취한다고 본다. 하나는 진화의 과정이 특이한 것이라 할지라도, 우리는 그 과정에서 하나의 추세나 경향이나 방향을 인지할 수 있으며 이러한 추세를 진술하는 가설을 정식화하고 이 가설을 미래의 경험에 의해서 검증할 수 있다고 보는 입장이다. 마키아벨리(Machiavelli), 비코(Vico), 슈펭글러(O. Spengler), 토인비(A. Toynbee) 등이 비슷하게 사용한 "진화의 법칙"(*PH*, 110)이란 관념은 탄생, 유년기, 청년기, 성숙기, 노년기, 죽음이라는 생명의 주기가 개개의 동물과 식물에만 적용되는 것이 아니라 사회나 민족, 어쩌면 세계 전체에까지 적용될 수 있다는 이론이다. 이 법칙에 따르면 역사는 반복적인 것이요, 예컨대 문명의 생명을 지배하는 주기의 법칙은 일정한 동물의 종의 생명 주기를 연구하는 것과 똑같은 방법으로 연구할 수 있게 된다. 그러나 "역사가 때로는 어떤 측면에서 반복된다 할지라도 이런 반복 사례는 향후 발전에 상당한 영향을 발휘할 수 있는, 서로 전혀 비슷하지 않은 상황을 포함하고 있다는 것이 분명하다."(*PH*, 110) 그러므로 역사에서 어떤 원형(prototype)이 반복된다고 추정할 근거는 없다.

우리가 진화적 추세나 방향을 인지할 수 있고 추정할 수 있다는 신념 역시 비판을 면할 수 없다. 포퍼는 우선 운동이나 방향 등의 용어에서부터 혼란이 야기되었다고 본다. 운동법칙이나 방향 등에 관한 사회적 동역학이라는 관념은 물리학에서 빌려서 사회학에서 쓰이게 된 것인데, 이러한 용어의 채용에서부터 일련의 오해가 일어나게 된 셈이다. 정역학과 동역학의 물리학자에 의한 구별을 사회학에 적용하려고 처음으로 시도한 사람은 콩트였다. 그러나 이 시도의 밑바닥에는 심한 오해가 가로놓여 있었으니, "사회학자가 '정태적'이라고 부르는 사회 형태는 물리학자가 '동태적'이라고 부를 만한 물리적 체계와 매우 비슷하기 때문이다."(*PH*, 112) 예컨대 물리학자에 있어서 태양계는 동역학적 체계에 속하지만, 태양계는 반복적이요, 성장 발전하지 않고, 구조의 변화도 일으키지 않으므로 사회학자가 '정태적'이라고 부르는 사회적 체계에 대응된다. 운동이란 말도 사회조직이나 생산방법 등에서의 변화를 단지 비유적으로 사용한다면 문제가 발생하지 않으나, 사회적 운동이라는 말로 어떤 구조적 또는 내면적 변화를 의미한다면 오해가 발생한다. 물리학자는 운동 그 자체가 아니라 단지 운동의 변화만이 힘에 의해서 설명되어야 된다고 생각하기 때문이다. "사회적인 운동의 속도나 그것의 경로 또는 과정 또는 방향이란 아이디어도 그것들이 단지 직관적인 인상을 전달하기 위해 사용되는 한에서는 마찬가지로 무해하다. 그러나 만약 그것이 과학적인 것처럼 사용된다면, 그것은 단순히 과학만능주의자의 전문적 횡설수설, 더 정확히 말해 전체론자의 전문적 횡설수설이 된다."(*PH*, 114) 사회는 물질적인 물체와 같이 하나의 전체로서 일정한 경로를 따라 일정한 방향으로 운동할 수 있다고 하는 사회 그 자체의 운동이라는 관념은 하나의 전체론적 혼란에 불과하다.

포퍼도 사회적 변화에 추세나 경향이 있다는 것은 인정한다. "추세는 존재한다. 더 정확히 말해 추세를 가정하는 것은 종종 유용한 통계적 장치가 된다. 하지만 추세는 법칙이 아니다."(*PH*, 115) 일정한 시간과 장소에서의 어떤 추세의 존재를 주장하는 것은 존재 언명이요, 하나의 단칭적 역사적 언명이지, 보편적 언명 내지 보편적 법칙은 아니다. 우리는 과학적 예측의 기반을 법칙 위에 둘 수는 있지만, 수백 년 아니 수천 년 동안 계속되어 온 것이라도 십 년 안에 변할 수 있는 추세의 존재 위에 둘 수는 없다.

콩트와 밀이 주장한 "계기의 역사적 법칙"이란 것도 결국은 법칙과 추세의 근본적인 혼동에서 연유한다. 밀은 일련의 역사적 사건들을 그것이 현실적으로 일어나는 순서대로 규정하는 역사의 법칙이 일단 확인되면 우리는 미래의 사건들을 예측할 수가 있다고 보았다. "이는 우리가 대수학에서 무한수열의 몇 개의 항들을 접한 후에는 그 형태에서 규칙의 원리를 탐지하여 우리가 원하는 수의 항까지 그 수열의 나머지를 예측할 수 있는 것과 같은 것이다." (*PH*, 118) 이리하여 밀은 역사적 일반화나 혹은 다른 종류의 일반화를 더 높은 일반성을 가진 어떤 법칙군으로 환원하는 절차를 "역연역 방법(method of inverse deduction)"(*PH*, 121)이라고 불렀으며, 이것이 역사적 사회학에서 유일하게 올바른 방법이라고 주장했다. 따라서 이에 근거해서 하나의 추세를 일군의 법칙으로 환원하고, 미래 예측의 근거로서 사용할 수 있다고 믿었다.

과학적 문제란 하나의 설명을 필요로 하는 데서 일어난다. 그리고 설명은 개별적인 구체적 사건의 설명과 어떤 법칙의 설명으로 나눌 수 있다.

"어떤 구체적 사건을 인과적으로 설명한다는 것은, 이 사건을 묘사하는 진술을 두 종류의 전제에서 연역함을 의미한다."(*PH*, 122) 하나는 보편적 법칙으로부터이며, 다른 하나는 구체적인 초기조건이라고 부를 수 있는 약간의 단칭적 또는 특정적 진술로부터이다. 예컨대 일정한 실이 끊어졌다는 것을 인과적으로 설명하였다고 말할 수 있는 것은, 우리가 이 실은 1파운드의 무게만 견딜 수 있다는 것과 2파운드의 무게가 그 실에 매달렸다는 것을 발견하는 경우의 일이다(*PH*, 123).

(1) 자연법칙들 :

(i) 어떤 주어진 구조 S(그 재료, 굵기 등에 의해서 결정되는)를 가진 모든 실에는 W를 초과하는 어떤 무게가 그 실에 매달리면 그 실은 끊어지리라는 어떤 특징적인 무게 W가 있다.

(ii) 구조 S를 가진 모든 실에 있어서 특징적인 무게 W는 1파운드와 같다.

(2) 초기조건들 :

(i) 이것은 구조 S를 가진 실이다.

(ii) 이 실에 매달린 무게는 2파운드이다.

(3) 결론(특수적 설명) : 이 실은 끊어진다.

보편적 법칙성에 관한 인과적 설명은 단칭적 사건에 관한 인과적 설명과는 약간 다르다. 우리가 설명하려고 하는 보편적 법칙의 정식화는 그 법칙의 타당성의 모든 조건을 포괄하고 있지 않으면 안 된다. 즉, 여기에서는 특수한 초기조건이 우리가 설명코자 하는 법칙 속에 분명하게 언명되어 있지 않으면 안 된다. 왜냐하면 만일 그렇지 않으면 우리는 그 법칙을 보편적으로, 즉 무조건적으로 주장할 수가 없기 때문이다. 모든 행성은 타원운동을 한다고 하는 법칙을 뉴턴의 만유인력의 법칙으로 규명하는 경우를 생각해 보라. 따라서 법칙에 관한 인과적 설명은 하나의 설명을 그와는 독립적으로 검증되고 확증된 일군의 더 일반적인 법칙들로부터 연역하는 데에서 성립하는 것이다. 이것은 밀의 역 연역 방법과 동일하다.

그러나 단칭적 사건의 인과적 설명에 관한 밀의 논술에는 보편적 법칙과 특수한 초기조건과의 명백한 구별이 없다. 이것은 대체로 밀이 "원인"이라는 용어로 때로는 단칭적 사건을 의미하고 때로는 보편적 법칙을 의미한 용어 사용의 애매성에 기인한다. 그러므로 "밀과 그의 동료 역사법칙주의자는 추세가 초기조건에 의존한다는 것을 간과했다. 그들은 추세를 마치 법칙같이 무조건적인 것처럼 다뤘다."(*PH*, 125) 그러나 추세의 존속 여부는 일정한 특수한 초기조건의 지속 여부에 달려 있다. 역사법칙주의가 말하는 "발전의 법칙"이란 다름 아닌 절대적 추세이니, 그것은 초기조건에 의존하는 것이 아니라, 우리를 저항할 수 없는 미래의 어떤 방향으로 이끌어가는 것이다. 이러한 추세는 조건부의 과학적 예측과는 대립되는 무조건적 예언의 근거가 된다. 이것이 바로 역사법칙주의의 중심적인 과오이다.

추세란 전적으로 초기조건에 의존하고 있으므로, 우리가 어떤 추세를 설명하기 위해서는 그러한 추세가 지속될 수 있는 조건들을 가능한 한 정확하게 규정해야 한다. 우리가 만일 단칭적 추세 t의 완전한 조건 c를 규정하는 데 성공한다면, 우리는 다음과 같은 보편적 법칙을 정식화할 수 있다. "조건 c가 존재할 때는 언제나 추세 t가 존재할 것이다."(*PH*, 129) 그런데도 역사법칙주의자들은 자기가 좋아하는 추세만을 굳게 믿고 이 추세가 사라지게 될 조건에 대해서는 생각지도 않는다. 그러나 예컨대 마르크스가 말하고 있는 생산수단의 집적으로 향한 추세가 인구가 급격하게 감소되고 있는 상황에서도 지속될 수 있겠는가?

(2) 이론과 해석의 혼동

포퍼는 과학적 방법의 단일성을 주장하면서도 이론과학과 역사과학의 구별은 가능하다고 생각한다. "이론과학은 주로 보편적 법칙을 발견하여 시험하는 것에 관심을 갖는 반면에, 역사과학은 모든 종류의 보편적 법칙을 당연시하는 대신 주로 단칭 진술을 발견하여 시험하는 데 관심을 갖는다."(*PH*, 143) 역사는 법칙이나 일반화에 대한 관심보다는 오히려 실재하는 단칭적 내지 특정적 사건에 대한 관심에 의해서 특징지어진다. 예컨대 어떤 단칭적 사건 — 피설명항 — 이 주어지면 역사과학은 그것을 설명하는 단칭적 초기조건을 찾으려고 할 것이다. 따라서 어떤 단칭적 사건에 관한 모든 인과적 설명은 원인이 언제나 단칭적 초기조건에 의해서 서술되는 한 역사적인 것이라고 말할 수 있다. "우리가 실제로 어떤 단칭적인 사건의 인과적 설명에 관심을 기울이는 것은 오직 역사에 한해서이다. 이론과학에서 이런 인과적 설명은 주로 다른 목적 — 보편적 법칙의 시험을 위한 수단이다."(*PH*, 144) 그리고 어떤 것을 인과적으로 설명한다는 것은 그것이 어떻게, 그리고 왜 일어냈는가를 묻는 기원의 문제를 해결하는 것이다.

포퍼는 특수한 역사적 법칙이란 존재하지 않는다고 본다. 하나의 단칭적 사건이 다른 단칭적 사건의 원인이 될 때는 언제나 어떤 보편적 법칙을 통해서만 가능하다. 그러나 이때 사용하는 보편적 법칙이란 아주 보잘것없는 것이요, 우리의 상식의 일부에 지나지 않으므로 우리는 그것을 구태여 언급할 필요가 없고 또 그것에 주의하는 일도 드물다. 예컨대 "브루노(Giordano Bruno)의 사인이 화형에 처해진 것이라고 말할 때, 우리는 모든 생명체는 강렬한 열에 노출되면 죽는다는 보편법칙을 언급하지 않아도 무방하다."(*PH*, 145) 또한 1772년 폴란드의 첫 번째 분할을 폴란드가 러시아, 프러시아, 오스트리아의 연합 세력을 이겨낼 수 없었다는 것을 지적함으로써 설명하고자 할 경우, 우리는 무언중에 다음과 같은 보잘것없는 보편법칙을 사용하고 있는 것이다. "거의 비슷하게 잘 무장되고 지휘되는 두 군대 중 하나가 인원에서 압도적으로 우세할 경우 다른 쪽은 결코 이길 수 없다."(OS2, 264) 혹은 우리가 루비콘 강을 건너고자 하는 카이사르(Caesar)의 결단을 그의 야망과 에너지에 의해서 설명하고자 할 경우도 우리는 매우 상식적인 심리학적 일반화를 무언중에 사용하고 있는 것이다.

그렇다고 해서 역사적 사건의 독특함(uniqueness)이 문제 되지 않는 것은 아니다. "역사는 특정한 사건을 설명하는 데 관심을 둘 뿐만 아니라, 특정한 사건의 유형을 기술하는 데도 관심을 두고 있다."(PH, 146) 역사의 가장 중요한 과제 중의 하나는 흥미 있는 사건을 그 특수성이나 특이성에서 기술하는 것이다. 즉, 인과적인 관계가 없는 사건들이 우연적으로 동시에 일어난다고 하는 것과 같은 인과적으로 설명하려고 시도하지 않는 국면을 포괄하는 것이다. 포퍼는 역사에 두 개의 과제가 있다고 본다. 하나는 인과의 엉킨 실을 푼다는 것과 다른 하나는 이 실들이 어떻게 우연적으로 짜여 있는가를 서술하는 것이다. 이들은 상호 보완적이며 모두가 필요한 것이다. 즉, "하나의 사건이 어떤 때에는 인과적 설명의 관점에서 생각될 때도 있고, 어떤 때에는 독특한 것으로 생각될 때도 있다." (PH, 146)

여기서 하나의 새로운 문제가 발생한다. 역사에서 우리는 무엇을 기준으로 해서 사실을 기술할 수 있겠는가? 사건에 관한 모든 과학적 기술은 선택적이다. 말하자면 그들은 항상 이론에 의존하고 있다. "탐조등이 우리로 하여금 보게 만드는 것은 그것의 위치나 그것을 조종하는 방식, 그것의 강도나 색깔 등에 의존한다. 이와 비슷하게 과학적 기술도 우리가 검증하고자 하는 이론이나 가설과 연결된 우리의 관점이나 관심에 달려 있다."(OS2, 260) 우리의 모든 기술이 선택적이 아닐 수 없는 것은 사실들이 지닌 가능한 양상이 무한히 풍부하고 다양하기 때문이다. 그러기에 우리는 선택적 관점을 피할 수 없을 뿐만 아니라, 그렇게 하기를 바라지도 않는다. 왜냐하면 "우리가 선택적 관점을 피할 수 있다면 우리는 객관적 기술에 도달하기는커녕 전적으로 관련이 없는 진술의 단순한 집적에만 이를 수밖에 없기 때문이다."(OS2, 261) 그러므로 선택적 관점이란 불가피하다. 이론적 과학에서는 법칙이, 관찰이 관계하는 관심의 중심으로서 작용하거나, 관찰이 행해지는 관점으로서 작용한다. 그러나 역사학에 있어서의 보편적 법칙이란 대부분이 보잘것없는 것이요, 무의식적으로 사용되는 것이 아닌가? 그러므로 이 기능은 다른 것이 떠맡지 않으면 안 된다. 이것이 바로 역사적 해석(historical interpretation)(PH, 151)이다.

자연과학과 마찬가지로 역사학도 빈약하고 지리멸렬한 자료의 홍수에 질식되어서는 안 될진대, 그것 역시 선택적이 아니면 안 된다. 관점이 없는 역사란 존재할 수 없다. 먼 과거에까지 인과적 연쇄를 추구해 가려는 시도만으로는 조금도 도움이 되지 못한다. 왜냐하면 우리의 출발점이 되는 구체적 결과는 어느 것이나 상이한 부분적 원인을 가지며 그 대부분이 우리에겐 흥미 없는 것이기 때문이다. "역사 서술의 유일한 방법은 의식적으로 미리 생각했던 선택적 관점을 자신의 역사에 도입하는 것이다."(PH, 150) 즉, 우리의 관심을 끄는 것은 역사를 쓰는 것이다. 이것은 사실을 왜곡하여 어떤 관념의 틀에 맞추어도 좋다거나 거기에 맞는 사실을 무시해도 좋다는 것이 아니라, 우리의 관점에 관련 있는 사실은 엄밀하고 객관적으로 고찰하되 관련 없는 사실과 양상에 대해서는 신경을 쓸 필요가 없음을 의미한다.

포퍼는 이러한 선택적 접근법을 두 종류로 나눈다. 하나는— 아주 드문 일이지만— 단칭적이든 보편적이든 반증 가능한 가설의 형태로 정식화될 수 있는 것이며, 다른 하나는— 이것이 대개 일반적이고 역사적 해석이라는 것이지만— 반증될 수 없는 것이다. 해석은 하나의 관점을 나타내는 것이므로 중요한 것이다. 그러나 이것은 반박될 수가 없는 것이다. 따라서 어떤 해석이 우리가 가지고 있는 모든 기록과 일치한다 해서 그 해석이 확증될 수 있다고 생각해서는 안 된다. 왜냐하면 우리는 그 해석의 순환성— 사료란 이미 미리 규정된 이론과 합치하는 사실들만을 내포한다— 을 잊지 말아야 하며, 또한 동일한 기록과 일치하는 다른 해석이 얼마든지 많이 있을 것이며, 물리학에서 실험이 하는 것과 같은 결정적인 역할을 할 새로운 자료를 우리가 좀처럼 얻을 수 없다고 하는 사실을 상기하지 않으면 안 되기 때문이다.

"역사법칙주의의 오류는 바로 이러한 해석을 이론으로 혼동한 데서 기인한다."(*PH*, 151) 해석은 이론이 아니다. 우리가 역사를 계급투쟁이나 또는 종교적 이념의 역사로 혹은 과학과 산업의 발전의 역사로 해석하는 것은 가능하다. 이것들은 모두 흥미 있는 관점들이요, 그 자체로는 전혀 나무랄 데가 없다. 문제는 역사에는 필연적으로 다수의 해석이 있으며 그것들은 "시사적이라는 점에서 그리고 자의적이라는 점에서"(*PH*, 151) 근본적으로 차이가 없는 수준의 해석이라는 것을 알지 못한 데 있다.

이런 오해에서 역사법칙주의는 역사적 관조를 통해 인간의 운명과 비밀과 본질을 밝혀낼 수 있다고 믿음으로써, 인류가 걸어가도록 운명 지어진 행로를 발견코자 하며 역사의 의미를 찾으려고 노력하는 것이다. 그러나 그와 같은 역사의 의미가 과연 존재하겠는가? 포퍼는 우리가 인생의 목표나 의미라고 했을 때의 뜻으로서의 역사의 의미는 결코 존재하지 않는다고 주장한다. 다시 말하면 대부분의 사람들이 단순하게 이야기하고 있는 의미의 역사란 존재하지 않는다. 우리가 인생의 의미를 우리 스스로 부여하듯, 우리는 역사에 대해서 다만 주관적 의미를 부여할 수 있을 뿐이다.

5. 비판적 고찰

역사법칙주의는 반자연주의적 교설과 친자연주의적 교설을 동시에 포괄한다. 역사법칙주의의 반자연주의적 교설은 자연의 세계와는 구별되는 역사 세계의 존재론적 특성과 자연과학과는 구별되는 사회과학의 방법론적 특이성을 주장하는 이론이며, 역사법칙주의의 친자연주의적 교설은 사회과학이 자연과학의 방법을 그대로 모방해야 한다는 이론이다. 상호 대립되는 것같이 보이는 두 원리가 동시에 역사법칙주의를 구성하고 있는 것은 두 원리가 모두 사회적 전체론(social holism)에 기초하기 때문이다. 자연주의는 전체론을 특징으로 하지 않는다. 그러므로 역사법칙주의의 친자연주의적 원리는 자연주의를 잘못 모방한 것이며, 따라서 역사법칙주의는 전체적으로 반자연주의로 규정된다.

이렇게 반자연주의적인 역사법칙주의는 무엇을 주장하려는 것인가? 역사는 거시적인 역사법칙에 따라서 필연적으로 전개되며, 우리가 이 법칙을 발견하기만 한다면 미래의 역사를 예측할 수 있다는 것이 핵심적인 내용이다. 이것은 역사적 결정론이라고도 할 수 있다. 그러므로 역사법칙주의에 대한 비판은 결국 역사적 결정론에 대한 비판으로 귀결된다.

역사법칙주의에 대한 비판을 체계적으로 논의하기 위해, 나는 역사법칙주의를 다음과 같은 네 개의 명제로 정식화할 수 있다고 본다.

(1) 새로운 특성이 계속해서 창출되고 개인들의 집합으로는 환원될 수 없는 발전하는 사회 전체가 존재한다.

(2) 사회 전체는 자연과학의 개체론적 방법으로는 파악할 수 없고, 직관적 이해의 방법이나 본질주의적 방법에 의해서만 파악 가능하다.

(3) 이 사회 전체의 발전을 지배하는 역사의 발전 법칙이 존재하며, 이 법칙에 의해 인류의 미래에 대한 예측이 가능하다.

(4) 어떠한 사회도 역사의 발전 법칙을 벗어날 수 없으므로 이 발전 법칙에 따라 일어나는 변화와 합치하여 변화를 촉진하는 활동만이 합리적이다.

이런 이론들에 대한 비판적 합리주의의 논박은 철저한 과학적 논의 위에서 전개되었다. 비판적 합리주의는 인간 이성의 오류 가능성과 합리적 비판을 기본 원리로서 인정하는 입장이며, 가설-연역주의, 방법론적 개체론, 반증주의 및 존재론적 다원론 등은 모두 이런 기본 원리에서 도출되는 방법론적 및 존재론적 이론들이다.

역사법칙주의에 대한 포퍼의 비판이 모두 정당화되는지는 의문시되는 부분들이 많다. 나는 이런 문제점들을 나의 저서 『역사주의와 반역사주의』에서 최대한 자세하게 논의했다. 그럼에도 불구하고 포퍼의 이 책은 인문사회과학도라면 반드시 읽어보아야 할 고전이라는 데에 의문을 제기할 사람은 없을 것이다.

주(註)

I. 역사법칙주의의 반자연주의적 교설

1) 마르크스의 *Theses on Feuerbach*(1845)의 11번째 논제(These)를 보라. 또한 이 책 17절을 보라.
2) 내 책 *The Open Society and Its Enemies*, 3장 vi절을 보라. 특히 주석 30과 11장 ii절을 보라.

II. 역사법칙주의의 친자연주의적 교설

1) 지금 이 절의 첫 두 단락은 삽입된 것으로 종이를 절약하기 위해 1944년에 뺐던 더 긴 구절을 대체한 것이다.
2) *Capital* 서문.
3) 이 권고 또한 마르크스(*Theses on Feuerbach*)에서 연유한다. 앞의 1절 끝부분을 보라.
4) 이 책을 쓴 후에 *The Open Society and Its Enemies* 가 출판되었다(London, 1945; 개정판, Princeton, 1950, London, 1952, 1957; 4판, London, 1961). 여기서 나는 '역사법칙주의의 도덕 이론'이란 제목의 이 책 22장을 특히 넌지시 언급했다.

III. 반자연주의적 교설에 대한 비판

1) 이 문제는 오래된 것이다. 심지어 플라톤조차 '순수한' 탐구를 가끔 비난했다. 이것을 옹호한 것에 대해서는 T. H. Huxley, *Science and Culture* (1882), p.19 이하, 또한 M. Polanyi, *Economica*, N.S., vol. VIII(1941), p.428 이하를 보라. (거기서 인용된 책들 외에, T. Veblen, *The Place of Science in Modern Civilisation*, p.7 이하를 보라.)

2) I. Kant, *Dreams of a Ghost Seer*, II부, III장(E. Cassirer ed., *Werke*, vol. II, p.385).

3) F. A. von Hayek, *Economica*, vol. XIII(1933), p.122.

4) 이 용어를 옹호하는 데 대해서는 이 책 II장의 주석 10을 보라.

5) F. A. von Hayek, *Economica*, vol. XIII(1933), p.123과 비교. '경제학은 주로 유토피아주의의 연이은 제안들을 연구하여 논박한 결과로 발전했다.'

6) M. Ginsberg, *Human Affairs*(R. B. Cattell et al. eds.), p.180을 보라. 그러나 수학적인 경제학의 성공은 적어도 하나의 사회과학이 뉴턴적인 변혁을 겪었음을 보여주고 있다는 것은 인정되어야 한다.

7) 내 책 *Logic of Scientific Discovery*(1959), 15절을 보라(부정 존재 명제들). 그 이론은 밀(J. S. Mill)의 *Logic*, V권, V장, 2절과 대조시켜 볼 수 있다.

8) 그 예로 M. R. Cohen, *Reason and Nature*, p.356 이하를 보라. 이 책의 사례들은 이런 유형의 반자연주의 견해를 비판한 것으로 보인다.

9) 이 '부패의 법칙'과 유사한 언명을 프리드리히(C. J. Friedrich)가 매우 흥미롭고 부분적으로 기술적인 *Constitutional Government and Politics*(1937)에서 논의했다. 그는 이런 법칙에 대해 '모든 자연과학은 인류에게 부패의 법칙만큼 중요한 단 하나의 "가설"을 자랑할 수 없다'(p.7)고 말한다. 나는 그 법칙의 중요함을 의심하지 않는다. 그러나 자연과학에서 그와 똑같이 중요한 무수한 법칙들을 우리가 발견할 수 있다고 나는 생각한다. 만약 우리가 더 추상적인 법칙들에서보다는 좀 더 평범한 법칙들에서 그것들을 찾기만 한다면 말이다. ('사람들은 먹지 않고 살 수 없다' 또는 '척추동물들은 양성을 갖고 있다'와 같은 법칙들을 생각하라.) 프리드리히 교수는 '사회과학이 자연과학의 방법들을 사회과학에 적용한다고 해서 이득을 볼 수 있는 것이 아니라는' 반자연주의자의 논제를 주장하고 있다(같은 책, p.4 이하). 하지만 그는 다른 한편 자신의 정치학 이론을 다음 구절들에서(같은 책, p.14 이하) 알 수 있는 성격의 많은 가설들에 정초하려는 시도를 했다. '동의와 강제는 각기 권력을 생성하는 살아

있는 힘이다.' 그것들은 함께 '정치적 상황의 강도'를 결정한다. 그리고 '이런 강도는 동의나 강제 아니면 둘 다의 절대값의 양에 의해 결정되기 때문에, 어쩌면 이런 두 힘 – 동의와 강제 – 의 평행사변형 대각선으로 그 강도를 쉽게 표현할 수 있다. 그런 경우에 그 수치는 동의와 강제의 수치들을 제곱한 합의 제곱근과 같을 것이다.' 너무 모호해서 측정할 수 없는 '힘들'의 '평행사변형'에 (우리는 왜 그것이 직사각형이어야 하는지를 듣지 못했다) 피타고라스의 정리를 적용하려는 이런 시도야말로 내가 보기에 반자연주의의 사례가 아니라, 단지 일종의 자연주의 혹은 '과학만능주의' 사례인 것 같다. 내 생각에 '사회과학은 자연주의나 과학만능주의에서 이득을 볼 수 없는' 것으로 보인다. 이런 '가설들'은 기술적인 (technological) 형식으로는 도저히 표현될 수 없는 반면에, 프리드리히가 매우 정당하게 강조했던, 예컨대 '부패의 법칙'은 기술적인 형식으로 표현될 수 있다.

정치 이론의 문제들이 '힘들의 평행사변형'에 의해 이해될 수 있다는 '과학만능주의 견해'에 대한 역사적 배경에 관해서는 내 책 *The Open Society and Its Enemies*(개정판), 7장 주석 2를 보라.

10) '사회공학'이란 용어 (점진적인 의미에서) 사용을 반대하는 하이에크 교수는 다음과 같은 이의를 제기했다. 전형적인 공학의 일이란 관련된 모든 지식을 단 한 사람의 머릿속에 집중하는 것을 포함하고 있는 반면에 그렇게 집중될 수 없는 지식을 사용해야 하는 것이 바로 모든 진정한 사회문제들의 전형이 된다는 것이다(F. A. von Hayek, *Collectivist Economic Planning*(1935), p.210을 보라). 이런 사실이 근본적으로 중요함을 나도 인정한다. 그것은 전문 기술적인 가설에 의해 다음과 같이 언명될 수 있다. '당신은 개인들의 필요를 만족시키는 것 혹은 전문화된 기술과 능력의 효용과 같은 과제들에 대한 적절한 지식을 계획 당국에 집중시킬 수 없다.' (유사한 과제들과 연관해서 주도권의 집중 불가능성에 대한 유사한 가설이 제시될 수 있다.) 이제 '사회공학'이란 용어 사용은 다음과 같은 점을 지적함으로써 옹호될 수 있다. 즉, 공학자는 이런 가설들에 구체적으로 표현된 기술적인 지식을 사용해야 하는데, 이런 가설들은 자신이 가진 지식의 한계는 물론 자신이 가진 주도권의 한계도 그에게 알려준다는 것이다. 또한 이 책 III장의 주석 43을 보라.

11) 만약 기술적 지식이 얻어질 수 있다면, 이전 주석에서 설명되었듯이 그것은 지식의 한계들에 관한 앎을 포함하고 있다.

12) 두 가지 견해 – 사회제도들은 '설계된' 것이란 견해나 그 제도들은 그저

성장한 것이란 견해 – 는 사회계약 이론가들의 견해들과 흄과 같은 비판자들의 견해들에 상응한다. 그러나 흄은 사회제도들의 '기능적' 내지 '도구적' 관점을 포기하지 않는다. 왜냐하면 그는 사람들은 사회제도들 없이 살아갈 수 없다고 말하기 때문이다. 이런 견해는 설계되지 않은 (언어와 같은) 제도들의 도구적 성격에 대한 다윈의 설명, 다시 말해 만약 그것들이 어떤 유용한 기능도 갖고 있지 않다면, 그것들이 살아남을 여하한 기회도 갖지 못할 것이란 설명으로 다듬어질 수 있다. 이런 견해에 따르면 설계되지 않은 사회제도들은 **합리적 행동들의 의도하지 않은 결과들**로 나타날 수 있다. 마치 어떤 길이 어떤 의도도 없이 이미 존재하는 오솔길을 사용하는 것이 편리함을 안 사람들에 의해 만들어지는 것처럼 말이다(데카르트가 관찰한 것처럼). 그러나 기술적 접근이 '기원'에 대한 모든 물음들과는 완전히 독립적이라는 것은 강조될 필요가 거의 없다.

13) '기능적 접근'에 관한 예로는 B. Malinowski, 'Anthropology as the Base of Social Science', *Human Affairs*(R. B. Cattell ed.), 특히 p.206 이하와 p.239 이하를 보라.

14) 제도적 '기계들'의 효율은 한정되어 있으며, 또한 제도들의 기능은 제도들이 적정한 인원들을 구비했는지에 의존한다고 주장하고 있는 이 사례는 아마 에너지 보존 법칙과 같은 (영구 운동 기관의 가능성을 배제하는 형식으로 표현된) 열역학의 원리들과 비교될 수 있다. 그 사례 자체는 물리학의 에너지 개념과 권력과 같은 몇몇 사회학의 개념들 사이의 유사점을 이끌어내려는 여타의 '과학적' 시도들과 대조될 수 있다. 그 사례로 이런 종류의 과학적 시도를 편 러셀(Bertrand Russell)의 *Power*(1938), p.10 이하를 보라. 나는 러셀의 주된 논점 – 부, 선동자의 권력, 노골적인 권력 같은 '다양한 형태의 권력들'은 때때로 서로 전환될 수 있다는 것 – 은 전문 기술적인 형식으로 표현될 수 있다고 생각하지 않는다.

15) W. Lippman, *The Good Society*, XI장, p.203 이하. 또한 W. H. Hutt, *Plan for Reconstruction*(1934)를 보라.

16) 만하임(K. Mannheim)이 *Man and Society in an Age of Reconstruction* 에서 종종 사용한 표현이다. 색인을 보고 그 사례로는 pp.269, 295, 320, 381을 보라. 내가 아는 한 이 책은 전체주의 프로그램이나 역사법칙주의자의 프로그램에 대한 가장 잘 다듬어진 해설이므로, 비판을 하기 위해 여기서 발췌하였다.

17) 만하임의 같은 책, p.337을 보라. 그 구절은 23절에서 좀 더 완전하게 인

용되어 비판되었다. (이 책 III장 주석 33을 보라.)

18) '인간 개조의 문제'는 만하임의 *Man and Society* 의 한 장의 제목이다. 이어지는 인용 구절은 그 장 p.199 이하에서 나왔다.

19) J. S. Mill, *Logic*, VI권, X장, 1절을 보라.

20) J. S. Mill, *Logic*, VI권, X장, 8절. 마르크스의 유사한 구절은 (앞의 17절에 인용된) *Capital*, 초판본 서문에서 나왔다.

21) 이 논평은 밀의 공리주의가 '유익한'을 '진보적'과 동의어로서 그가 정의하지 못하게 했음을 보여주고 있다. 다시 말해 그의 진보론에도 불구하고 그는 스펜서와 엥겔스가 전개했던(그리고 요즘에 와딩턴(C. H. Waddington)이 폈던 것. 그의 *Science and Ethics*(1942)을 보라) 역사법칙주의 도덕 이론을 지지하지 않았다(19절과 비교).

22) J. S. Mill, *Logic*, VI권, X장, 2절(고딕체는 저자가 강조한 것임).

23) 15절에서 17절을 보라. 특히 엥겔스의 *Socialism, Utopian and Scientific* 을 보라.

24) 나는 이 점을 *The Open Society and Its Enemies* 에서 상세히 논의했다.

25) 그 예로 K. Mannheim, 앞의 책, p.6(그리고 다른 많은 곳)에서는 ' "계획함과 계획하지 않음" 사이엔 여하한 선택도 없고, 오직 "좋은 계획과 나쁜 계획"의 선택만 있다'고 말했다. 혹은 F. Zweig, *The Planning of Free Societies*(1942), p.30에서, 계획된 사회가 선호할 만한지, 아니면 무계획인 사회가 선호할 만한지에 대한 물음에 대답을 다음과 같이 한다. 즉, 이런 물음은 일어나지 않는데, 왜냐하면 우리는 현재 역사 발전의 방향에 의해 그 물음을 해결해 왔기 때문이라 말하고 있다.

26) K. Mannheim, 앞의 책, p.33; 다음 인용구들은 같은 책, p.7에서 나왔다.

27) 콩트처럼 만하임도 사상 발전의 세 '단계들', 즉 (1) 시행착오와 우연한 발견, (2) 발명, (3) 계획(같은 책, p.150 이하)으로 구분한다. 내가 지금까지도 그의 교설에 동의하지 않는 점은 이것이다. 내 생각에 시행착오의 방법이야말로 여타의 '단계들'보다 더 밀접하게 과학의 방법에 접근한 것 같다는 점이다. 사회과학에 대한 전체론적 접근은 과학-이전의 것이라 생각하는 부가적 이유는, 그런 접근은 완전주의의 어떤 요소를 포함하고 있다는 점 때문이다. 그러나 우리는 지상에 천국을 만들 수는 없고, 단지 문제들을 **조금** 개선할 수 있을 뿐임을 깨달았다면, 우리는 또한 **조금씩** 문제들을 개선할 수 있을 뿐임을 알게 될 것이다.

28) 곰페르츠(H. Gomperz)는 *Weltanschauungslehre*, II/I(1908), p.63에서 '참새

가 신경질적으로 날개를 치고 있다'와 같은 세계의 단편은 다음의 너무 다른 명제들에 의해 기술될 수 있다고 지적한다. 그런데 그것들 각각은 그 세계 단편의 다른 양상에, 즉 '이 새는 날고 있다!' – '참새가 간다.' – '여기 어떤 동물을 보라!' – '무언가 이쪽으로 움직이고 있다.' – '에너지가 여기서 변환되고 있다.' – '가엾은 것이 놀랐구나!'에 해당한다. 필연적으로 무한인 이런 목록을 완성하는 것이 과학의 과제일 수 없음은 명백하다. 하이에크(F. A. von Hayek)는 *Ethics*, LIV권(1943), 주석 5에 여기서 제시된 것과 매우 유사한 전체론에 대한 비판을 그 책에서 서술하고 있다.

29) 만하임은 선택적이거나 추상적 학문을 '정확하고자 노력하는 모든 학문들이 겪어야 할 단계'로 기술하고 있다(앞의 책, p.167).

30) 만하임은 같은 책, p.184을 다음에 나오는 세 인용구들과 비교한다. 또한 p.170 주석과 p.230을 보라.

31) 같은 책, p.230. 우리가 '실재 자체'에 대한 일종의 구체적 지식을 얻을 수 있다는 교설은 전문적으로 **신비주의**라고 기술될 수 있으므로, '전체들'에 대한 갈망도 신비주의의 일종이다.

32) 그 예로 같은 책, p.26과 p.32을 보라. 전체론의 내 비판은 다양한 학문들 간의 협력을 호소하는 것에 내가 반대한다는 것을 의미하지 않는다. 특히 우리가 이런 협력에 의해 나아갈 수 있는 일정한 점진적 문제에 직면했을 때, 누구도 그에 반대하는 꿈을 꾸지 않을 것이다. 그러나 이것은 체계적 종합의 방법이나 그런 종류의 어떤 것에 의해 구체적인 전체들을 파악하려는 계획과 전혀 다른 문제이다.

33) 같은 책, p.337과 이 책 III장의 주석 17을 보라.

34) 인용된 언명은 슈미트(C. Schmitt)의 언명과 거의 똑같다.

35) 전체론자들은 그들 생각에 논리학의 타당성을 부인하고 변증법으로 대체함으로써 이런 난관에서 벗어나는 방식이 있다는 것을 바랄 수 있다. 나는 *Mind*, N.S., vol. 49, p.403 이하 'What is Dialectic?'에서 이 방식을 막고자 노력했다.

36) K. Mannheim, 앞의 책, p.202을 보라. 심리학적 전체론은 현대 교육 이론가들에게 매우 인기가 있다는 점을 들 수 있다.

37) 역사란 사람들이나 사건들 혹은 시대들일 수 있는 '구체적인 개별적 전체'를 다룬다는 교설은 특히 트룈치(E. Troeltsch)에 의해 전해졌다. 그것은 참이라고 만하임은 항상 가정했다.

38) K. Mannheim, 앞의 책, p.175 이하(고딕체는 저자가 강조한 것임).

39) 예를 들어 파울리(W. Pauli)의 배제 원리를 보라. 사회과학자에게 경쟁이나 노동의 분업과 같은 관념들은 다음과 같은 점을 매우 분명히 해야 한다. 즉, '원자론적' 접근이나 '개인주의적' 접근은 모든 개개인이 여타의 모든 이들과 상호작용하는 것을 우리가 결코 인식하지 못하게 하는 것은 아니다. (심리학에서는 상황이 다른데, 왜냐하면 그 상황을 적용하려는 수많은 시도들에도 불구하고 거기서는 원자론을 적용할 수 없는 것처럼 보이기 때문이다.)

40) 이것 또한 밀이 사회적 실험들에 관해 다음과 같이 말했을 때의 견해이다. '우리는 명백히 어떤 것도 시도할 힘을 갖고 있지 못하다. 우리는 오직 자연이 생산할 것들만을 … 역사에 기록된 현상들의 계기들만을 … 볼 수 있을 뿐이다.'(*Logic*, VI권, VII장, 2절을 보라)

41) Sidney Webb and Beatrice Webb, *Methods of Social Study*(1912), p.221 이하에서 사회적 실험들과 비슷한 사례들을 들고 있다. 그러나 그들은 여기서 '점진적' 실험과 '전체론적' 실험이라 불리는 두 종류의 실험을 구분하지 못했다. 비록 실험적 방법들에 대한 그들의 비판(p.226 '결과들의 혼합물'을 보라)은 특히 (그들이 겉치레로 칭찬할 것 같은) 전체론적 실험에 대한 비판으로서 유력할 것일지라도 말이다. 더구나 그들의 비판은 내가 부당하다고 생각한 '변이 가능성' 논변과 결합되어 있다. 이 책 25절을 보라.

42) 여기서 지적된 노선에 따른 현대 물리학의 방법들에 대한 좀 더 충실한 분석을 내 책 *Logic of Scientific Discovery*에서 발견할 수 있다. 또한 *Mind*, vol. 49, p.403 이하의 'What is Dialectic?'을 보라. 또한 J. Tinbergen, *Statistical Testing of Business Cycle Theories*, vol. II, p.21의 '어떤 모형의 구성이란 … 시행착오의 문제 … 이다' 등의 사례를 보라.

43) '단 한 사람의 머리 어딘가에 집중화된' 계획이 요청되는 지식을 갖는 것은 불가능하다는 관찰은 하이에크에서 나온 것이다. *Collectivist Economic Planning*, p.210을 보라. (또한 이 책 III장 주석 10을 보라.)

44) 스피노자의 정치 이론에서 가장 결정적인 점 중의 하나는 타인이 생각한 것을 아는 것과 통제하는 것은 불가능하다는 것이다. 그는 '폭정'을 불가능한 것을 성취하려는 시도와 권력이 발휘될 수 없는 곳에서 권력을 행사하려는 시도로 정의한다. 스피노자는 정확히 말해 자유주의자가 아니었음을 우리는 상기해야 한다. 그는 권력의 제도적 통제를 믿지 않았지만, 그러나 군주는 자신의 권력을 실제 한계까지 행사할 권리를 갖고 있

다고 생각했다. 그렇지만 전체론적 입안가들은 스피노자가 '폭정'이라 한 것과 이성과 상충될 것이라 서술한 것을 '과학적인 문제', '인간을 개조하는 문제'로 다루고 있다.

45) 보어(Niels Bohr)는 만약 두 접근들이 (a) 통상적인 의미에서 상보적이고, 또한 그것들이 (b) 다음과 같은 의미에서 서로 배타적이라면, 그 두 접근을 '상보적'이라고 한다. 우리가 어느 하나를 더 많이 사용하면 할수록 우리는 다른 하나를 점점 덜 사용할 수 있다는 의미라면 배타적이라는 것이다. 비록 내가 본문에서는 주로 사회적 지식을 언급할지라도, 정치권력의 집적(그리고 집중)은 일반적으로 과학적 지식의 발전과 '상보적'이라 주장될 수 있다. 왜냐하면 과학의 발전이란 사고의 자유로운 경쟁에 의존하므로, 따라서 그것은 사상의 자유와 궁극적으로는 정치적 자유에 의존할 것이기 때문이다.

46) R. H. Tawney, *Religion and The Rise of Capitalism*, II장, ii절 끝부분.

47) 두 경우, 즉 역사적 시대들과 지리적 위치들에서 우리는 다음과 같은 점을 발견할 수 있다. 실험에 의해 시험된 이론들을 사용하고 있기 때문에, 시간적이나 공간적 장소들에 대한 어떤 언급은 교육 상태나 고도 (altitude, 高度)와 같은 어떤 효과가 있는 적절한 조건들에 대한 **일반적인** 일정한 기술로 대체될 수 있다는 것이다.

48) 동일한 추론이 또한 이 책 p.172 이하에서, 그리고 나의 *The Open Society and Its Enemies*, 23장에서 비판된 이른바 **지식 사회학**의 기초가 된다.

49) K. Mannheim, 앞의 책, p.178에 '사회 세계를 지적으로 관찰하는 비전문가'에 대해 그는 '어떤 경우든 정태적인 시대들에서는 일반적인 추상적 사회 법칙과 어떤 시대에만 획득하는 특수한 원리들을 구별할 수 없다. 왜냐하면 단지 약간 변화된 시대들에서 이 두 유형 사이의 차이들이 관찰자에게 명료하게 되지 않기 때문이다'라고 쓰고 있다. 어떤 시대에만 획득하는 이런 특수한 원리들을 만하임은 '**매개 원리**'라 부른다. 이 책 III장의 주석 51을 보라. '사회적 구조가 완전히 변하고 있는 시대'의 상황에 대해서는 만하임의 같은 책, p.179 이하를 보라.

50) 밀은 베이컨에 따라 소위 '**매개 공리**'라고 한 예들로 케플러의 법칙들을 채택했다. 그 법칙들은 운동의 일반 법칙들은 아니지만, 행성 운동의 유일한 (근사적인) 법칙들이라는 이유 때문에 선택했다는 것이다. *Logic*, VI권, V장, 5절을 보라. 어떤 사회적 학문의 유사한 **매개 공리**는 역사적으로 주어진 시대의 좀 더 우연적인 규칙들보다는 오히려 **어떤 종류의** '사회적 체계들' 모두에 적합한 법칙들일 것이다. 후자는 케플러의 법칙들

에 비견될 수 있는 것이 아니라, 예컨대 특수한 우리의 태양계 행성들의 질서에 따른 규칙들에 비견될 수 있다.

51) 만하임은 앞의 책, p.177에서 (전술한 주석의 **매개 공리**에 관해 말한) 밀에 관하여 '**매개 원리**'란 표현을 도입한다. 그는 내가 이른바 '적절한 관찰들이 이루어진 구체적인 역사적 시대에 국한된 일반화들'이라고 한 것을 지시하기 위해 매개 원리를 도입했다. 그 예로는 다음과 같은 그의 구절을 보라(같은 책, p.178과 이 책 III장의 주석 49와 비교). '사회 세계를 지적으로 관찰하는 비전문가는 일차적으로 사건들을 이런 **매개 원리**의 무의식적인 사용을 통해서 이해한다.' 이 매개 원리들은 '어떤 시대에만 획득하는 특수한 원리들'이다. (같은 책에서 만하임은 자신의 **매개 원리들**을 다음과 같이 말하는 것으로 정의한다. 그것들은 '결국 구체적인 환경에서의 보편적 힘들인데, 그것들은 주어진 시간과 장소에서 작용하는 다양한 요인들에서 통합된 것으로― 결코 반복될 수 없는 상황들의 특수한 조합'이라고 정의한다.) 만하임 자신은 '역사법칙주의, 헤겔주의 및 마르크스주의'를 따르지 않는다고 진술한다. 그것들은 '보편적인 요인들을 고려하지 않았기 때문'이라고 한다(같은 책, p.177 이하). 따라서 그의 견해는 구체적 내지 개별적인 역사적 시대들에 국한된 일반화들의 중요성을 주장한 견해이다. 그런데 '추상의 방법을 통해' 그 일반화들에서 '그에 포함된 일반적인 원리들'로 우리가 나아갈 수 있음을 인정하면서 그렇게 주장한다. (이 견해와는 반대로 추상을 통해서 습관의 규칙들, 법적인 절차들 등으로부터 더 일반적인 이론들을 우리가 획득할 수 있다고 나는 믿지 않는다. 이런 규칙들이나 절차들은 만하임이 p.179 이하에서 예들 든 것들에 따라 **매개 원리들**을 구성한다.)

52) 사회학에서 물리학의 사례를 좇아 보편적인 사회학적 법칙들을 헛되이 탐구하는 시도 대신에, 물리학에서 역사법칙주의 사회학의 사례를 좇는 것이 더 좋을 것이라고 종종 제시되었다. 다시 말해 역사적 시대들에 국한된 법칙들을 다루는 것이 더 좋다고 자주 주장되었다는 것이다. 물리학과 사회학의 통일을 열렬하게 강조한 역사법칙주의자들은 특히 이런 노선에 따라 생각하고자 했다. O. Neurath, *Erkenntnis*, vol. VI, p.399을 보라.

53) 물리학에서 예를 들어 먼 성운들에서 관측된 적색 편이들이 **설명되어야** 한다는 요구를 이끈 것도 이런 동일한 공준이다. 왜냐하면 이런 공준이 없다면, 원자 주파수의 법칙들이 우주의 다른 지역들이나 시간에 따라 변한다고 가정하는 것으로도 충분할 것이기 때문이다. 그리고 속도들의

합법칙 등과 같은 운동의 법칙들을 높은 속도들과 낮은 속도들에 (또는 강한 중력장들과 약한 중력장들에) 대해 일률적으로 표현하도록 상대성 이론을 이끈 것도 바로 이런 동일한 공준이다. 또한 속도(혹은 중력)의 다른 영역들에 대한 임시방편적인 가정들에 만족하지 못해 상대성 이론을 이끈 것도 바로 이런 공준이다. '자연법칙들의 불변'이란 공준에 대한 논의와 '자연의 일양성'과 이 공준이 대립되는 점은 나의 *Logic of Scientific Discovery*, 79절을 보라.

IV. 친자연주의적 교설에 대한 비판

1) F. A. von Hayek, 'Scientism and the Study of Society', *Economica*, N.S., vol. IX, 특히 p.269 참조. 하이에크 교수는 '과학만능주의'라는 용어를 '과학의 방법과 언어의 맹목적 모방'을 지칭하기 위해 사용했다. 여기서 이 용어는 오히려 **일부 사람들이 과학의 방법과 언어라고 잘못 이해하고 있는 것**을 모방하는 것을 지칭한다.

2) 나는 레이븐(Charles E. Raven) 교수가 *Science, Religion, and the Future* (1943)에서 이런 갈등을 '빅토리아 시대 찻잔 속의 폭풍'이라 부른 것에 동의한다. 그가 찻잔에서 피어오르는 수증기에 기울인 관심으로 인해, 즉 그가 베르그송(Bergson), 화이트헤드(Whitehead), 스무츠(Smuts) 등이 주창했던 진화주의 철학의 거대 체계에 기울인 주의로 인해 그 논평의 힘이 약화되었다 하더라도 그렇다.

3) 진화를 '전통 사상에 대한 대담하고 혁명적인 도전'이라고 생각하는 정서적 태도를 공유하지 않은 사람을 반계몽주의자라고 생각하는 경향이 있는 진화주의자에게서 다소 위협을 느꼈기에, 나는 여기서 아예 현대 다원주의가 관련 사실을 가장 성공적으로 설명할 수 있다고 말하면서 시작하고자 한다. 진화주의자의 정서적 태도에 대한 적절한 예시는 다음과 같은 와딩턴(C. H. Waddington)의 진술이다(*Science and Ethics*(1942), p.17). '우리는 진화의 방향을 바람직한 것으로 받아들여야 한다. 왜냐하면 그것은 그냥 좋은 것이기 때문이다.' 와딩턴의 진술은 또한 버널(Bernal) 교수가 다원주의를 심도 있게 논평한 것이 여전히 적절하다는 사실을 예증한다(같은 책, p.115). '문제는 과학이 외부의 적, 즉 교회와 싸워야 한다는 데 있지 않았다. 문제는 교회가 … 과학자 자신 안에 있다는 데 있었다.'

4) '모든 척추동물은 하나의 부모, 즉 공통된 조상을 갖고 있다'와 같은 진

술조차 '모든'이란 용어에도 불구하고 보편적인 자연법칙이 아니다. 왜냐하면 그것은 시간과 장소에 구애받지 않고 우리가 척추동물의 특징으로 생각하고 있는 구조를 갖고 있는 모든 유기체를 지시하기보다는 지구상에 현존하는 척추동물을 지시하고 있기 때문이다. 나의 *Logic of Scientific Discovery*, 14절 이하를 보라.

5) T. H. Huxley, *Lay Sermons*(1880), p.214 참조. 진화법칙에 대한 헉슬리의 믿음은 그가 (불가피한) 진보의 법칙이라는 아이디어에 대해 지나칠 정도로 비판적인 태도를 취했다는 점에서 매우 주목할 만하다. 이는 그가 자연계의 진화와 진보를 예리하게 구별했을 뿐만 아니라, 이 둘이 서로 아무 관계가 없다고 믿었기 (내가 보기에는 올바르게) 때문인 것 같다. 줄리안 헉슬리(Julian Huxley)가 스스로 '진화론적 진보'라 부른 것에 대한 흥미로운 분석은, 토머스 헉슬리의 주장에 별달리 추가한 것이 없는 것 같다(*Evolution*(1942), p.559 이하). 비록 그것이 진화와 진보 사이에 외견상 어떤 연결 고리를 확립하고자 한 것일지라도 말이다. 왜냐하면 그가 진화가 때로는 '진보적'이지만 대체로 진보적이지 않다는 것을 인정하고 있기 때문이다. (이것과 '진보'에 대한 헉슬리의 정의에 대해서는 이 책 IV장의 주석 26을 보라.) 다른 한편 모든 '진보적' 발전을 진화적이라고 생각할 수 있다는 사실은 사소한 것에 불과하다. (우성인 유형의 계기(succession)가 진보적이란 말은 단지 우리가 습관적으로 '우성인 유형'이란 용어를 가장 '진보적'인 동시에 가장 성공적인 유형에 적용한다는 것을 의미할 뿐이다.)

6) H. A. L. Fisher, *History of Europe*, vol. I, p.vii을 보라(고딕체는 저자가 강조한 것임). 또한 F. A. von Hayek, *Economica*, vol. X, p.58 참조. 그는 '사실상 법칙이 발견될 수 없는 곳, 즉 독특하고 단칭적인 역사적 현상의 연쇄에서 법칙을 발견하려는' 시도를 비판한다.

7) 플라톤은 *The Statesman*에서 플라톤 년(the Great Year, 25,800년)의 순환에 대해 묘사했다. 사람들이 현재 쇠락의 시대에 살고 있다는 가정에서 시작하여 그는 *The Republic*에서 이 학설을 그리스 도시국가의 진화에 적용하였고, *The Laws*에서는 페르시아 제국에 적용하였다.

8) 토인비(A. Toynbee) 교수는 자신이 사용한 탐구 방법은 일종의 생물학적 종이라고 할 수 있는 '문명'의 표본 21개를 뽑아 그 생활 주기를 경험적으로 조사하는 것이라고 주장한다. 그러나 그조차도 이런 방법을 채택하면서 (위에서 인용된) 피셔(H. A. L. Fisher)의 논증을 반박하려고 생각하지 않은 것 같다. 적어도 나는 그의 논평에서 이런 욕구의 징표를 발견

하지 못했는데, 그가 이 논증을 '우연의 전능에 대한 현대 서구의 믿음'이란 표현으로 묵살하는 데 만족했기 때문이다. *The Study of History*, vol. V, p.414을 보라. 나는 피셔를 이와 같이 묘사한 것은 정당하다고 생각하지 않는다. 피셔는 앞에서 인용한 문구에 이어 다음과 같이 말했다. '… 진보한다는 사실은 역사의 지면 위에 분명하고 크게 기록되어 있다. 그러나 진보는 자연의 법칙이 아니다. 한 세대가 이룩한 터전이 다음 세대에서는 사라질 수 있다.'

9) 유사한 입장이 생물학에서도 진화의 다중성(예컨대 상이한 속의)을 **일반화**의 기초로 여길 수 있는 한 가능하다. 그러나 진화를 이런 식으로 비교하는 것은 진화 과정의 **유형**에 대한 묘사로 이끌 뿐이다. 이 입장은 사회사에서도 동일하다. 우리는 어떤 사건 유형이 어느 곳에서 반복되었는지 발견할 수 있다. 그러나 모든 진화 과정의 경로(진화 주기의 법칙과 같은) 또는 일반적인 진화의 경로를 묘사하는 어떤 법칙도 이런 비교에서 나올 것 같지는 않다. 이 책 IV장의 주석 26을 보라.

10) 거의 모든 이론이 많은 사실과 부합한다고 할 수 있다. 이 때문이라도 우리는 지지하는 사실을 발견할 수 있는 경우보다는 오히려 우리가 반박하는 사실을 발견할 수 없는 경우에만, 어떤 이론이 보강되었다고 말할 수 있다. 이 책 29절과 나의 *Logic of Scientific Discovery*, 특히 10장을 보라. 여기서 비판한 절차를 따른 사례는 토인비 교수가 자신의 연구를 스스로 '종의 문명(species civilization)'(이 책 IV장의 주석 8을 보라)이라 부른 것의 생명 주기에 대한 경험적인 탐구라고 주장한 것이다. 그는 자신이 생명 주기에 대한 자신의 **선험적** 믿음에 부합하는 것만을 문명으로 분류했다는 사실을 간과한 듯하다. 예를 들어 토인비 교수는 문명과 원시사회가 설령 동일한 '유'에 속할 수는 있을지라도 동일한 '종'에 속할 수 없다는 학설을 확립하기 위해서 '문명'을 '원시사회'와 대비시킨다(A. Toynbee, 앞의 책, vol. I, pp.147-149). 그렇지만 이런 분류가 기초하고 있는 유일한 것은 문명의 본성에 대한 선험적인 직관이다. 문명과 원시사회는 코끼리와 토끼가 다른 만큼 상이하다는 그의 논증으로부터 이를 알 수 있다. 이런 직관적 논증의 약점은 세인트버나드와 페키니즈를 생각해 보면 분명해진다. 그러나 그보다 (그 둘이 같은 종에 속하는지 아닌지에 대한) 문제 자체가 성립하지 않는다. 왜냐하면 그것은 마치 집합체를 물리적 대상이나 생명체인 것처럼 다루는 과학적 방법에 기초하고 있기 때문이다. 이 방법은 종종 비판되었다(예컨대, F. A. von Hayek, *Economica*, vol. X, p.41 이하를 보라). 그러나 비판에 대한 그 어떤 적절한 답변도 아직

받지 못했다.

11) A. Toynbee, 앞의 책, vol. I, p.176.

12) 이것은 관성의 법칙 때문이다. 정치적 '힘'을 피타고라스 정리의 힘을 빌려 계산하려는 전형적인 '과학만능주의적' 시도의 사례는 이 책 III장의 주석 9를 보라.

13) '운동', '힘', '방향' 등을 거론하는 것이 야기하는 혼동이 무엇인지는, 유명한 미국의 역사학자인 애덤스(Henry Adams)를 통해 가늠할 수 있다. 그는 한 점을 13세기에, 다른 한 점을 현세에 두는 방식으로, 역사의 궤도 위에 두 점의 위치를 고정함으로써 역사의 경로를 결정할 수 있기를 바랐다. 그는 스스로 자신의 프로젝트에 대해 이렇게 말했다. '이 두 점의 도움으로 … 역사의 궤도를 전후로 무한하게 투영할 수 있기를 기대한다. …' 왜냐하면 '초등학생조차 역사적 추동력으로서의 인간은 고정된 점으로부터의 운동에 의해 측정되어야 함을 알 수 있기 때문이다.'(*The Education of Henry Adams*(1918), p.434 이하) 좀 더 최근의 사례로는 와딩턴의 논평을 인용할 수 있다(*Science and Ethics*, p.17 이하). '사회적 체계'는 '본질적으로 진화적 경로에 따른 운동을 포함하고 있는 어떤 것 …'이다. 그리고 '과학이 윤리학에 공헌하는 것의 본질은 … 자연의 계시, 곧 세계 전체의 진화 과정에 대한 성격과 방향이다. …'(같은 책, p.18 이하)

14) 나의 *Logic of Scientific Discovery*, 15절 참조. 존재적 진술이 **형이상학적**(비과학적인 의미에서)이라고 생각할 이유에 대해서 설명했다. 또한 이 책 IV장의 주석 28을 보라.

15) 그러나 어떤 상황(초기조건) 하에서 어떤 추세를 발견할 것이라는 법칙을 주장할 수 있다. 더구나 어떤 추세가 설명된 후에는 그 추세에 대응하는 법칙을 만드는 것이 가능할 수도 있다. 이 책 IV장의 주석 29를 보라.

16) 균형 경제학은 비록 시간이 등식에 포함되어 있지 않지만, 의심의 여지 없이 동태적('콩트적인' 의미와 달리 '합리적'이라는 의미에서)이라는 사실을 지적할 가치가 있다. 왜냐하면 이 이론은 어딘가에서 균형을 이룬다고 주장하지 않기 때문이다. 그것은 단지 모든 교란은 (교란은 항상 일어난다) 조정을, 즉 균형을 향한 '운동'을 수반한다고 주장할 뿐이다. 물리학에서 균형 이론은 정역학이며 균형을 향한 운동 이론이 **아니다**. 정역학 체계는 **움직이지 않는다**.

17) J. S. Mill, *Logic*, VI권, X장, 3절. 일반적인 '발전 효과'에 대한 밀의 이론에 대해서는 III권, XV장, 2절 이하를 보라.

18) 밀은 '약간의' 항만으로도 원리를 탐지하는 것은, 오직 가장 단순한 산술학적이고 기하학적인 수열에서만 가능하다는 사실을 간과한 것 같다. 어렵지 않게 수천 개의 항으로도 수열의 구성 법칙을 발견하는 것이 가능하지 않은 복잡한 수학적 수열을 구성할 수 있다. **설령 그런 법칙이 존재한다는 것이 알려져 있다 해도 그렇다.**

19) 이런 법칙에 더 근접한 접근에 대해서는 이 책 IV장의 28절, 주석 29를 보라.

20) 인용한 밀을 보라. 밀은 '진보'를 두 가지 의미로 구분하여 사용한다. 넓은 의미에서 그것은 주기적 변화와 상반되지만, 개선을 함의하지 않는다. (그는 이런 의미에서의 '진보적 변화'를 *Logic*, III권, XV절에서 좀 더 충실하게 논의한다.) 좁은 의미에서 '진보'는 개선을 함의한다. 그에 의하면, 넓은 의미에서 진보의 지속은 **방법**의 문제이며(나는 이 점을 이해하지 못한다), 좁은 의미에서의 진보는 사회학의 정리이다.

21) 많은 역사법칙주의자와 진화주의자의 저술에서 어디서 비유가 끝나고 어디서부터 진지한 이론이 시작하는지 발견하는 것이 종종 불가능하다. (그 사례는 이 책 IV장 27절의 주석 10과 주석 13을 보라.) 더구나 몇몇 역사법칙주의자는 비유와 이론 사이에 어떤 차이도 없다고 주장할지도 모른다. 일례로 정신분석학자인 카린 스티븐(Karin Stephen) 박사의 말을 들어보자. '내가 제시하고자 했던 현대적인 그 설명이 여전히 비유에 불과할지도 모른다는 점을 인정한다. … 하지만 나는 이를 부끄럽게 여겨야 한다고 생각하지 않는다. … 왜냐하면 과학적 가설은 모두 사실상 비유를 사용하기 때문이다. 빛의 파동 이론이 비유가 아니면 도대체 무엇이겠는가?' (C. H. Waddington, *Science and Ethics*, p.80 참조. 또한 중력에 관한 p.76을 보라.) 만약 과학의 방법이 여전히 본질주의적이라면, 즉 '그것은 무엇인가?'라고 질문하는 방법이라면, 그리고 만약 빛의 파동 이론이 빛은 파동 운동이라는 본질주의자의 진술에 불과하다면, 이 말은 정당화될 수 있다. 그러나 사실을 볼 때 정신분석과 빛의 파동 이론의 중요한 차이 중 하나는 전자가 여전히 대체로 본질주의적이고 비유적인 반면에 후자는 그렇지 않다는 것이다.

22) 이것과 다음 인용 구절은 J. S. Mill, *Logic*, VI권, X장, 3절에서 나온 것이다. 나는 밀이 '경험적 법칙'(밀이 일반화 정도가 낮은 법칙을 지칭하기 위해 사용한 명칭)이란 용어를 사용한 것을 매우 안타깝게 생각한다. 왜

냐하면 **모든** 과학 법칙이 경험적이기 때문이다. 과학적 법칙은 모두 경험적 증거에 기초하여 받아들여지거나 기각된다. (밀의 '경험적 법칙'에 관해서는 *Logic*, III권, VI장과 VI권, V장, 1절을 보라.) 멩거(C. Menger)는 밀의 구분을 받아들였는데, 그는 '정확한 법칙'을 '경험적 법칙'에 대비시켰다. *The Collected Works*, vol. II, p.38 이하와 p.259 이하를 보라.

23) J. S. Mill, *Logic*, VI권, X장, 4절 참조. 또한 A. Comte, *Cours de philosophie positive*, IV, p.335을 보라.

24) J. S. Mill, *Logic*, III권, XII장, 1절을 보라. 그가 '경험적 법칙'이라고 부르는 것의 '도출'이나 '역 연역(inverse deduction)'에 관해서는 같은 책, XVI장, 2절을 보라.

25) 구체적 사건의 인과적 설명에 대한 분석을 포함하고 있는 이 문구는 나의 *Logic of Scientific Discovery*, 12절에서 거의 그대로 인용하였다. 현재 나는 타르스키(Tarski)의 의미론을 (그 책이 언제 쓰였는지 몰랐지만) 토대로 '원인'을 다음과 같은 방식으로 정의하려고 한다. (단칭) 사건 A가 (단칭) 사건 B의 원인이라고 부를 수 있는 것은, 참인 보편 진술(자연법칙)의 집합이 함의하는 것이 A를 지시하고 함의된 것이 B를 지시하는 실연적 함의(material implication)를 도출해 낼 수 있을 때이며, 오직 그 경우에만 그러하다. 유사한 방식으로 '과학적으로 받아들여진 원인'이라는 개념도 정의 가능하다. 지시의 의미론적 개념에 관해서는 R. Carnap, *Introduction to Semantics*(1942)을 보라. 위의 정의는 카르납이 '절대적 개념'이라고 부른 것을 활용하여 개선할 수 있을 것 같다. 원인의 문제에 관한 역사적인 논평에 대해서는 내 책 *The Open Society and Its Enemies*, 25장, 주석 7을 보라.

26) 진화론적인 추세에 관해서는 J. Huxley, *Evolution*(1942), IX장을 보라. 내가 보기에 진보에 관한 헉슬리의 진화 이론과 관련해서(같은 책, X장) 합리적으로 개진할 수 있는 주장은 기껏해야 다음과 같은 것이다. 형태와 같은 것의 다양성이 증가하는 일반적 추세는 때로는 '진보'(헉슬리의 정의에 대해서는 아래에서 논의할 것이다)가 일어나고 때로는 일어나지 않는다는 진술이 성립할 여지를 남긴다. 어떤 형태의 진화는 가끔 진보적이지만 대부분은 그렇지 않다고 말할 수 있는 여지도 남긴다. 다시 말해 미래에 더 진보한 형태가 나타날 것이라고 예상해야 할 일반적 이유는 없다고 볼 여지를 남긴다는 것이다. (예를 들어 만약 인간이 일소된다면, 고등한 차원에서 더 이상의 진보는 거의 있을 법하지 않다는 헉슬리의 주장(같은 책, p.571) 참조. 비록 그의 주장이 설득력 있지는 않아도,

그것은 내가 동의하고 싶은 바를 함의한다. 그것이 함의하는 바는 즉, 생물학적 진보는 사실상 우연적인 어떤 것이라는 것이다.) 나는 헉슬리가 진화론적 진보를 **다방면에서 생물학적 효율**을 증가시키는 것이라고 **정의**한 것, 즉 환경에 대한 통제력 증가와 환경으로부터의 독립성 증가로 **정의**한 것과 연관해서, 그가 실제로 이런 용어를 사용했던 많은 이의 의도를 적절하게 표현하는 데 성공했다고 생각한다. 더구나 이때 정의하는 용어가 인간중심적이 아니라는 사실도 인정한다. 그것은 어떤 가치 판단도 포함하고 있지 않다. 그러나 내게는 효율과 통제의 증가를 '진보'라 부르는 것이 어떤 가치 판단을 표현하고 있는 것처럼 보인다. 그것은 효율과 통제가 바람직한 것이란 믿음과, 생명의 확장 그리고 무생명체에 대한 생명의 정복이 바람직하다는 믿음을 표현하고 있다. 하지만 분명 매우 다른 가치를 채택하는 것도 **가능**하다. 따라서 자신이 '진화론적 진보'에 대해 인간중심주의나 가치 판단이 결부되지 않은 객관적 정의를 했다는 헉슬리의 주장은 성립할 수 없다. (같은 책, p.559와 진보 관념은 인간중심적이라는 홀데인(J. B. S. Haldane)의 견해에 반대하는 논증은 p.565을 보라.)

27) 내가 소위 '절대적 추세'라 한 것의 존재를 밀이 믿게 된 주된 이유가 바로 이런 혼동이라는 것은 그의 *Logic*, III권, XVI장의 분석에 의해 보일 수 있다.

28) 절대적 추세에 대한 믿음을 비과학적이거나 형이상학적이라고 묘사하는 데는 상당한 논리적 이유가 있다(이 책 IV장의 주석 14 참조). 이런 추세는 구체적이지 않거나 일반화된 존재 진술('이러저러한 추세가 존재한다.')을 사용해서 표현할 수 있지만, 우리는 그것을 시험할 수 없다. 왜냐하면 추세에서 벗어난 그 어떤 관찰도 이 진술을 반증할 수 없기 때문이다. 다시 말해 우리는 항상 그러한 관찰과 상반되는 관찰이 '장기적으로' 이 문제를 바로잡을 수 있을 것이라 바랄 수 있기 때문이다.

29) 만약 우리가 단칭적 추세 t에 대해 완전하거나 충분한 단칭 조건 c를 파악하는 데 성공한다면, 우리는 다음과 같은 보편법칙을 정식화할 수 있다. '조건 c가 존재할 때는 언제나 추세 t가 존재할 것이다.' 논리적 관점에서 볼 때, 이런 법칙은 아무 문제가 없다. 그러나 그것은 콩트와 밀의 연쇄의 법칙과는 매우 다르다. 후자는 절대적 추세나 수학적 수열 법칙처럼 사건의 일반적 흐름을 규정하기 때문이다. 게다가 조건이 충분한지 어떻게 알 수 있는가? 혹은 사실상 같은 얘기지만, 위와 같은 형식을 가진 법칙을 어떻게 시험할 수 있는가? (우리는 여기서 27절의 (b)를 논의

하고 있다는 사실을 잊지 않아야 한다. 그것은 추세가 **시험될 수** 있다는 주장을 담고 있다.) 이 같은 법칙을 시험하기 위해서는 그 법칙이 통하지 않는 조건을 산출하기 위해 애를 써야 한다. 즉, 조건 c가 충분치 못함을 보여주고자 애써야 하며, 그러한 조건에서도 t와 같은 추세가 항상 일어나지는 않는다는 것을 보여주려고 노력해야 한다. 이 같은 방법(32절에 서술된)은 반대할 수 없을 것이다. 그러나 그것은 역사법칙주의자의 절대적 추세에 적용할 수 없다. 왜냐하면 그것은 사회적 삶의 여러 영역에 필연적으로 수반하는 것이며, 사회적 조건에 대한 그 어떤 간섭에 의해서도 제거할 수 없기 때문이다. (우리는 여기서 다시 일반적 추세처럼 구체적이지 않은 추세에 대한 믿음이 가진 '형이상학적' 성격을 볼 수 있다. 즉, 이런 믿음을 표현하는 진술은 시험될 수 없다는 주장을 접할 수 있다. 앞의 주석을 보라.)

30) V. Kraft, *Die Grundformen der wissenschaftlichen Methoden*(1925)를 보라.

31) 이 절이 기초하고 있는 나의 *Logic of Scientific Discovery* 참조. 특히 이론은 항상 가설적인 성격을 갖고 있다는 학설('가설론'), 연역에 의한 시험에 대한 교설('연역론')과 추가적인 '귀납의 과잉'에 대한 교설, 그리고 과학적 시험은 이론을 반증하기 위한 독창적인 시도라는 교설('제거론')에 대한 논의를 보라. 또한 시험 가능성과 반증 가능성에 대한 논의를 보라. **연역주의**와 **귀납주의**의 차이는 어떤 면에서 **합리주의**와 **경험주의**의 고전적인 차이에 상응한다. 데카르트는 모든 과학을 연역적 체계라고 생각했기 때문에 연역론자이다. 반면 베이컨 이래 영국 경험론자는 모두 과학을 관찰을 수집하는 것으로 간주하고, 그 관찰 결과를 귀납하여 일반화를 얻게 된다고 생각했다.

그러나 데카르트는 연역적 체계의 전제가 되는 원리는 확실하고 자명해야 한다고, 즉 '명석판명'해야 한다고 믿었다. 그것은 이성의 통찰에 기초해야 한다고 믿었다. (칸트 식으로 말하면 그것은 종합적인 동시에 **선험적**으로 타당하다.) 이에 반해 나는 원리를 잠정적인 추측이나 가설로 이해한다.

나는 이와 같은 가설이 원칙적으로 반박 가능하다고 생각한다. 이것이 나와 현대의 위대한 연역론자 앙리 푸앵카레(Henry Poincaré)나 피에르 뒤앙(Pierre Duhem)의 차이다.

푸앵카레와 뒤앙 모두 물리학 이론을 귀납적 일반화로 이해할 수는 없다는 것을 알았다. 그들은, 흔히 관찰의 측정값이 일반화의 출발점을 형성한다고 주장되었지만, 이와 반대로 그것은 **이론을 감안한 해석**임을 깨달

왔다. 또한 그들은 귀납주의는 물론이고 합리론자의 **선험적으로** 타당한 종합적인 원리나 공리에 대한 믿음도 기각했다. 푸앵카레는 그것을 분석적으로 참인 것으로, 즉 정의로 해석했다. 뒤앙은 그것을 도구로 (벨라르미노(Bellarmino) 추기경과 버클리(Berkeley) 주교가 그렇게 했던 것처럼) 해석했다. 다시 말해 실험적 법칙들―그가 생각하기에 귀납에 의해 획득된 실험적 법칙들― 을 배열하는 수단으로 해석했다. 따라서 이론은 참인 정보나 거짓인 정보를 함유할 수 없다. 그것은 단지 도구에 불과할 뿐이다. 왜냐하면 그것은 그저 편리한 혹은 불편한, 경제적인 또는 비경제적인 것, 유연하고 미묘하거나 또는 삐걱거리면서 유치한 것일 수밖에 없기 때문이다. (그래서 뒤앙은 버클리와 같이 서로 모순인 두 개 이상의 이론을 모두 받아들이면 안 되는 논리적 이유가 존재하지 않는다고 말한다.) 나는 이 두 위대한 저자가 물리 이론의 종합적, **선험적** 타당성에 대한 믿음은 물론 귀납주의를 기각한 것에 완전히 동의한다. 그러나 나는 이론적 체계를 경험적으로 시험할 수 없다는 그들의 견해를 받아들일 수 없다. 그것 중 일부는 시험할 수 있다고 생각한다. 다시 말해 원칙적으로 반박 가능할 수 있으므로, 그것은 (분석적이라기보다) 종합적이며, (선험적이라기보다) **경험적**이고, (순전히 도구적이라기보다) **정보 제공적**이라고 생각한다. 결정적 실험에 대한 뒤앙의 유명한 비판에 대해서는 이렇게 말할 수 있다. 그가 보여준 것은 단지 결정적 실험이 어떤 이론을 **증명**하거나 보강할 수 없다는 것이다. 그러나 그가 결정적 실험이 이론을 반박할 수 없다는 것을 입증한 것은 전혀 아니다. 물론 뒤앙이, 우리가 시험할 수 있는 것은 고립된 가설이 아니라 거대하고 복잡한 이론적 체계일 뿐이라고 말한 것은 옳다. 그러나 우리가 만약 단 하나의 가설에서만 다른 두 체계를 시험한다면, 그리고 두 번째 체계는 매우 잘 보강되는 있는 반면 첫 번째 체계는 반박하는 실험을 설계할 수 있다면, 우리는 첫 번째 체계가 실패한 이유를 바로 그 가설에 귀속시킬 수 있는 비교적 합리적인 근거를 마련할 수 있다.

32) 식물학적인 관찰이 이론에 의해 인도되는 (그리고 심지어는 편견에 의해서도 영향을 받을 수 있는) 방식에 관한 놀라운 사례는 O. Frankel, 'Cytology and Taxonomy of Hebe, etc.', *Nature*, vol. 147(1941), p.117을 보라.

33) 이 구절과 다음 구절을 F. A. von Hayek, 'Scientism and the Study of Society', *Economica*, I부와 II부, vol. IX와 vol. X과 비교. 여기서 하이에크는 방법론적 집단주의를 비판하고 방법론적 개별주의를 상세히 논의

했다.

34) 두 인용 구절에 관해서는 *Economica*, vol. IX, p.289 이하를 보라(고딕체는 저자가 강조한 것임).

35) *Erkenntnis*, 3, p.426 이하와 부제를 '자연과학 인식론(On the Epistemology of the Natural Sciences)'으로 번역할 수 있는 나의 *Logik der Forschung*(1934) 비교.

36) 어느 정도 유사한 논변을 C. Menger, *Collected Works*, vol. II(1883 and 1933), pp.259-260에서 볼 수 있다.

37) J. Marschak, 'Money Illusion and Demand Analysis', *The Review of Economic Statistics*, vol. XXV, p.40에서 논의한 '영의 가설(null hypothesis)' 참조. 여기서 그의 논의 방법은 멩거를 따른 것이며, 하이에크 교수가 이른바 '조합적 방법(compositive method)'이라 부른 것과 일부 일치하는 것처럼 보인다.

38) 어쩌면 여기서도 사회과학에서 합리적이거나 '논리적' 모델 혹은 '영의 방법'을 사용하는 것이 자연과학 특히 열역학 그리고 생물학(역학 모델과 과정과 기관의 신경생리학적 모델의 구성)과 약간 모호한 유사점이 있다고 말할 수 있을지도 모른다. (또한 변분법(variational methods) 사용과 비교하라.)

39) J. Marschak, 앞의 논문을 보라.

40) P. Sargant Florence, *The Logic of Industrial Organisations*(1933)을 보라.

41) 이 견해는 나의 *The Open Society and Its Enemies*, 14장에서 좀 더 완전하게 전개되었다.

42) 하이에크 교수는 *Economica*, vol. IX, p.290 이하에서 이와 같은 어려움에 대해 논의했다.

43) *Econometrica*, I(1933), p.1 이하를 보라.

44) Lionel Robins, *Economica*, vol. V, 특히 p.351을 보라.

45) 나의 분석은 화이트(Morton G. White)가 'Historical Explanation'(*Mind*, N.S., vol. 52, p.212 이하)에서 한 분석과 대비될 수 있다. 헴펠(C. G. Hempel)은 어떤 논문에서 인과적 설명에 대한 나의 이론을 재구성했는데, 화이트의 분석은 헴펠의 논의에 기초하여 전개한 것이다. 하지만 그럼에도 불구하고 그는 나와 매우 다른 결론에 이르렀다. 그는 사학자가 단칭 사건에 대해 갖는 특징적인 관심을 간과함으로써 '역사적' 설명을 **사회학적 용어**(그리고 이론)를 사용하여 특징지을 수 있다고 주장했다.

46) 베버(Max Weber)도 이 점을 알고 있었다. 그가 *Gesummelte Aufsätze zur Wissenschaftlehre*(1922), p.179에서 한 논평은 내가 알고 있는 한 여기서 제시한 분석에 가장 근사한 것이다. 그러나 그가 이론과학과 역사과학의 차이는 사용된 법칙의 일반성의 정도에 있다고 주장한 것은 잘못된 것이다.

47) 그 사례로 베버의 같은 책, p.8 이하, p.44 이하, p.48, p.215 이하, p.233 이하를 보라.

48) 이것은 최근에 토인비 교수가 답을 찾고자 무척 애를 썼지만 실패한 문제를 예상하고 있다.

49) '모든 역사적 지식은 상대적이라는 … 학설'에 대한 비판에 관해서는 F. A. von Hayek, *Economica*, vol. X, p.55 이하를 보라.

50) A. Comte, *Cours de philosophie positive*, IV, p.335.

51) J. S. Mill, *Logic*, VI권, X장, 3절. 다음의 인용은 그 이론을 좀 더 상세히 풀이한 6절에서 나온 것이다.

52) A. Comte, 앞의 책, IV, p.345.

53) J. S. Mill, *Logic*, VI권, X장, 4절.

54) 소위 '지식 사회학'에 대한 좀 더 충분한 비판은 나의 *The Open Society and Its Enemies*, 23장에서 접할 수 있다. 과학적 객관성이 합리적 비판과 간주관적 시험 가능성에 의존하고 있다는 사실 또한 그 책 24장에서 논의하였다. 내 책 *Logic of Scientific Discovery*에서는 약간 다른 관점에서 이를 논의했다.

55) 이 책 III장의 주석 44를 보라.

56) 와딩턴도 이와 같은 자유가 '과학적인 가치'를 가졌음을 부인하지 못했다. 그의 진화주의도 그의 과학적 윤리학도 그렇게 하지 못했다(*The Scientific Attitude*(1941), p.111과 p.112를 보라). 하이에크는 이 구절을 *The Road to Serfdom*, p.143에서 비판했다.

57) 내가 아는 한 목적론적 학설(그리고 종교적 관점, 특히 창조론을 채택한 학설)에 대한 가장 훌륭한 내재적인 비판은 M. B. Foster, *Political Philosophies of Plato and Hegel*, 마지막 장에 포함되어 있다.

58) 내 책 *The Open Society and Its Enemies*, 특히 2장 이하를 보라. 또한 10장을 보라. 여기서 나는 원시적인 폐쇄적 사회의 불변적인 세계의 상실이, 문명이 피로를 느끼는 원인인 동시에 사람들이 전체주의와 역사법칙주의가 제시하는 허구적 안락을 쉽게 받아들이는 이유라고 논증했다.

찾아보기

수리경제학, 수학적 경제학(mathematical economics) 79, 157, 224

수요 분석(demand analysis) 79, 157

수학(mathematics) 38, 42-43, 45, 79

슈미트(Schmitt, C.) 228

슈펭글러(Spengler, O.) 129

스티븐(Stephen, K.) 236

스펜서(Spenser, H.) 95, 227

스피노자(Spinoza, B. de) 175, 229

시행착오(trial and error) 117-119, 150, 197, 227, 229

시험(tests), 시험 가능성(testability) 53, 55, 58, 78, 82, 91, 105, 108, 119, 126-130, 141-142, 147-150, 158-161, 167-168, 171

신비주의(mysticism) 172, 228

실험(experiment) 116, 148, 152, 154. 또한 관찰을 보라.

실험 조건들(experimental conditions) 115, 118

심리학(psychology) 7-8, 29, 32, 79, 97, 99, 138, 144, 157, 167, 173-174
  사회과학으로서 심리학(psychology as social science) 144, 157, 167, 174

심리학주의(psychologism) 174-175

아리스토텔레스(Aristotle) 17, 45, 47, 49-50, 53

알렉산드로스 대왕(Alexander the Great) 41, 46

애덤스(Adams, Henry) 235

액턴 경(Lord Acton) 85

양상(aspect) 95, 97-100, 166, 193

언어(language) 147, 170, 226, 232

엥겔스(Engels, F.) 227

역사, 역사학(history) 26-28, 30, 65, 112, 116, 158, 161
  역사를 시대별로 나눔(division of history into periods) 38, 65

역사 해석(interpretation of history) 117, 185

역사개성주의(historism) 19, 34, 181

역사법칙주의(historicism), 역사법칙주의자(historicists) 21-25, 27-28, 30, 33-35, 38, 42-43, 50, 52, 54-62, 65-77, 79-80, 86, 91-97, 101-102, 104, 106, 114, 116-126, 130-131, 134, 137-138, 146, 154, 158, 161, 226-227, 231,

이한구

서울대학교에서 철학 박사 학위를 받고 성균관대학교 철학 전공 교수와 뮌헨 대학교, 도쿄 여자대학교, 브라운 대학교 및 위스콘신 매디슨 대학교의 연구 교수를 지냈으며, 현재 경희대학교 석좌교수로 재직 중이다. 열암학술상, 서 우철학상, 대한민국학술원상 및 3·1문화상을 수상했고, 한국분석철학회와 철학연구회 및 한국철학회 회장을 역임했으며, 대한민국 학술원 회원이다. 사회철학, 역사철학, 과학철학 등의 분야에서 비판적 합리주의의 철학을 발 전시키면서, '열린 유토피아의 사회', '진화론적 관점에서 본 인류 보편사의 이념', '비판적 이성과 객관적 지식의 가능성', '문명의 융합' 등의 주제를 논 의하고 있다. 주요 저서로『역사주의와 반역사주의』,『역사학의 철학』,『지 식의 성장』,『정보사회의 철학적 진단』(공저),『사회변혁과 철학』(공저),『고 교철학』(공저) 등이 있고, 역서로는『열린사회와 그 적들 I』(칼 포퍼),『추측 과 논박』(칼 포퍼),『분석철학』(엄슨),『영원한 평화를 위하여』(칸트),『칸트 의 역사철학』(칸트),『파르메니데스의 세계』(칼 포퍼) 등이 있다.

정연교

성균관대학교 철학과를 졸업하고 미국 로체스터 대학교에서 *John Locke's Contractarian Theory of Political Obligation*으로 박사 학위를 받았으며 현재 경 희대학교 철학과 교수로 재직하고 있다. 철학연구회 편집위원과 한국철학회 발전위원장을 역임했으며, 주로 고전적 자유주의와 진화론 및 과학기술혁명 이 현대문명에 미친 영향에 대해 연구해 왔다. 주요 저서로『인간이란 무엇 인가』(공저),『맥루언을 읽다』(공저),『철학의 전환점』(공저) 등이 있고, 역서 로는『철학적 인간학』,『이렇게 살아도 괜찮은가?』,『직관과 구성』(공역) 등 이 있으며, 논문으로는「로크의 자연상태 개념에 관한 소고」,「로크 존재론 의 성격과 의미」,「진화생물학과 윤리학의 자연화」,「사회생물학의 도덕철학 적 함의」,「맥루언의 매체와 메시지」,「미디어의 이해, 어떻게 읽을 것인가」 등이 있다.

이창환

성균관대학교 경제학과와 철학과를 졸업하고, 동 대학원 철학과에서「믿음이 란 무엇인가?」로 석사 학위를 받았으며, 동 대학원 철학과 박사 과정을 수료 했다. 충북대학교, 청주대학교, 대덕대학교의 강사로 철학과 사상, 형이상학, 분석철학, 논리와 사고, 현대사회와 윤리, 공학 윤리 등을 강의해 왔다. 역서 로『파르메니데스의 세계』,『객관적 지식』 등이 있다.

역사법칙주의의 빈곤

1판 1쇄 인쇄	2016년 3월 25일
1판 1쇄 발행	2016년 3월 30일
지은이	칼 포퍼
옮긴이	이한구 · 정연교 · 이창환
발행인	전춘호
발행처	철학과현실사
등록번호	제1-583호
등록일자	1987년 12월 15일

서울시 종로구 동숭동 1-45
전화번호 579-5908
팩시밀리 572-2830

ISBN 978-89-7775-793-6   93130
값 18,000원